Seelsorge im Plural

Uta Pohl-Patalong • Antonia Lüdtke (Hg.)

Seelsorge im Plural

Ansätze und Perspektiven für die Praxis

EBVERLAG

Bibliografische Information
der Deutschen Nationalbibliothek
Die Deutsche Nationalbibliothek verzeichnet
diese Publikation in der Deutschen
Nationalbibliografie; detaillierte
bibliografische Daten sind im Internet über
http://dnb.d-nb.de abrufbar.

Gesamtgestaltung: Rainer Kuhl

Umschlaggestaltung: Philipp Lüdtke

2., völlig neu bearbeitete Auflage

Copyright ©: EB-Verlag Dr. Brandt
Berlin 2019

ISBN: 978-3-930826-50-6

Internet: www.ebverlag.de
E-Mail: post@ebverlag.de

Druck und Bindung: Hubert & Co., Göttingen
Printed in Germany

Inhaltsverzeichnis

I. Dimensionale Ansätze

II. Theoriegeleitete Ansätze

III. Kontextuelle Ansätze

Einleitung

Ein Buch nach 20 Jahren neu herauszugeben, ist etwas Besonderes und gleichzeitig eine Herausforderung. 1999 erschien „Seelsorge im Plural" (mit dem Untertitel „Perspektiven für ein neues Jahrhundert") als erster Band der Lernort-Gemeinde-Bücher. Wie auch deren weitere Bände „Predigen im Plural" (2001), „Religiöse Bildung im Plural" (2003) und „Kirchliche Strukturen im Plural" (2004) bildeten die Artikel in den Themenheften der gleichnamigen Zeitschrift (angesiedelt im Evangelischen Zentrum Rissen) die Basis der Bücher, die durch neu angefragte Artikel ergänzt wurde. Die Grundidee von „Lernort Gemeinde", die auch die Bücher prägte, war eine praxisorientierte und prägnante Zuspitzung von Monografien und längeren Aufsätzen durch deren Autor*innen selbst. Menschen aus der kirchlichen Praxis oder im Studium sollte ein Überblick über aktuelle wissenschaftliche Diskurse und Konzepte ermöglicht und Einblicke in gelingende Praxis eröffnet werden. Trotz inhaltlich sehr guter Resonanz wurde die Zeitschrift im Zuge des damaligen Niedergangs vieler Printmedien eingestellt und damit auch die Buchreihe beendet.

Während diese Grundidee für die Inhalte der anderen Bände dieser Reihe mittlerweile in anderen Publikationen Nachfolger gefunden hat, hat es erstaunlicherweise seitdem keine Zusammenstellung zeitgenössischer Ansätze im Bereich der Seelsorge gegeben. In der bei Vandenhoeck & Ruprecht erschienenen Reihe „Elementar. Arbeitsfelder im Pfarramt", in der beispielsweise der Homiletik-Band diesem Prinzip folgt, liegt der Schwerpunkt auf den Handlungsfeldern, in denen Seelsorge konkret wird.[1] Das bereits in dritter Auflage erschienene „Handbuch der Seelsorge"[2] versammelt hingegen diverse Aspekte dieser praktisch-theologischen Disziplin, nicht aber ein breites Spektrum unterschiedli-

---

1 *Ralph Kunz*: Seelsorge: Grundlagen – Handlungsfelder – Dimensionen, Göttingen 2016.
2 *Wilfried Engemann* (Hg.): Handbuch der Seelsorge. Grundlagen und Profile, Leipzig [3]2016.

cher Antworten auf die Frage, wie Seelsorge sein soll und was sie bewirken soll. Auch die in der Zwischenzeit erschienenen Lehrbücher können dies nicht leisten. So ist es nicht erstaunlich, dass die längst vergriffene Ausgabe von „Seelsorge im Plural" bis in die Gegenwart immer wieder nachgefragt wurde.

Als der Verlag die Neuausgabe des Buches anregte, erschien dies daher ebenso plausibel wie schwierig, denn selbstverständlich haben sich die Diskurse und Ansätze seitdem in unterschiedlicher Hinsicht weiterentwickelt. Neue Ideen sind hinzugekommen, die alten werden teilweise so nicht mehr vertreten, manche Autor*innen des damaligen Bandes leben auch gar nicht mehr. Und selbstverständlich ist der gesellschaftliche und kirchliche Kontext, in dem die Überlegungen entstehen und für den sie gedacht sind, ein anderer geworden. Es lag daher nahe, die Neuausgabe in Zusammenarbeit einer damaligen Herausgeberin und einer Wissenschaftlerin der jüngeren Generation zu gestalten. Viele der Autor*innen der damaligen Ausgabe wurden gefragt, ob sie ihren Ansatz in heutiger Perspektive noch einmal neu formulieren würden; gleichzeitig aber wurden meist jüngere Seelsorgetheoretiker*innen gebeten, ihre zwischenzeitlich erschienenen Ideen kurz und praxisnah zu formulieren.

Anders als in der damaligen Fassung haben wir uns dabei strikt auf die konzeptionelle Ebene konzentriert und auf die Handlungsfelder der Seelsorge ganz verzichtet, da diese unseres Erachtens ausgezeichnet in den oben genannten Werken erschlossen werden können. Um einer besseren Übersichtlichkeit und Vergleichbarkeit willen haben wir zudem alle Autor*innen gebeten, ihre Überlegungen in die folgenden fünf Schritte zu gliedern:

1. Ausgangspunkt: Auf welches Problem reagiert der Ansatz?
2. Theoretische Hintergründe: Welche Theorien sind erforderlich, um den Ansatz zu verstehen?
3. Konzept: Wie genau sieht der Ansatz aus?
4. Praxisrelevanz: Was bedeutet dieser Ansatz für die Praxis der Seelsorge?

5. Praxisbeispiel: Wie kann Seelsorge nach diesem Ansatz konkret aussehen?

Dies war für manche Ansätze einfacher umzusetzen als für andere – umso mehr danken wir allen Autor*innen, dass sie dieser Bitte gefolgt sind.

In der Zusammenschau der Beiträge wird noch stärker als vor 20 Jahren deutlich, dass (wie in allen praktisch-theologischen Bereichen) auch in der Seelsorge mittlerweile nicht mehr in fundamentalen und sich gegenseitig ausschließenden „Konzeptionen" gedacht wird, wie sie exemplarisch die kerygmatische und die therapeutische Seelsorge darstellten. Der gesellschaftlichen Pluralität entsprechend werden eher bestimmte Aspekte herausgearbeitet und in den Fokus der Seelsorge genommen, die in bestimmten Konstellationen eine besondere Plausibilität gewinnen. Heute wird weniger normativ dargestellt, wie Seelsorge „richtig" sein muss, als gefragt, welche Aspekte und Herangehensweisen zu einer gelingenden Seelsorgepraxis verhelfen. Gleichzeitig beruhen diese auf bestimmten begründeten Grundentscheidungen und sind nicht austauschbar oder beliebig. In der Religionspädagogik werden für diese „mittlere Reichweite" zwischen fundamentalen „Konzeptionen" und umsetzungsorientierten „Methoden" oder „Lernformen" unterschiedliche Formulierungen verwendet, unter denen sich der Begriff der „Ansätze" durchzieht.[3] Diese können in ihrer unterschiedlichen Ausrichtung und Charakter dann noch einmal mit Adjektiven versehen werden.[4] Angeregt von dieser Praxis sprechen auch wir für alle Bei-

---

3 Vgl. *Uta Pohl-Patalong*: Religionspädagogik – Ansätze für die Praxis, Göttingen 2013, 9-11 und zusammenfassend *Bernhard Grümme/Hartmut Lenhard/Manfred L. Pirner*: Religionsunterricht neu denken? Zur Einführung, in: dies. (Hg.): Religionsunterricht neu denken. Innovative Ansätze und Perspektiven der Religionsdidaktik. Ein Arbeitsbuch (Religionspädagogik innovativ Bd.1), Stuttgart 2012, 9-13,10f.

4 So differenziert Rudolf Englert beispielsweise in seiner Zusammenschau aktuelle religionspädagogische Ansätze (allerdings mit der Formulierung „Religionsdidaktiken" zwischen „grundlegenden", „pointierten" und „dimensionalen", vgl. *Rudolf Englert*: Religionsdidaktik wohin? – Versuch einer Bilanz, in: Grümme/Lenhard/Pirner 2012, 247-258, 247-249.

träge durchgehend von „Ansätzen", unter denen wir dann drei Gruppen unterscheiden: Teilweise sind die Ansätze an bestimmten *Dimensionen seelsorglicher Praxis* orientiert, die potenziell auch in den anderen Ansätzen eine Rolle spielen, hier aber leitend werden: Alltag, Lebenskunst, Ethik, Gesellschaft, Gemeinschaft, Beziehungen, Leib, Gender, Bibel und Mission. Für andere Ansätze hingegen ist die *Orientierung an (therapeutischen oder durchaus auch theologischen) Theorien* leitend, die ihre Grundlage bilden und sie hermeneutisch und methodisch prägen: aus der systemischen Therapie und Beratung, der Kognitiven Verhaltenstherapie, den intermedialen Kunsttherapien, die ästhetische Ausrichtung der Praktischen Theologie, der Achtsamkeitsbasierten Psychotherapie und der neurowissenschaftlichen Meditationsformen oder verschiedenen theologischen Ansätzen. Wir haben sie *theoriegeleitete Ansätze* genannt. Wieder andere Beiträge sind stärker durch den *Kontext* bestimmt, in dem sie entwickelt wurden: durch die Pflegesituation oder das Setting explizit gewünschter spiritueller Beratung, die Tatsache, dass die Gesprächspartner*innen verschiedenen Kulturen oder Religionen angehören oder einer nichtchristlichen Religion. Dies sind die *kontextuellen Ansätze*.

Die Zuordnungen der Artikel zu den drei Rubriken sind teilweise sicher auch diskussionsfähig; der Akzent scheint uns jedoch stärker auf dem einen oder dem anderen Aspekt zu liegen, der dann für die Zuordnung leitend wurde. Durchgehend ist jedoch im Bewusstsein zu halten, dass alle Ansätze bestimmte Dimensionen herausstellen, auf einem bestimmten Theoriedesign beruhen und bestimmte Kontexte vorrangig vor Augen haben.

Die Artikel im Einzelnen:

I. Dimensionale Ansätze

Zunächst hebt *Eberhard Hauschildt* in einer überarbeiteten Fassung seines damaligen Artikels den Alltag als Ort und Bezugsgröße der Seelsorge hervor. Die *Alltagsseelsorge* nimmt die „ganz normalen" Lebenssituationen, Themen und Fragen gegenüber „großen" Konflikten und Glaubensfragen ernst und trägt zu deren Bewältigung bei.

Auch die *ethische Beratung* als Dimension der Seelsorge wurde bereits in der Erstausgabe von *Jürgen Ziemer* entfaltet und wird hier komplett überarbeitet vorgestellt. Seelsorge hat auch die Aufgabe, den Umgang mit ethischen Problemsituationen zu unterstützen. Sie wechselt damit zwischen überwiegend empathischer und stärker diskursiver Kommunikation, was eine Herausforderung für die Seelsorger*innen bildet.

Seit der Erstauflage wurde wesentlich von *Wilfried Engemann* das Stichwort *Lebenskunst* in den poimenischen Diskurs eingebracht, das ebenfalls an die Notwendigkeit permanenten Entscheidens in der Gegenwart anschließt. Seelsorge hat nach diesem Ansatz die Aufgabe, Menschen beim Führen eines eigenen Lebens in der Erfahrung von Freiheit zu unterstützen. Die Kategorie des eigenen Willens gerät damit in den Fokus der Seelsorge, die Entfremdungserfahrungen gegenüber dem eigenen Leben entgegensteht.

Die Dimensionen „Lebenskunst" und „Ethik" stehen bereits deutlich im Horizont der Gesellschaft der Gegenwart. Diese wurde bereits in der Erstausgabe als relevante Kategorie für die Seelsorge von *Uta Pohl-Patalong* stark gemacht und für die aktuelle Fassung als *gesellschaftssensible Seelsorge* neu formuliert. Seelsorge nimmt dann die gesellschaftlichen Hintergründe in ihrer Bedeutung für individuelle Problemstellungen ernst, unterstützt Menschen in ihrer Subjektwerdung und Identitätsfindung und stärkt gesellschaftlich wirksames Handeln.

Wurde die gesellschaftliche Dimension damals noch stärker als Widerspruch zu einer individualistischen Verengung der Seelsorge eingebracht, so wird diese in den aktuellen Ansätzen auch in anderer

Weise überwunden. Unter dem Stichwort *transversale Seelsorge* hebt *Sebastian Schirmer* die Bedeutung der (christlichen) Gemeinschaft für die Seelsorge hervor und versteht es als seelsorgliche Aufgabe, Gemeinschaft in gegenseitiger Anerkennung auf der Basis der göttlichen Liebe zu fördern.

Die Bedeutung von Beziehungen in der und für die Seelsorge entfaltet *Wolfgang Reuter* in seinem Ansatz der *relationalen Seelsorge*. In der Perspektive des Mit-Ein-Anders geschieht Seelsorge auf Augenhöhe zwischen zwei Subjekten, was einen Perspektiven- und Haltungswechsel für die Seelsorger*innen hin zu einer Anerkennung aller als seelsorgliche Akteur*innen zufolge hat.

Neu überarbeitet wurde hingegen der Beitrag von *Elisabeth Naurath* zur Dimension des Leibes in der Seelsorge. Die *leiborientierte Seelsorge* nimmt ernst, dass die seelsorgliche Interaktion immer auch durch die Leiblichkeit von Seelsorge Suchenden und Seelsorger*innen mitbestimmt ist. Seelsorge ist nicht auf das Wort beschränkt, sondern sollte auch die Körpersprache einbeziehen, um den ganzen Menschen wahrzunehmen und adäquat zu kommunizieren.

Wird dabei auch die Dimension des Geschlechts berührt, wird die Genderdimension von *Ursula Riedel-Pfäfflin* in ihren Konsequenzen für die Seelsorge reflektiert. *Genderbewusste Seelsorge* nimmt die nach wie vor existierenden Ungerechtigkeiten zwischen den Geschlechtern (die mittlerweile nicht mehr binär auf Frauen und Männer beschränkt sind) ernst und unterstützt Menschen bei deren Überwindung. Sie bietet ebenso Schutzräume wie Räume zur Veränderung. Dabei hat sie eine besondere Aufmerksamkeit für Menschen, die üblicherweise nicht beachtet oder denen nicht geglaubt wird.

Auch die Dimension der Bibel im Seelsorgegespräch hatte *Michael Meyer-Blanck* bereits in der Erstausgabe in ihrer Rolle für die Seelsorge reflektiert, nachdem diese in Abgrenzung zur kerygmatischen Seelsorge in den Jahrzehnten in den Hintergrund geraten war. Eine gegenwärtig angemessene *Seelsorge im Horizont der Bibel* nützt biblische Texte nicht zur abschließenden Klärung und pastoralen Verkündigung, sondern setzt anregende Impulse und regt zur Entdeckung von Neuem an.

Neu hinzugekommen in dieser Ausgabe ist die Dimension der Mission als *missio Dei*, die seit den 1990er Jahre mit der zunehmenden Entkirchlichung insgesamt in der (Praktischen) Theologie und damit auch in der Seelsorge an Bedeutung gewonnen hat. *Michael Herbst* entwirft ein Verständnis von Mission, das nicht übergriffig die seelsorgliche Situation für eine Werbung für den Glauben ausnutzt, sondern in einer Haltung von Respekt und Freiheit des Andersdenkens ein Kommunikationsangebot zwischen Kirche und konfessionslos-indifferente Zeitgenoss*innen eröffnet.

II. Theoriegeleitete Ansätze

Die zweite Gruppe von Ansätzen entwickeln demgegenüber ihre Idee von Seelsorge in engem Gespräch mit einem Theorieansatz aus dem therapeutischen oder dem theologischen Bereich und werden entsprechend auch methodisch stark von diesem geprägt.

Sie werden eröffnet mit der mittlerweile breit rezipierten *systemischen Seelsorge*, die von *Christoph Morgenthaler* als einem ihrer Entwickler vorgestellt wird. Inspiriert von der systemischen Therapie und Beratung werden Menschen in ihren Beziehungssystemen wahrgenommen und verstanden. Auch das methodische Vorgehen ist von dieser Therapierichtung geprägt.

Ebenfalls dem Bereich der Therapie entnommen sind die Anregungen durch die *kognitive Verhaltenstherapie*, die *Katja Dubiski* poimenisch umgesetzt hat. Wenn das Spektrum der in der Seelsorge rezipierten Therapieformen um die kognitive Verhaltenstherapie erweitert wird, trägt dies dazu bei, dass sie in die Zukunft gewandt, handlungsorientiert und subjektorientiert vorgeht und sie die Ratsuchenden durch – ebenfalls methodisch von der Therapie inspirierte – Rückfragen auf ihrem eigenen Weg unterstützt und dabei im Namen Gottes begleitet.

Die von *Gina Schibler* entwickelte *kreativ-emanzipierende Seelsorge* orientiert sich hingegen an den intermedialen Kunsttherapien, die die Kreativität der Klient*innen ins Zentrum stellen und auch methodisch künstlerische Medien verwenden. Gleichzeitig versteht sie sich mit der feministischen «Hermeneutik des Verdachtes" als emanzipatorisch, insofern sie gegen Hierarchien insbesondere im Verhältnis der Geschlechter ausgeht.

Der Ansatz der ästhetischen Seelsorge entnimmt sein Theoriedesign wiederum der Praktischen Theologie. Das ästhetische Verständnis der Praktischen Theologie als „Wahrnehmungswissenschaft" seit den 1990er Jahren mit ihrer Aufmerksamkeit für die Form und damit für Performanz und Inszenierung ging erstaunlicherweise an der Poimenik weitgehend vorbei und wurde jetzt von *Lydia Kossatz* für die Seelsorge fruchtbar gemacht.

Die *Achtsamkeitsbasierte Seelsorge* greift demgegenüber auf Theoriebestände aus unterschiedlichen Bereichen zurück. *Sabine Bobert* verbindet Achtsamkeitsbasierte Psychotherapie, neurowissenschaftliche Meditationsforschung und die Mystik der Wüstenväter zu einem handlungsorientierten Seelsorgeansatz, für den Veränderungen wesentlich durch das Praktizieren von „Mini-Übungen" im Alltag entstehen.

Die von dem verstorbenen Praktischen Theologen Manfred Josuttis entwickelte und hier von seiner Frau *Ursula Josuttis* vorgestellte *energetische Seelsorge* basiert ebenfalls auf Theoriebeständen aus unterschiedlichen Bereichen, vornehmlich jedoch auf theologischen. Energetische Seelsorge unterstützt Menschen darin, dass die Menschen durch den Heiligen Geist Zugang zu Gottes Segenskraft erfahren und sich diese Kraft als lebensverändernd erweisen kann.

III. Kontextuelle Ansätze

Die dritte Gruppe von Ansätzen schließlich erhalten ihre entscheidenden Impulse durch einen spezifischen Kontext, wirken aber über diesen hinaus mit grundlegenden Einsichten auf die gesamte Poimenik.

Das gilt zunächst für die im Gesundheitswesen beheimatete *Spiritual Care*, die religiös-spirituelle Aspekte in eine ganzheitlich verstandene medizinisch-pflegerische Betreuung kranker Menschen in verschienen Feldern einbringt. *Traugott Roser*, der diesen Ansatz im deutschen Sprachraum wesentlich mitentwickelt hat, stellt dar, dass in der Verbindung von kirchlicher Verortung, einem weiten Spiritualitätsbegriff und der Mitarbeit in einem interprofessionellen Team das seelisch-geistige Wohl der Patient*innen im Mittelpunkt steht.

In den letzten Jahren hat zudem die *Geistliche Begleitung* immer stärker an Bedeutung in der Seelsorge gewonnen und kann mittlerweile durchaus als eigener Seelsorgeansatz verstanden werden. Wie *Claudia Kohli Reichenbach* darstellt, geht es dabei um ein Gesprächsangebot für spirituelle Fragen in einem längeren Prozess und damit um die kontinuierliche Begleitung auf einem geistlichen Weg in einem bestimmten Setting.

In anderer Weise wirkt sich der Kontext aus, wenn es um seelsorgliche Kontakte zwischen Menschen verschiedener Kulturen und/oder Religionen geht. So sehr diese Aspekte oft miteinander verbunden sind, schien es uns dennoch sinnvoll, diese schwerpunktmäßig in verschiedenen Artikeln zu behandeln – im Wissen um die Bezüge und Überschneidungen. So entfaltet *Christoph Schneider-Harpprecht* die *Interkulturelle Seelsorge* auf einer systemischen Basis als kulturell sensible Hilfe zur Lebensgestaltung von Menschen und Gruppen. Voraussetzung dafür ist eine interkulturelle Kompetenz der Seelsorger*innen im Umgang mit Differenzerfahrungen, die sie befähigt, kulturelle Irritationen und Differenzen zum Thema zu machen und dabei voneinander zu lernen.

Die *Interreligiöse Seelsorge* wird ihrem Ansatz gemäß von einem christlich-islamischen Autorenduo dargestellt. *Helmut Weiß* und *Abdelmalek Hibaoui* entfalten, wie sich in interreligiöser Perspektive die Herausforderung bewältigen lässt, Beziehungen in Differenz aufzubauen, Andersartigkeit als Ressource wertzuschätzen und nicht vorschnell von einem scheinbaren Verstehen auszugehen.

Mahmoud Abdallah entwirft abschließend *Seelsorge aus islamischer Perspektive*. In dieser noch jungen Disziplin geht es ihm gerade nicht um einen spirituellen Beistand mit dem Ziel eines gottgemäßen Lebens, wie es gelegentlich anzutreffen ist, sondern um eine Begleitung und Unterstützung in allen Lebens- und Glaubensfragen. In dieser stehen die Situation und das Wohl der Ratsuchenden im Vordergrund, die als Subjekte für ihr Leben mit eigenen Lösungen verstanden werden.

In dieser Rubrik waren eigentlich weitere Beiträge aus anderen religiösen Kontexten geplant: aus den orthodoxen Kirchen, aus dem Judentum und dem Buddhismus, die aus verschiedenen Gründen teilweise auch kurzfristig nicht zustande kamen. Möglicherweise zeigt diese Konstellation dann auch die Grenzen eines akademisch orientierten Überblicks über die aktuellen Seelsorgeansätze an, die sich auf bestimmte Sprachspiele und Vereinbarungen stützt, und erinnert daran, dass die Praxis der Seelsorge immer vielfältiger, bunter und überraschender ist, als Bücher sie darstellen können.

Wir hoffen jedoch, in dem gegebenen Rahmen mit dieser Neuausgabe erneut eine Brücke zwischen dem konzeptionellen Nachdenken über die Seelsorge und ihrer konkreten Praxis zu schlagen, von der beide Seiten profitieren können: Die Praktiker*innen in einem vertieften Verständnis ihrer Seelsorgepraxis und Anregungen für diese und die Wissenschaftler*innen durch sich anschließende Rückfragen, Anregungen und Einblicke in die vielfältigen Realitäten der Sorge um Seele und Leben von Menschen.

Wir danken Rainer Kuhl und Prof. Dr. Hans-Martin Gutmann vom EB-Verlag für die Anregung zur Neuausgabe und die unkomplizierte verlegerische Betreuung sowie Arne Hansen und Hannah Looks für das Korrekturlesen. Vor allem aber sei den Autor*innen für ihre interessanten und für die Praxis der Seelsorge relevanten Ideen gedankt!

Kiel, im November 2019

Uta Pohl-Patalong   Antonia Lüdtke

I. Dimensionale Ansätze

Eberhard Hauschildt

Alltagsseelsorge

1. Ausgangspunkt: Der Alltag der Seelsorge und die Seelsorge im Alltag

Mir geht es um die unscheinbare Seelsorge, die so „klein" und „gewöhnlich" erscheint, dass man sie gerne übersieht. Was passiert da und wie passiert es? Wie kann man solche Seelsorge verstehen? Wie verändert die Achtung solcher Seelsorge das Verständnis von Seelsorge überhaupt?

Vor gut 20 Jahren lag in der damals neuen Rede von „Alltagsseelsorge"[1] eine Provokation. Sie widersprach einem gängigen Ideal der Seelsorge des 20. Jahrhunderts. Diese hatte sich ja neu damit auseinanderzusetzen gehabt, dass mit der von S. Freud begründeten Psychotherapie die Kirchen das Monopol für helfende Gespräche verloren hatten. Im Seelsorgeverständnis entwickelten sich zwei gegensätzliche Reaktionsmuster. Das eine stellte heraus: Seelsorge ist ganz anders als Psychotherapie – hier reden pastorale Verkündiger des Wortes Gottes, die dem Einzelnen nicht die Schuldgefühle wegtherapieren, sondern die tieferliegende Sünde aufdecken und Gottes Vergebung zusprechen (das war gewissermaßen ein „homiletisches" Paradigma; typischer Vertreter: Eduard Thurneysen, 1948). Das andere Reaktionsmuster: Seelsorge hat sich von der autoritären Moralisierung gelöst und gewandelt zu einer psychoprofessionellen, konfliktbearbeitenden unbedingten Annahme des Gegenübers in Freiheit (das war gewissermaßen ein „therapeutisches Paradigma"; typischer Vertreter: Joachim Scharfenberg, 1972).

Über diese Vorstellung einer reinen „hohen" und psychologiefachlich oder amtstheologisch professionellen Seelsorge geht die Frage nach „Alltagsseelsorge" hinaus mit ihrem Interesse für Gespräche „zwischen

---

1 *Eberhard Hauschildt*: Alltagsseelsorge. Eine sozio-linguistische Analyse des pastoralen Geburtstagsbesuches, Göttingen 1996.

Tür und Angel", unbestimmte, oft recht kurze, nicht nur religiös, sondern auch thematisch eher diffuse helfende Gespräche. Darin lag auch eine Entlastung für Gemeindepfarrer*innen. Denn bis dato hatte ihnen die Seelsorgeliteratur tendenziell ein schlechtes Gewissen gemacht – angesichts ihres normalen beruflichen Seelsorgealltags mit Gesprächen, die so wenig zünftige Verkündigung ausstrahlen und viel weniger psychokompetent sind als die der Krankenhausseelsorger*innen.

Alltagsseelsorge will insofern herausstellen, wie die Seelsorgepraxis meistens „wirklich" aussieht. Ihr Ziel ist es, gerade diese Praxis zu verstehen und zu verbessern zu helfen. Dabei hat die Alltagsseelsorge inzwischen eine thematische Erweiterung sowie eine methodische und eine theoretische Vertiefung erfahren: Erst richtig als eigenes Thema entdeckt wurde die „Seelsorge durch Ehrenamtliche"[2], und gerade für kurze Gespräche liegen spezielle, der Psychotherapie nahestehende Gesprächsverfahren vor und wurden für die Seelsorge erschlossen.[3] Hinzu kommen eine methodisch-soziolinguistische Vertiefung, bezogen auf die Gefängnisseelsorge,[4] und eine seelsorgetheoretische Weiterführung auf das seelsorgliche Fremdverstehen überhaupt.[5]

---

2   Vgl. z.B. ders.: Auf dem Weg zu einer Praktischen Theologie der Ehrenamtlichen-Seelsorge, in: PTh 99 (2010), 116-127.

3   Vgl. *Timm Lohse*: Das Kurzzeitgespräch in Seelsorge und Beratung, Göttingen (2003), 4. erw. Aufl. 2013; *ders.*: Das Trainingsbuch zum Kurzgespräch, Göttingen 2006; *Rolf Theobold*: Zwischen Smalltalk und Therapie, Neukirchen 2013, mit einer ausführlichen Darstellung kurzzeittherapeutischer Konzepte (81-194). Zur Würdigung von Theobolds Buch und Auseinandersetzung mit seiner Kritik an meinem Buch von 1996 vgl. *Eberhard Hauschildt*: Ein Durchbruch für die Gemeindeseelsorge. Über die Bücher von Rolf Theobold und Wolfgang Drechsel, in: PTh 104 (2015), 237-254.

4   Vgl. *Ralf Günther*: Seelsorge auf der Schwelle. Eine linguistische Analyse von Seelsorgegesprächen im Gefängnis, Göttingen 2005.

5   Vgl. *Kristin Merle*: Alltagsrelevanz. Zur Frage nach dem Sinn in der Seelsorge, Göttingen 2011, fokussiert auf die Alltagstheorie nach Alfred Schütz und das Fremdverstehen im Alltag.

2. Theoretische Hintergründe: Alltagstheorie, empirische Soziolinguistik und „Allgemeines Priestertum"

Inspiriert wurde meine von 1989 bis 1993 erarbeitete Habilitationsschrift zur Alltagsseelsorge durch eine Soziologie des Alltags, wie sie erstmals in dem wissenssoziologischen Grundlagenwerk von Thomas Luckmann und Peter L. Berger in den 1970er Jahren bekannter wurde.[6] Sie fragt danach, wie vortheoretisches Wissen im Alltag durch die Interaktion mit anderen entsteht. Und sie beschreibt, wie es unbemerkt als Wissensvorrat die Routinen des jeweiligen Alltags prägt und wie es auch in den anderen hohen Theorien und professionellen Settings unbemerkt vorausgesetzt ist. In den späteren 1980er Jahren waren erste Thematisierungen durch theologische Autoren in Bezug auf Seelsorge in Verbindung mit dem „Alltag" entstanden, besonders Henning Luthers kritische Unterscheidung von Alltagssorge und Seelsorge und ein konzeptioneller Aufsatz meines Lehrers Wolfgang Steck zum Ursprung der Seelsorge in der Alltagswelt.[7] Etwas anderes ist es, die Seelsorge an tatsächlichen Gesprächen zu beobachten – und so wurde für das Alltagsseelsorgeprojekt der Entschluss gefasst, Geburtstagsbesuchsgespräche (mit Zustimmung der Beteiligten) zur genaueren Analyse auf Kassettenrekorder (wie sie seit den 1970er Jahren allgemein zur Verfügung standen) aufzunehmen.[8] Seit den 1970er Jahren hatte sich als „Soziolinguistik" eine empirische Forschung entwickelt darüber, *wie* in Gesprächen miteinander gesprochen wird und soziale Ordnungen und Deutungsschemata darin zum Ausdruck kommen und im Reagieren aufeinander neu aufgebaut oder variiert werden.[9]

---

6 Vgl. *Peter L. Berger/Thomas Luckmann*: Die gesellschaftliche Konstruktion der Wirklichkeit. Eine Theorie der Wissenssoziologie [engl. 1966], Frankfurt a.M. 1969.
7 Vgl. *Henning Luther*: Alltagssorge und Seelsorge. Zur Kritik am Defizitmodus des Helfens, in: WzM 38 (1986), 2-17; *Wolfgang Steck*: Der Ursprung der Seelsorge in der Alltagswelt, in: ThZ 43 (1987), 175-183.
8 Zu den Widerständen ähnlich wie bei Beginn der Seelsorgebewegung vgl. Hauschildt 1996,123f.
9 Vgl. z.B. *Werner J. Patzelt*: Grundlagen der Ethnomethologie. Theorie, Empirie und politikwissenschaftlicher Nutzen einer Soziologie des Alltags, München 1987.

Die Alltagsseelsorge lag in ihrer Fragestellung und ihrer Methodik also gewissermaßen im (soziologischen) Forschungstrend. Mit etwas größerem zeitlichen Abstand lässt sich inzwischen dieser Trend in einer ganzen Reihe von Gemeinsamkeiten der Seelsorgekonzeptionen seit den 1990er Jahren erkennen, wie sie in dem hier vorliegenden Band versammelt sind, die Seelsorge nicht nur unter psychologischer Perspektive, sondern auch dezidiert unter soziologischen und überhaupt kulturwissenschaftlichen Forschungsperspektiven betrachten. Und sie sind besonders rollen- und machtsensibel geworden.

Seelsorge gilt hier als das, was die Beteiligten daraus im Austausch miteinander machen. „Alle Seelsorge ist ein hermeneutisch offenes Verfahren"[10], eine „gesellschaftliche", „christentümliche" und „kirchliche Konstruktion".[11] Insofern hat sich hier gegenüber dem 20. Jahrhundert eine neue und andere Art von Seelsorgetheorie aufgebaut, die man dem zugrundeliegenden Verständnis nach das Modell einer radikaler als bisher „interaktiven Seelsorge" vertritt.[12]

Außerdem gibt es einen spezifisch theologischen Theoriegrund. „Alltagsseelsorge" – ein solches Konzept, und vielleicht das „interaktive Paradigma" überhaupt, steht in demjenigen Findekontext und Praxisinteresse, dem die Formel vom „Allgemeinen Priestertum" der Gläubigen nahesteht.[13] Das Forschungsinteresse für den Alltag wird sich dabei selbst durchsichtig als eines, dass die auch bei Laien und „Kleinen Leuten" schon zu findenden Kompetenzen beachten will. Theologiegeschichtlich gibt es eine Linie vom „Allgemeinen Priestertum" hin zur Seelsorge als (bürgerlichem) Gespräch wie unter Freunden (so in den pietistischen Konventikeln Philipp Speners) bis zur Markierung der „freien Geselligkeit" als Ursprung von Seelsorge und als Modell der religiösen Wahrheitsfindung (so Friedrich Schleiermacher).[14] Die Verschie-

---

10 Hauschildt 1996, 388.
11 Ders.: Art. Seelsorge II. Praktisch–theologisch, in: TRE Bd. 31, Berlin/New York 2000, 31-54, 32.
12 Vgl. ders.: Art. Seelsorgelehre, in: TRE Bd. 31, Berlin/New York 2000, 54-74, 70.
13 Vgl. in Hauschildt 1996 den Schlussabschnitt unter der Überschrift „Allgemeines Priestertum" (400-406).
14 Vgl. ausführlich Hauschildt 1996, 21-57.

denheit der Beteiligten in der Seelsorge, etwa in Sachen Milieu, Kultur, Religion stellt nicht nur eine Herausforderung dar, sie ist zugleich die Normalsituation.[15] So gibt es im Austausch mit dem Gegenüber etwas zu lernen, was so ohne den Unterschied zwischen den Beteiligten gar nicht hätte entstehen können.

3. Konzept: Seelsorge als Alltags-Ereignis inmitten unspektakulärer Koproduktion

Was soll man über die (Alltags-)Seelsorge gerade an pastoralen Geburtstagsbesuchen lernen können? Da ist, auch wenn das Gespräch am Tag nach dem Geburtstag unter vier Augen stattfindet, eine Situation gegeben, bei der im Vergleich mit der Krankenhausseelsorge oder dem Seelsorgebesuch im Trauerhaus *viel offener ist, worüber und wie miteinander gesprochen werden wird.*

Die Seelsorgebewegung hatte schon die Seelsorgegespräche als „living human documents" (Anton Boison) für das Seelsorgelernen stark gemacht. So wurde es seit den 1970er Jahren zum Standard, in Gruppengesprächen mit den Auszubildenden an sogenannten „Verbatims" zu arbeiten – Erinnerungsprotokollen vom eigenen Seelsorgegespräch, die besondere und schwierige kurze Schlüsselstellen aus der Erinnerung ausformulieren. Diese subjektiven Texte sind in der Tat gut geeignet als Quelle, um an der Person des Seelsorgers bzw. der Seelsorgerin zu arbeiten. Doch erst durch Tonaufnahmen wird *das Wechselverhältnis während des gesamten Gesprächs „objektiv" festgehalten und analysierbar.* Wenn Beteiligte bei Zustimmung zur Aufnahme ihr eigenes Gesprächsverhalten möglichst ideal darstellen wollen, so ist das gar nicht unwillkommen, weil so nur umso deutlicher heraustritt, wie die Ideale voneinander abweichen und sich beobachten lässt, wie im Seelsorgegespräch

---

15 Vgl. ders.: Seelsorgelehre. Interkulturelle Seelsorge als Musterfall für eine Theorie radikal interaktiver Seelsorge, in: *Karl Federschmidt u.a.* (Hg.): Handbuch Interkulturelle Seelsorge, Neukirchen-Vluyn 2002, 241-261. Grundsätzlich zum „Fremdverstehen" in der Seelsorge vgl. Merle 2011.

selbst damit umgegangen wird. Und, wie sich zeigt, gerät auch beim Gespräch das Aufgenommenwerden aus der Aufmerksamkeit – eine Seniorin fragte etwa am Schluss des Gesprächs: „Sagen Sie mal – ist das Band gelaufen?"

Es zeigte sich: In der Alltagsseelsorge dominiert *die Sprache des Alltags*. Die Muster und Mechanismen, mit denen man sonst auch miteinander Gespräche führt, finden auch hier Anwendung. Zu Anfang ist ein ausführlicher *Small Talk* gängig, denn hier versichert man sich gegenseitig der guten Absichten und des Interesses aneinander. Auch mit der Pfarrerin zunächst übers Wetter zu reden oder über die selbstgebackenen Plätzchen ist alles andere als sinnlos. Dann rutscht man – oft unbemerkt – in Themen hinein. Seelsorgerinnen und Seelsorger wollen dabei dem Gegenüber die Möglichkeit geben, sich im Gespräch zu entfalten. Sie tun das mit drei alltäglichen Mitteln: 1. mit ,*Darstellungsinduzierern*' wie etwa: dem Gegenüber offene Fragen stellen; 2. mit ,*Darstellungsreduzierern*' wie etwa: wenn man selbst gefragt wird, nur allgemein und kurz darauf antworten; 3. mit ,*Darstellungsqualifizierern*' wie etwa: das Gesagte aufnehmen und weiterführen. Die Darstellung kann als ,*Bericht*' (typisch: das Gegenüber begleitet unterstützend mit ,H-m'), als ,*Diskussion*' (typisch: das Gegenüber sagt „Ja-aber') und als ,*Austausch*' (typisch: das Gegenüber sagt: „Ja-genau und ...') vonstatten gehen.[16]

Seelsorger*innen verhalten sich auch in der Alltagsseelsorge meistens so, dass sie ihre eigenen Darstellungen reduzieren und die des Gegenübers erhöhen. Das ergibt dann den Effekt, dass in bestimmten Phasen des Gesprächs das Gegenüber seine Themen, seine Biographie, seine Gefühle ausbreiten kann – einschließlich der darin enthaltenen Ambivalenzen. So erreicht auch die Alltagsseelsorge etwas davon, was ein gesprächstherapeutisches Anliegen ist: Ambivalenzen können ein Stück weit dargestellt, ein bisschen geklärt und bearbeitet werden. Zu gezielt verfolgten Lösungsstrategien kommt es nicht, aber manch kleinere Ambivalenzen finden doch so ihre adäquate Bearbeitung, und größere dürfen wenigstens ausgesprochen werden. Insofern lässt sich hier

---

16 Vgl. ders. 1996, 153-366; außerdem: Günther 2005, 38-249.

von *Alltagstherapie* reden.[17] Episodenhaft ist sie und in ihren psychischen Effekten begrenzt – aber eben in dieser Kleinheit doch beobachtbar und beachtenswert.

Die Themen der Alltagsseelsorge sind vielfältig. Religion spielt darin, wie im modernen Alltag auch sonst, keine quantitativ herausragende Rolle. Und doch kommt sie vor – und zwar in dreierlei Gestalt.

(1) Zum einen sind da Redewendungen in geprägter Sprache, die in den Gesprächen diejenige Funktion einnehmen, die als soziologische und psychologische Funktionen von Religion angesehen werden können (Sinngebung, Ohnmachtsbewältigung, Kontingenzreduzierung etc. oder auch Horizonterweiterung). Aussprüche sind das wie: ‚Da kann man eben nichts machen', ‚So ist das eben'.[18] Analog dazu kann ein alltägliches Gespräch insgesamt solche religiöse Funktion bekommen.

(2) Dann finden sich auch in den Gesprächen immer einmal wieder Aussagen, die davon ausgehen, dass es nicht-empirische Wirkfaktoren (‚Transzendenzakteure') gibt, die ins Leben einwirken. Gott wird da ziemlich selten genannt; sehr wohl begegnen die Schutzengel oder auch Sternbilder-Einflüsse oder das Karma. Der Alltag ist eine heterodoxe Welt von Mächten und Gewalten. Ihre Nennung bedeutet aber nicht, dass nun das Gesprächsgegenüber sich damit prinzipiell derjenigen Weltanschauung verschrieben hätte, aus der sie ursprünglich stammen. Jetzt, für den Moment, für das besprochene Thema wird auf das Sternbild Bezug genommen, während man die Bedeutung dann im nächsten Fall schon wieder ganz relativieren kann. Theolog*innen sind gewöhnt, hinter jeder Aussage schon ganze Weltkonzepte zu wittern. Der Alltag ist da längst nicht so prinzipiell. Die Religion des Alltags ist fallbezogen. Pfarrerinnen und Pfarrer übrigens waren in den analysierten Gesprächen viel vorsichtiger (um nicht zu sagen: ungläubiger) als ihr Gegenüber, Transzendenzaussagen welcher Art auch immer zu machen.

---

17 Vgl. Hauschildt 1996, 234-273.
18 Eine sehr schöne Auswertung solcher Alltagsspruchweisheiten findet sich in: *Hans-Martin Gutmann*: „Irgendwas ist immer". Durchs Leben kommen. Sprüche und Kleinrituale – die Alltagsreligion der Leute, Berlin 2013.

(3) Und dann gibt es auch dies, dass man sich auf konkrete Erfahrungen mit Kirche bezieht, allen voran auf Erlebnisse mit Pfarrer*innen und mit Kasualien. Dass der kirchliche Seelsorger oder die kirchliche Seelsorgerin da ist, ruft diese Erlebnisse in der Erinnerung ab. Nicht über den christlichen Glauben an sich wird geredet, sondern darüber, wer einen wohl beerdigen wird oder dass Pfarrerin XY ein guter Mensch und Pfarrer Z ein böser war.

Im Alltag wird auf Theorie nur dann zurückgegriffen, wenn praktische Probleme zu lösen sind. Das gilt auch für den Umgang mit der Religion. Um zu erklären, warum man nicht in den Gottesdienst geht, wird eine kleine Apologie des Christenlebens in der Gottunmittelbarkeit entworfen; um Pfarrer XY zu kritisieren, eine kleine Ethik christlicher Lebensführung; in der Sorge um die Bestattung verbirgt sich eine Vorstellung vom Leben nach dem Tod. Man kann solche kleinen, episodenhaften religiösen Rationalisierungen *Alltagstheologie* nennen.[19] Alltagstheologie arbeitet mit anderen Begriffen als die hohe Theologie der Dogmatik und der Predigten. Sie ist pragmatisch, heterodox, für den Augenblick gemacht. Pfarrerinnen und Pfarrer tun sich viel schwerer als ihr Gegenüber, alltagstheologisch zu denken und zu reden. Erst dann aber, wenn sie es tun (und aus Gesprächserfahrungen lernen viele dabei von ihren Gegenübern), kommt es zu einem wirklichen Austausch. Da kann dann z.B. in Sachen Reinkarnation die Pfarrerin dagegenhalten, dass sie aber nicht als Schwein wiedergeboren werden wolle.[20] Alltagstheologie kann nicht an die Stelle der hohen Theologie treten (ein Glück, dass man in der Predigt Dinge des Glaubens im Zusammenhang darstellen kann), aber im Alltag hat sie ihren Ort. In der Alltagsseelsorge liegen therapeutische und theologische Elemente noch undifferenziert ineinander, erst in der hohen Seelsorge treten sie als konträre Deutungsschemata auseinander.

---

19 Vgl. Hauschildt 1996, 274-366. Vgl. auch die Akademische Abschiedsvorlesung *Wolfgang Steck*: Alltagsdogmatik. Ein unvollendetes Projekt, in: PTh 94 (2005), 287-307.

20 Vgl. *Eberhard Hauschildt*: „Ich möchte nicht als Schwein wiedergeboren werden". Synkretistische Alltagstheologie – verstehend, streitbar, schlitzohrig, in: ZGP 20 (2002), Heft 2, 14-16.

Schließlich bietet als helfendes Gespräch Alltagsseelsorge auch so etwas wie eine „Alltagsdiakonie"[21] – eine Unterstützung nicht zwingend nur psychischer oder religiöser Art; auch in Richtung auf Informationen, Kontaktvermittlungen, Tipps, Verabredungen etc. kann sich das Gespräch entwickeln.

4. Praxisrelevanz: Haltungen, Gelegenheiten, Aufwertungen

Das Profil von Alltagsseelsorge besteht gerade nicht in der Konzentration auf eine bestimmte Gesprächsführungsmethode, Festlegung auf ein bestimmtes Gesprächssetting oder auf eine abgegrenzte Seelsorgedefinition und deren Ziel. Ihr liegt stattdessen an der Übung in einer dreifachen Grundhaltung in Sachen Seelsorge:

(1) mit den *Alltagsgesprächskompetenzen* arbeiten, den eigenen wie denen des Gegenübers. Darüber hinauszugehen ist möglich, aber – solange es sich um ein alltagsnahes Setting handelt – nicht unbedingt gewünscht, es sei denn, das Gegenüber zeigt das an.

(2) *Gesprächsgelegenheiten*, wie sie auf einen zukommen, auch zu ergreifen. Das Gegenüber hat gewählt, dass die Gelegenheit günstig ist, um mit mir zu sprechen, und testet, ob ich bereit bin, ihm meine Aufmerksamkeit zu schenken – was auch immer daraus sich ergeben mag.

(3) Mit dem Gegenüber auszuhandeln, in welcher Fassung hier so etwas, was ich auch als Seelsorge verstehen will, sich entwickelt. Dazu hilft mir, Abschied zu nehmen von einer Vorstellung, nach der Seelsorge in einer bestimmten Weise geschieht oder eben keine Seelsorge ist. Ein *graduelles Seelsorgeverständnis* rechnet damit, dass ein alltägliches Seelsorgegespräch vielleicht im Nachhinein von mir zu 60% oder zu 40% als Seelsorge angesehen wird und von meinem Gegenüber zu 80% oder zu 20% – oder dass ihm die Vorstellung von Seelsorge auch nicht zur

---

21 Ders. 1996, 148-150.

Verfügung steht, sondern nur der Eindruck da ist: mit dem/mit der kann man gut auch über Wichtiges reden. Auch das ist nicht nichts.

Sich das Phänomen Alltagsseelsorge bewusst zu machen, erweitert für die, die sich zum seelsorglichen Helfen zu Verfügung stellen, den Interpretationsraum und die Handlungsspielräume – gerade da, wo große Differenzen zwischen den Gesprächsbeteiligten bestehen darüber, über was und wie man miteinander ein „gutes" Gespräch führt.

Die Relevanz der Alltagsseelsorge besteht gerade darin, die jeweiligen „Relevanzhierarchien" beim Gegenüber zu beachten (also was in welcher Form für das Gegenüber in welcher Weise wie wichtig ist) und diese dazu ins Verhältnis zu setzen, was einem selbst in welcher Form in welcher Weise wie wichtig ist.

Weil die Alltagsseelsorge die Alltagskompetenzen so stark beachtet, liegen darin eine ganze Reihe von *Aufwertungen* vor.

(1) Alltagsseelsorge wertet die Seelsorgehandlungen derer auf, die Hilfe durch Gespräch anstreben – gerade wenn sie deutlich anders sind als die Seelsorger*innen, weil sie z.B. nicht-kirchlich, anders religiös oder nicht-religiös sind,[22] vor allem diejenigen, die als weniger gebildet gelten.

(2) Alltagsseelsorge wertet unter denen, die seelsorgliche Hilfe anbieten, die auf, die diese Tätigkeit nicht-professionell ausüben (Ehrenamtliche; Seelsorge durch andere überhaupt, auch religiöse oder nichtreligiöse Alltagsformen von Spiritual Care durch medizinisches Personal).

(3) Die Alltagsseelsorge ist für das Verständnis der Seelsorge durch Gemeindepfarrer*innen besonders relevant und wertet sie auf, weil sie deutlich macht: Die mit Rollenerwartungen gespickten alltäglichen Begegnungen des Pfarrers/der Pfarrerin mit welchen, die ihn*sie als „Seelsorger*in" ansehen, stellen im Vergleich zu spezialisierten Seelsorge- und Hilfegesprächssettings (z.B. Krankenhausseelsorge, Notfallseelsorge) die komplexere Tätigkeit dar.[23] Bei Gemeindepfarrer*innen schwingt besonders ausgeprägt die Vielfalt an offensichtlich weite-

---

22 Von daher ergibt sich auch eine Anerkennung von nicht-religiöser Spiritual Care.
23 Vgl. ders. 2015, 242f.

ren Rollen immer mit – der liturgisch-rituellen, der lehrenden als Religionsexpert*in, der des Predigers/der Predigerin.

5. Ein Praxisbeispiel

Der Seelsorger (S) besucht eine Jubilarin (J) anlässlich ihres höheren runden Geburtstags von vor ein paar Tagen. Nach ca. 30 Minuten kommt es zur folgenden Gesprächspassage:[24]

1 J wenn mir mal was *passieren sollte* [1,5 Sek. Pause] dann werden *Sie* amal eine Ansprache halten eine kleine.

2 S *ich* werde Sie beerdigen Frau J.

3 J *gell Sie* machen das.

4 S ja.

5 J und man muss in meinem Alter daran *denken.*

6 S aber sicher des muss man auch in *meinem* Alter

7 J des kann ma einfach nit so *wegschieben.*

8 S in *jedem* Alter,

9 J gell (ja),

10 S was ich so erleb (ja) im Krankenhaus und so, (ja) gell, und was ich (ja) was was ich zu beerdigen (ja) habe, gell das ist *wirklich* so.

11 J [noch während S spricht] das kann morgen sein, das kann übermorgen sein das ist überhaupt,

12 S da spielt das Alter schier keine Rolle.

13 J *keine* Rolle. (ja). ja (ja.) ja

---

24 Die Gesprächspassage ist auch abgedruckt und besprochen in ders.: Ist die Seelsorgebewegung am Ende? Über alte und neue Wege zum Menschen, in: WzM 46 (1994) 260-273, 266ff.; Kursivierungen stehen für betonte Worte, Punkte für Stimmsenkung, Kommata für Stimmhebungen; innerhalb von runden Klammern finden sich vom jeweiligen Gesprächsgegenüber gleichzeitig gesprochene Äußerungen.

14　J ich muss mich selber wundern dass ich so *alt* gworden bin ich hab nit gedacht dass ich das *erreiche*, aber naja jetzt isses soweit, das geht schneller als man denkt.

15　S ja ja, und wie ich Sie so anschau: gesund sans, *gesund* sans! ja? (haha) ja

16　J ja ma_ mal so mal so ma spürt amal des uns [unverständlich], und mitm Gehen hapert's sehr, und naja.

17　S mit dem Knie

18　J m? mit dem Fuß (mit dem mitm Fu_ ach ja á) ja jaja.

19　ja

20　ja.

21　(2 Sek. Pause]

22　J es stellt sich schon allerhand ein net aber, darf immer noch zufrieden sein.

23　S m ja

24　J darf man Ihnen noch was [einschenken]) [S sagt kurz etwas, auf der Aufnahme unverständlich, vermutlich höfliche Ablehnung oder Zustimmung]

25　S aber gell Frau J das müssens scho *auch* bedenken, wenn i des jetzt *dazu* sagen darf: ich bin jetzt [Zahl] Jahr an der [X-]Kirch und dann geh ich in Ruhestand, da bin ich [*Zahl*] bitte gell, ja

26　J da muss ich mich ja schicken!

27　S jah [Klatschen auf Beine] [beide lachen laut]

Das Anliegen erscheint *auf der Alltagsebene* als ein *praktisches Anliegen* von J: dass es 'eine kleine Ansprache' geben wird, falls ihr mal „etwas passieren sollte" (1). Vom Tod ist also nur verklausuliert die Rede und der Bedarf nach Vergewisserung im Tod alltagspragmatisch gewendet: Zu einem guten Tod gehört eine dementsprechende Bestattung samt einer guten Rede in christlicher Tradition. S wechselt mit seiner Antwort nicht die Ebene hin zu ausdrücklicher Rede über Gott, Glaube und ewigem Leben, er *vereindeutigt* aber dafür, dass es ums Beerdigen geht und gibt dazu die Vergewisserung, dass er die liturgische Aufgabe (als ihr Gemeindepfarrer) übernehmen wird (2). Man bestärkt sich über-

einstimmend gegenseitig, dass Vorsorge angebracht ist (3-9) und inszeniert damit eine Gemeinsamkeit: – ‚man muss dran denken' (5-6). Die
Zustimmung zum alltagsweisheitlichen Spruch fungiert darin analog zu
Small Talk als Mittel zur Herstellung eines Gesprächs, dass Übereinstim-
mungen findet.

Dabei zeigen sich anschließend sogleich aber auch Unterschiede in
der Fortführung: S will eine noch weitere Generalisierung etablieren:
Die Vorsorge und das Sterblichsein gilt eigentlich immer („da spielt
das Alter schier keine Rolle"; 12). Doch J ist nicht daran interessiert.
Ihr geht es vielmehr darum, und das hält sie gegen S durch, in ihrem
Altsein und Sterblichsein anerkannt zu werden: „jetzt isses soweit" (14).
Und sie schiebt eine Alltagsweisheit übers Altern zur Bestätigung hin-
terher: „das geht schneller, als man denkt" (ebd.).

S behauptet stattdessen, dass J „gesund" sei. Unter der Perspektive
therapeutischer Gesprächsführung macht er damit einen Fehler, zeigt
er doch unprofessionell zu wenig Empathie und bagatellisiert die Erfahrung des Gegenübers. Auch unter der Perspektive theologischer Tiefe
bleibt das Gespräch an der Oberfläche, weil es die Sterblichkeit des
Menschen und seine Lage vor Gott nicht explizit bedenkt, sondern nur
bei der Organisierung der Bestattungsrede und dem Körperlichen (dem
kaputten Fuß) verbleibt. Es mag S zu seiner Betonung der Gesundheit
dadurch motiviert sein, dass er so aus seinem faktisch ja überzogenen
Versprechen, J mit Sicherheit beerdigen zu können, wieder herauskom-
men will. Doch der Versuch läuft ins Leere.

J macht zwei Versuche, einen zur thematischen Anknüpfung und
einen zur erneuten Absicherung der gegenseitigen Zugewandtheit –
beides nach den Mustern von Alltagskonventionen. Zunächst bildet sie
eine weitere Alltagsdeutung an: ‚Es stellt sich schon allerhand ein, aber
man darf immer noch zufrieden sein' (22), dann wechselt sie in ihre
Gastgeberrolle und sorgt sich so um das kulinarische Wohlergehen des
Gegenübers (24).

Dies alles gibt Raum dafür, dass S sich noch einmal neu besinnen
kann. Und nun schafft er es, nach kurzer Pause, seinem Gegenüber eine
Revision seines pauschalen Versprechens zuzumuten – mit Berufung auf

alltagspragmatische Gründe von ihm nicht beeinflussbarer Umstände: Es ist nicht so sicher, ob er die Beerdigung vornehmen wird, denn er gehe ja bald in den Ruhestand (25).

Wie lässt sich das Problem lösen? J anerkennt die wohlmöglich vergebliche Bemühung von S, indem sie ihrerseits eine entsprechende Bemühung demonstriert: „da muss ich mich schicken" (süddeutsch für: sich beeilen). Sie anerkennt – auf abstrakter Ebene gesprochen – die Kontingenz des Sterbens. Der Trost wird darin realisiert, dass das menschliche Bemühen in der Angelegenheit als Absurdität anzuerkennen ist. Das ist nicht nur eine überraschende und absurde Wendung im Gespräch und löst damit ein Lachen aus; dieses vollzieht zugleich ein gemeinsames Belachen des eigenen Tuns und Planens. Damit ist nicht nur eine gute Gemeinsamkeit wiederhergestellt. Es ist auch ein Umgang mit der Besorgtheit angesichts des Todes gefunden – für den Moment. Ob diese Lösung insgesamt ausreicht, mag man später wieder bezweifeln. Aber es mag als eine gute Erfahrung in das weitere Gespräch und wohlmöglich darüber hinaus eingehen.

Bei der Verabschiedung kommt es zu einer interessanten Szene.[25] „Gott behüt Sie" – sagt der S – und stellt bei seinem Abschied, seiner Rolle gemäß und jetzt sowohl süddeutscher Sprachkonvention nachkommend als auch zugleich ausdrücklich von Gott redend, J der guten Begleitung Gottes anheim. Ihre Reaktion darauf: „und ich hoffe, dass ich Sie *nicht* so schnell in Anspruch nehmen muss". Hoffnung wird ausgedrückt – nur dass sie sich darauf bezieht, dass es nicht so schnell zu einer Beerdigung kommt. S sagt darauf noch: „okay, *das* wünsch ich Ihnen auch, auf jeden Fall" – und J: „gell, danke". Es entbehrt nicht einer gewissen Komik, wie beide aneinander vorbeireden – und doch der Segen im Namen Gottes und die Hoffnung auf irdisches Leben trotz Annäherung des Todes sich dabei berühren.

---

25 Vgl. ders. 1996, 212.

Jürgen Ziemer

Ethische Beratung in der Seelsorge

1. Ausgangspunkt: Unter Entscheidungsdruck

Früh müssen wir uns entscheiden, wie wir leben wollen. Schon das Kind soll sagen, was es mit wem spielen möchte, welches Instrument es zu erlernen wünscht, ob es in der Schule Religion oder Lebenskunde wählt und vieles andere mehr.

Später werden die Herausforderungen größer. Unsere Lebensläufe sind ja nicht vorgegeben. Wir müssen in jeder Phase neu entscheiden, welche Richtung wir einschlagen möchten. Familie, Kirche, Tradition haben ihre selbstverständliche Prägekraft weithin eingebüßt. Die Möglichkeiten sind vielfältig, und wir sind auf uns selbst gestellt.

Welcher Weg gut ist, welche Richtung vorzuziehen sei – das wird uns nicht gesagt. Wir müssen unsere Wahl treffen. Und jede Wahl hat Folgen. Manchmal ist unser Blick zu getrübt, um die Folgen realistisch abzuschätzen, manchmal schwanken wir, was denn nun die bessere Wahl sei.

Was für den überschaubaren Bereich unserer eigenen Lebenswelt zutrifft, gilt für die größeren Zusammenhänge in unserer Welt in gleichem Maße. Und manchmal schwappen die globalen Unsicherheiten in unsere Alltagswelt hinüber.

Wie können wir in unseren Entscheidungen gewisser werden? Der Charakter vieler Fragen, die uns moderne Menschen umtreiben, ist *ethischer* Natur. Wer hilft uns zu erkennen, was gut ist? „Der Ruf nach Ethik ertönt überall", lesen wir in einem Grundlagenwerk evangelischer Ethik.[1]

---

1 *Hans-Richard Reuter:* Grundlagen und Methoden der Ethik, in: *Wolfgang Huber/ Torsten Meireis/Hans-Richard Reuter* (Hg.): Handbuch der evangelischen Ethik, München 2015, 9-121, 9.

Markus Mühling nennt Ethik eine „Theorie vorzüglichen Handelns"[2]. Das klingt Vertrauen weckend. Hier erhebt sich keine Theorie, die uns die Wege vorschreibt und uns unseren schlechten Gefühlen überlässt, wenn wir darauf wieder einmal gescheitert sind. Zu tun, was vorzuziehen ist, das klingt menschlich und realistisch.

Die Seelsorgelehre ist damit herausgefordert, neue Modelle einer Integration ethischer Such- und Entscheidungsvorgänge in den Seelsorgeprozess zu entwickeln.[3]

2. Theoretische Hintergründe: Verortungen der Ethik in der Seelsorge

2.1 Traditionelle Ethikskepsis

Für eine pastoralpsychologisch ausgerichtete Seelsorge lag die ethische Aufgabe zunächst relativ fern. Im Hintergrund wirkte lange ein in der klassischen Psychoanalyse eher skeptischer Blick auf die Ethik. Sigmund Freud schrieb in seiner späten Schrift „Das Unbehagen in der Kultur": „Die Ethik ist also das Bemühen, durch ein Gebot des Über-Ichs zu erreichen, was bisher durch sonstige Kulturarbeit nicht zu erreichen war."[4] Der Versuch jedoch sei „unpsychologisch". Die „Gebote des Über-Ichs", einschließlich des religiösen Gebots der Nächstenliebe, stünden der therapeutischen Absicht oft entgegen. Im Hintergrund steht die Befürchtung, durch ethisches Vorgehen werde das Ich in seiner Souveränität eingeschränkt und die Selbstverantwortlichkeit des Individuums gemindert. Die durchaus berechtigten Befürchtungen, die sich in dieser Sichtweise niederschlagen, können hier nicht erörtert werden.

---

2 *Markus Mühling*: Systematische Theologie: Ethik. Eine christliche Theorie des vorzuziehenden Handelns, Göttingen 2012, 37.
3 Einen hilfreichen Überblick zur Diskussion des Verhältnisses von Seelsorge und Ethik bei *Wilhelm Sturm*: „Was soll man da in Gottes Namen sagen?" Der seelsorgerliche Umgang mit ethischen Konfliktsituationen im Bereich der Neonatologie, Göttingen 2015, 21-31.
4 *Sigmund Freud*: Das Unbehagen in der Kultur (1930), in: Werkausgabe in zwei Bänden II, Frankfurt a.M. 1978, 422.

Sie erklären jedoch, warum es relativ lange gedauert hat, ehe in der pastoralpsychologischen Seelsorge die ethische Aufgabe angenommen wurde.

Ethikskepsis gibt es allerdings nicht nur im therapeutischen, sondern auch im kerygmatischen Paradigma der Seelsorgelehre. Für Eduard Thurneysen bedarf es keiner eigenen ethischen Wegweisung, weil „das Gebot nie etwas anderes sei als die Ausrichtung des Evangeliums"[5], das gute Handeln also aus dem Glauben daran erwächst.

2.2 Die Entdeckung der „ethischen Struktur der Seelsorge"

Zusammen mit anderen Fachkollegen hat der Systematiker Eilert Herms 1991 das Verhältnis von Seelsorge und Ethik neu bestimmt. Sein entscheidender Satz lautet: „Aufgabe der Seelsorge ist es, die ethische Urteilsfähigkeit des Hilfesuchenden zu steigern."[6] Seelsorge werde so eine Form „bildenden Handelns", in der die „bildungshemmenden Störungen der Selbstwahrnehmung"[7] nicht nur integriert werden müsse, sondern „im Zentrum der Aufmerksamkeit"[8] stehen sollten. Es geht Herms also im Sinne der pastoralpsychologischen Tradition um eine klare Zentrierung auf die hilfesuchende Person und ihre Befähigung zum ethischen Handeln. Der Psychoanalytiker und Theologe Klaus Winkler nimmt als erster in seiner Seelsorgelehre diesen Ansatz von Eilert Herms auf. Das Konzept der „ethischen Struktur von Seelsorge" passt gut zu Winklers Definition von Seelsorge als „Freisetzung eines christlichen Verhaltens zur Lebensbewältigung"[9].

2.3 Ethik als Dimension der Seelsorge

Michael Klessmann nimmt in seiner „Seelsorge" die Konzeption von Herms auf; er anerkennt eine „Affinität" der Seelsorge zur „ethischen Reflexion", möchte Ethik aber nicht wie Herms „als übergreifenden

---

5 *Eduard Thurneysen*: Die Lehre von der Seelsorge, Zürich 1957, 225.
6 *Eilert Herms*: Die ethische Struktur der Seelsorge, in: Pastoraltheologie 80 (1991),
   40-62, 53.
7 A.a.O., 54.
8 A.a.O., 57.
9 *Klaus Winkler*: Seelsorge, Berlin ²2000, 3, vgl. auch 282ff.

Rahmen" der Seelsorge verstanden wissen, sondern als eine „Dimension
der Seelsorge neben anderen"[10]. Das gibt ihm die Möglichkeit, die ethischen Probleme im seelsorglichen Kontext ausführlich zu erörtern,[11]
ohne deshalb die hermeneutische, die lebensdeutende, die kirchliche,
die psychotherapeutische Dimension u.a. unter den Tisch fallen zu lassen. So wird das Ethikthema paradigmatisch in die Seelsorgelehre integriert. Dazu trägt auch bei, dass von der Seite der theologischen Ethik
seit Jahren praxisnahe Methoden der ethischen Entscheidungsfindung
ausgearbeitet worden sind, die helfen, Ethik seelsorglich zu praktizieren.[12]

2.4 Ethik in der Klinikseelsorge

Einen wichtigen Schritt in Richtung auf Integration der Ethik in die
Theorie und Praxis der Seelsorge stellt die großangelegte FEST-Studie
„Ethik in der Seelsorge" dar.[13] Diese Untersuchung setzt empirisch mit
der Frage ein, wie Seelsorgerinnen und Seelsorger in der Klinik mit
den ethischen Herausforderungen umgehen, die eine moderne Klinik
an sie stellt. Die Autoren und Autorinnen dieser Studie sehen „Ethik"
wie Klessmann als eine „Dimension" von Seelsorge neben Religion und
Therapie.[14] Sie sehen die eigene Rolle der Seelsorgenden als „Grenzgän-
ger" im „Zwischenraum" der klinischen Institutionen. Sie müssen ihre
ethische Kompetenz sowohl im traditionellen Vier-Augen-Gespräch wie
auch im interdisziplinären ethischen Kurs des Krankenhauses bewäh-
ren. Die Studie zeigt, wie wertvoll die ethische Arbeit der Seelsorge für
die Identität der Krankenhausinstitution sein kann.[15]

---

10 *Michael Klessmann*: Seelsorge, Neukirchen 2008, 300, vgl. auch *Jürgen Ziemer*: Seel-
    sorgelehre, Göttingen [4]2015, 143-149.
11 Klessmann 2008, 300-319.
12 *Heinz-Eduard Tödt*: Perspektiven der theologischen Ethik, München 1988, 29ff;
    Dietz Lange: Ethik in evangelischer Perspektive, Göttingen [2]2002, 519-521; Reuter
    2015, a.a.O. 112ff.; *Wilfried Härle*: Ethik, Berlin [2]2018; für den seelsorglichen Kon-
    text vgl. Klessmann 2008, 306-310.
13 *Thorsten Moos/Simone Ehm/Fabian Kliesch/Julia Thiesbonenkamp-Maag* (Hg.): Ethik
    in der Seelsorge. Empirie, Theologie, Ausbildung, Göttingen 2016.
14 A.a.O., 264.
15 A.a.O., 267.270.

2.5 Care-Ethik als Alternative für die Beziehungsgestaltung

Das Konzept von Care-Ethik ist aus dem Aufgabenfeld der Pflege erwachsen.[16] Care meint eine Einstellung der Fürsorge ausgehend von der Tatsache, dass Menschen aufeinander angewiesen sind und der Hilfe bedürfen. Es ist menschlich, einander zu helfen. Care-Ethik meint eine Sichtweise auf den anderen Menschen, in der neben das „Ethos der Gerechtigkeit" ein „Ethos der Fürsorge" tritt. „Care setzt Anteilnahme und ein intensives Sich-Einlassen auf Situationen und die beteiligten Personen voraus."[17] Das unterstützt den seelsorglichen Aspekt der Beziehungsgestaltung im Ringen um eine ethische Entscheidung.

3. Konzept: Ethik in der Seelsorge

Umgang mit ethischen Problemsituationen ist ein zentraler Aspekt seelsorglichen Handelns. Es geht nicht um Dominanz und Unterordnung. Ich trete nicht aus meiner Seelsorgerolle heraus, wenn ich mich einer ethischen Frage in einem Praxisfall zuwende, aber möglicherweise variiert der Kommunikationsmodus: Überwiegend empathische Kommunikation kann durch eher diskursive ergänzt werden. Umgekehrt gilt: Eine existentielle ethische Fragestellung wird durch die seelsorgliche Einstellung nicht heruntergespielt oder gar neutralisiert. Seelsorge und Ethik gehören so zusammen wie persönliche Lebensgewissheit („Seele") und praktische Lebensführung („Handeln"). Wichtig ist in der Seelsorge, den Zusammenhang anzuerkennen und eine Aufmerksamkeit für ethische Fragestellungen zu entwickeln.

Eine sehr nachdenkenswerte theologische Zuordnung von Ethik und Seelsorge wird in der genannten FEST-Studie angeregt: „Ethische Kommunikation in der Seelsorge ist Kommunikation über das Gesetz auf dem Boden des Evangeliums."[18] Dabei weist „Gesetz" auf die Momente

---

16 Eine Darstellung dieses Ethikansatzes bei *Ute Gahlings*: Ethik der Fürsorge, in: *Gernot Böhme* (Hg.): Pflegenotstand: der humane Rest, Bielefeld 2014, 33-56; vgl. Ethik in der Klinikseelsorge, 111-128.
17 Moos 2016, 112.
18 A.a.O., 291.

von Unbedingtheit von Verantwortung im ethischen Handeln hin, während „Evangelium" auf die „Anerkennung des Gesprächspartners" zielt, wie sie im Rechtfertigungsglauben begründet ist. Diese Anerkennung des anderen wird in der Seelsorgebeziehung freilich „immer nur unvollständig realisiert".[19]

Anders gesagt: Leitend für die Praxis von Ethik in der Seelsorge bzw. Seelsorge in der Ethik sind *Liebe und Verantwortung*. Liebe, letztlich die Liebe Gottes, ist der Grund des Lebens, wir können nur weitergeben, was wir selbst empfangen haben, und dafür Sorge tragen, dass der Strom der Liebe nicht aufhört. Liebe wird konkret durch verantwortliches Handeln, um das es in der Ethik geht. Das bedeutet: Genau auf die Realitäten schauen, dem Leben zu dienen und die Folgen unserer Entscheidungen im Blick zu haben.

Aus dieser Sichtweise ergeben sich folgende wichtige Koordinaten für eine ethische Beratung im seelsorglichen Kontext:

3.1 Personennähe

Im Blick ist primär nicht eine „Sache", ein „Problem", sondern die Person, die eine ethische Entscheidung fällen muss. Ihr gebührt eine grundsätzlich anerkennende Wertschätzung von Seiten der Seelsorge. Da ist die altgewordene Mutter, die nicht mehr allein zu Rande kommt; da ist der junge Ingenieur, der eines interessanten Jobs wegen seine Familie für längere Zeit allein lassen muss usw. Letztlich müssen sie die Entscheidung allein fällen. Aber es ist hilfreich, mit ihnen von den Sehnsüchten, den Hoffnungen zu sprechen, ebenso von den Ängsten und Enttäuschungen und davon, wie sie die eigenen Grenzen wahrnehmen. Wie kann die Person, die vor einer Entscheidung steht, gestärkt werden, so dass sie ihren Weg in Freiheit wählen kann? Diese Freiheit schließt auch die Unabhängigkeit von moralischen Normen und Ansprüchen des persönlichen, religiösen oder gesellschaftlichen Umfelds ein. Vielfach müssen Menschen erst aus einer Position der Hilflosigkeit und Passivität angesichts der zugemuteten „endlichen Freiheit" (Herms) herausfinden.

---

19 Ebd.

Seelsorglicher Umgang mit ethischen Fragen bedeutet: Immer wieder die Person des ratsuchenden Menschen ins Blickfeld zu rücken.

3.2 Realitätswahrnehmung

Ethische Beratung beginnt mit dem unverstellten Blick auf das, „was ist". Verleugnung der Wirklichkeit ist im Endeffekt lebensschädigend. „Es ist, was es ist, sagt die Liebe" (Erich Fried). Es ist der Blick der Liebe, der in der Not von Ratlosigkeit, im Chaos der Gefühle, in der Undurchsichtigkeit der Verhältnisse nüchtern Klarheit zu verschaffen sucht. Was ist? Was hat sich verändert? Was muss jetzt entschieden werden? Was hat Zeit? Welche Rahmenbedingungen, seien sie persönlicher oder institutioneller Natur, ermöglichen oder begrenzen den Spielraum einer Entscheidung?

Als Beispiel für eine institutionalisierte Form von Realitätsanalyse sei die Ethikberatung im Krankenhaus[20] genannt, bei der es um eine mögliche Therapiebegrenzung bei Patient*innen mit ungünstiger Prognose geht. Eine Entscheidungsfindung setzt voraus, dass alle medizinisch relevanten Daten sowie die Prognose möglicher kurativer Behandlungen dargelegt werden. Zur Realitätsfeststellung gehören auch die Wahrnehmungen der seelischen, mentalen und sozialen Situation des Patienten ebenso wie die unterschiedlichen, ethisch relevanten Perspektiven, die hier zusammenfinden müssen: Die persönliche, erklärte bzw. vermutete Willensäußerung des Patienten, die medizinethische Sichtweise der behandelnden Ärztin, die Hoffnungen und Ängste der betroffenen Angehörigen.

Generell gilt: Je genauer die maßgeblichen Faktoren der Realität bewusstgemacht werden, umso fundierter kann die ethische Empfehlung für den Arzt oder die Ärztin formuliert werden.

---

20 Vgl. u.a. *Andrea Dörries*: Beispiel einer ethischen Falldiskussion in vier Schritten, in: dies./*Gerald Neitzke/Alfred Simon/Jochen Vollmann* (Hg.): Klinische Ethikberatung, Stuttgart [2]2010, 108-112.

3.3 Kriterien für den ethischen Diskurs

Es ist nicht einfach, Kriterien für den ethischen Diskurs umfassend und gleichzeitig für den Gesprächsprozess praktikabel darzustellen. Es gehört zur Kunst seelsorglicher Kommunikation, die einzelnen Kriterien so im Hintergrund zu halten, dass sie dem Ziel, zu einer verantwortlichen ethischen Entscheidung zu gelangen, dienen.

Zunächst ist es wichtig, den konkreten *ethischen Konflikt bewusst zu machen*. Denken wir an die alte Mutter, die an die Grenze ihrer Selbstverantwortung gerät. Sie erlebt einen Konflikt zwischen Autonomiebedürfnis und Versorgungswünschen. Andere erleben in der Partnerschaft den Konflikt zwischen Freiheit und Bindung, in der Familie zwischen Selbstverwirklichung und Fürsorgepflicht, im Berufsalltag vielleicht zwischen Loyalität und Protest usw. In vielen Fällen sind derartige Lebenskonflikte tief verinnerlicht und werden seelisch als Ambivalenzen erlebt. Sie können es schwermachen, in einer Entscheidungssituation Klarheit zu gewinnen. Deshalb ist es zunächst wichtig, sich der Konflikte bewusst zu werden.

Im seelsorglichen Handlungsfeld können grundlegende *Werteinstellungen* vorausgesetzt werden. In diesem Sinne verstehen wir die *Würde jeder einzelnen Person*, die Respektierung ihrer Integrität und die Wahrung ihrer Identität auch angesichts möglicher Brüche und Widerfahrnisse des Lebens. Dazu gehört die Auffassung von der *Unverfügbarkeit des menschlichen Lebens*. Im „Konziliaren Prozess" der 1980er Jahre wurden diese Werteinstellungen „Frieden, Gerechtigkeit und Bewahrung der Schöpfung" genannt. Sie sind die maßgeblichen Wertkonstanten.

Die Berufung auf sie löst ethische Konflikte nicht automatisch und entbindet nicht von Klärungs- und Entscheidungsprozessen. Aber sie markieren den *Verständigungsraum*, in dem über verantwortliches Handeln in jedem konkreten Fall gerungen wird.

Von grundlegender Bedeutung ist das Kriterium der *Verantwortung*. Im Feld ethischen Handelns bedeutet Verantwortung zunächst, ich muss die Folgen meines Tuns mit bedenken. Vor allem: Was bedeutet meine Entscheidung für andere? Vor ihnen muss ich mich verantworten: vor meiner Partnerin, vor meinen Kindern und natürlich dar-

über hinaus vor denen, an die ich durch meinen Beruf gebunden bin
– Kolleg*innen, Patient*innen, Schüler*innen usw. Nicht zuletzt ist das
mir selbst gegenüber notwendig. Ethisches Handeln hat immer auch mit
Selbstverantwortung zu tun.

Als das innere Forum, vor dem sich das Individuum verantworten muss, kann man das *Gewissen* bezeichnen. Verantwortlich handeln
heißt gewissenhaft handeln. Immer wenn sich ein „schlechtes Gewissen" meldet, ist höchste Aufmerksamkeit angezeigt, zumal in der Seelsorge. Das schlechte Gewissen markiert, wenn „etwas" nicht stimmt. Ich
könnte mir selbst untreu geworden sein: meinen Ansprüchen an mich
selbst, meinem Glauben, meiner Liebe, meiner Treue, meinen innersten
Überzeugungen. Da meldet sich das Gewissen. Es darf nicht überhört
werden. Allerdings sollte das Gewissen nicht hypostasiert werden, es
ist nicht die „Stimme Gottes". Es ist hinterfragbar, es kann sein, dass
jemand in seinem Gewissen Maximen folgt, die vergangen oder auch
irrig sind wie z.B. ein falscher Gehorsam. Hier ist seelsorglich behut-
same „Gewissensarbeit" angezeigt.

3.4 Die Struktur ethischer Beratung und die Sprache der Seelsorge

Es ergeben also sich folgende, in der Praxis flexibel zu handhabende
Arbeitsschritte ethischer Beratung:

(1) Wahrnehmung der *Person(en)* in ihrem aktuellen Lebenskontext
(2) Darstellung der *ethischen Situation*, Beschreibung des Konflikts
(3) Anwendung der *Kriterien* für ethisches Entscheiden und Handeln in
    einer konkreten Situation

Das sind die grundlegenden Schritte zu einem ethischen Urteil. In vielen
Fällen ist ein Abwägen möglicher *Handlungsfolgen* ausdrücklich gefordert. Danach kann eine *Entscheidung* gefällt und in die Lebenspraxis
umgesetzt werden.

Die einzelnen Arbeitsschritte sind im seelsorglichen Kontext vor
allem als Hintergrundvariablen zu verstehen. Eine aufdringliche Struk-

turierung kann den Kommunikationsprozess eher stören als fördern. Zur seelsorglichen Einstellung bei einer ethischen Beratung gehört wesenhaft die innere Vorordnung der Aufmerksamkeit auf die handelnde (wie ggf. auf die betroffene) Person. Sie wird erfahrbar durch eine seelsorgliche Sprache, die die Menschen zu Selbstauseinandersetzung ermutigt und ihnen einen Raum eröffnet, in dem sie „ihre eigenen ethischen Fragen formulieren und aussprechen können."[21] So wird *Ethik im Kontext von Seelsorge* kommuniziert.

3.5 Die seelsorgliche Rolle

Im ethischen Diskurs sind Seelsorgende auch als Moderatoren und Moderatorinnen herausgefordert. Sie müssen, wenn es um Ethik in der Seelsorge geht, die Spannung zwischen einer mehr *empathischen* und einer mehr *moderierenden* Verhaltensweise ebenso aushalten wie die zwischen der eigenen moralischen Einstellung und der Notwendigkeit positioneller Enthaltsamkeit. Erst die neutrale Verhaltensweise einer Moderatorin ermöglicht es, unterschiedliche, für den ethischen Konflikt relevante Sichtweisen ins Gespräch zu bringen: die Perspektive von Eltern, von Kindern, von Mann und Frau, von Pflegekraft und Seniorin, von Ärztin und Patient. Die empathische Einstellung hilft dann freilich, die ambivalenten Positionen, die *in* einer Ratsuchenden selbst im Widerspruch stehen, zu verbalisieren und so den ethischen Suchprozess zu konkretisieren und zu intensivieren. Die Seelsorgerolle verlangt beides: Fürsprecher zu sein und Berater, warmherzige Begleiterin und neutrale Moderatorin. Das ist nicht einfach. Dazu bedarf es einer professionellen Einstellung und innerer Freiheit.

---

21 *Michael Coors*: Gesprächsräume als Urteilsräume. Der Beitrag der Seelsorge zur ethischen Urteilspraxis im Krankenhaus, in: WzM 67 (2015), 451-453. Zu Sprache und Gespräch in der Seelsorge vgl. auch Ziemer 2015, 188-192.

4. Praxisrelevanz: Ethik im pastoralen Handeln

Die Häufung ethischer Problemsituationen im Alltag vieler Menschen muss sich auch in der Angebotsstruktur der Kirche niederschlagen. Das betrifft zunächst einmal natürlich das *Gemeindepfarramt*. Viele Gemeindeglieder sind von für sie wichtigen ethischen Fragen bewegt: Das betrifft die großen Fragen Schwangerschaft, Trennung, Erziehung der Kinder, Umgang mit den alten Eltern, Sterbehilfe – und es betrifft unendlich viel kleinere Entscheidungen des Alltags, die etwa mit dem Konsumverhalten, dem Umgang mit dem Geld oder einem politischen Engagement zu tun haben. Dabei geht es oft um ziemlich klare Entscheidungsfragen, z.B.: Tun wir recht daran, den hinfällig gewordenen Vater ins Pflegeheim zu geben? Die Art und Weise, wie präsent diese Fragenbereiche im Gemeindeleben – im Gottesdienst, in Gesprächsrunden, an Gemeindetagen usw. – sind, entscheidet oft darüber, wie viel Zutrauen die Gemeindeglieder haben, ihre Pfarrerin um eine Meinungsäußerung zu bitten. Sie spüren aber auch, ob man mit einer angemessenen Einstellung zu derartigen Fragen rechnen kann. Die Zeit für ein längeres Gespräch ist oft nicht gegeben. Es erschiene mir deshalb sinnvoll, auf dem Hintergrund unseres Konzepts darüber nachzudenken, ob es nicht eine Kurzform des ethischen Diskurses geben könnte. Manchmal hilft schon eine persönlich formulierte Frage, um einen reflexiven Prozess in Gang zu setzen. Auf das Problem mit dem Vater, der ins Heim soll/will/ muss? könnte man sagen: Ich verstehe, das geht Ihnen wirklich nahe. Was/wer macht Ihnen da am meisten Sorge?

Besondere Bedeutung hat das Ethikthema natürlich in der *Krankenhausseelsorge*. Hier gehören ethische Fragen zu den täglichen Herausforderungen. Therapieentscheidungen, vor allem in Fällen, in denen die Auswirkungen nicht sicher vorhersagbar sind, Umstieg vom kurativen in einen palliativen Behandlungsmodus sind die herausragenden Themen für den ethischen Diskurs. Aber viele aktuelle Fragen der alltäglichen Pflege gehören dazu und Probleme, die sich aus der Persönlichkeit der Patient*innen und ihren Bezugswelten ergeben. Das ist für die Beurteilung einer ethischen Entscheidungssituation unmittelbar rele-

vant. Deshalb werden sie zu Recht in Ethikkomitees berufen, wo sie
– unter Wahrung ihrer seelsorglichen Schweigepflicht – dann in einer
eher moderierenden Berufsrolle wirksam sind, sei es als Mitarbeitende,
sei es Diskursleitende.[22] Seelsorger*innen haben, gerade weil sie nicht
dem medizinischen System angehören, als professionelle Mitarbeitende
im Krankenhaus eine wichtige Funktion für die Institution Krankenhaus
und tragen zu deren Erscheinungsbild bei.

Das setzt nun freilich voraus, dass Seelsorgende im Krankenhaus
nicht nur die ethischen Aufgaben wahrnehmen, sondern für sie entsprechend ausgebildet sind. Hier ist die *Ausbildung zur Seelsorge* gefragt. Die
Befähigung zum Umgang mit ethischen Fragen gehört zu einer seelsorglich geprägten Beziehungskultur. Dem sollte schon im Seelsorgegrund-
kurs wie in der Weiterbildung in einer evaluierbaren Form Aufmerksamkeit gewidmet werden. Für die Arbeit in der Krankenhausseelsorge im
klinischen Kontext bedarf es einer spezifischen ethischen Kompetenz.
Sie schließt das Vertrautsein mit der Medizinethik ebenso ein wie eine
Feldkompetenz für das moderne Krankenhaus. Dafür bedarf es besonderer Ausbildungsangebote. Die FEST-Studie stellt dazu ein Ausbildungs-
modell vor.[23] Wie sehr Seelsorge künftig in klinischen Einrichtungen
aktiv und prägend präsent sein werde, wird davon abhängen, wieweit
personelle und finanzielle Mittel für die Ausbildung bereitgestellt werden können.

5.   Praxisbeispiel: Störung in der „Oase"

Eine Großstadtgemeinde unterhält seit Jahren in ihren eigenen Räumen
eine sogenannte „Oase".[24] An mehreren Nachmittagen in der Woche
werden Gäste von außen für eine Tasse Kaffee o.a. eingeladen. Sie kön-

---

22 Neben Dörries, 2010 sei für die Ethikberatung unter besonderer Beachtung der
     Seelsorgerolle hingewiesen auf *Nicole Frommann*: Das Verletzte stärken. Seelsorge
     für Menschen mit erworbenen Hirnschäden und für Menschen im Wachkoma, Göt-
     tingen 2013, 242-268.
23 Moos 2016, 313-333.
24 Die Rahmenangaben und Namen sind verändert.

nen dort ein paar Stunden mit anderen Gästen zusammen sein. Manchmal gibt es eine Andacht oder ein thematisches Gespräch.

Die Oase ist „offen für alle", für Tourist*innen, für Zaungäste, für Menschen ohne ein Zuhause, Behinderte und Belastete – unabhängig von Herkunft, Alter, Geschlecht und Religion. Unter den Gästen sind viele „Stammgäste", darunter nicht selten auch solche mit „auffälligem" Verhalten. Die Gemeinde möchte mit der Oase Gastfreundschaft im Sinne von Römer 12,13 praktizieren. Geleitet werden die Begegnungen von ehrenamtlich Mitarbeitenden, überwiegend Frauen.

In der Supervision berichten die Ehrenamtlichen häufig über „Störungen" der Zusammenkünfte durch einzelne Gäste. Beispiele: eine Frau, die sich aufdringlich als „Gastgeberin" geriert und die Leiterinnen brüskiert; ein älterer Mann, der lauthals fragwürdige politischen Theorien verkündet; ein selbsternannter „Prediger", der allen zunehmend auf die Nerven geht; ein „stinkender" Mann, der für sanfte Hinweise taub ist... Zuletzt störte „Jakob" erheblich, der laut schimpfend durch die Reihen ging, eine der Ehrenamtlichen verächtlich ansprach und sich nicht zur Ruhe bringen ließ. Er ist hauptsächlich bei den folgenden Überlegungen im Blick.

Die Ehrenamtlichen sind verunsichert und ratlos darüber, wie sie mit solchen Störungs-Situationen umgehen können, ohne dabei dem eigentlichen Ziel Ihrer Arbeit in der Oase entgegen zu wirken. Der offenbare *ethische Konflikt*, der sich hier ergibt, kann so beschrieben werden: Das erklärte Ziel der Oase, einen offenen Raum uneingeschränkter Gastfreundschaft zu gewähren, wird konterkariert durch übergriffiges Verhalten Einzelner, das die annehmende Atmosphäre gefährdet. Soll diese erhalten werden, müssen die Verantwortlichen für Einzelne Grenzen ziehen, also etwas tun, was sie eigentlich nicht wollen.

Ehe wir nach Lösungen suchen, blicken wir auf die *Personen*: Die Ehrenamtlichen sind sehr von ihrem Auftrag erfüllt. Sie setzen viel ein an Zeit und Kraft. Sie wollen mit allen Gästen der Oase unbedingt wertschätzend und respektvoll umgehen, und sie erwarten dasselbe auch für sich. Sie sind nicht professionell ausgebildet, die „Störenden" verunsichern sie. Sie könnten zwar – wenn es sehr ernst wird – Hilfe von außen holen (z.B. Pfarrer, hauptamtliche Mitarbeitende der Gemeinde in Rufnähe). Das möchten sie möglichst vermeiden. Wichtig ist grundsätzlich: Die Ehrenamtlichen müssen in ihrer Leitungs- und Handlungsfähigkeit, auch in Ihrem kollektiven Selbstbewusstsein, sowie in ihrer Solidarität untereinander gestärkt werden.

Eine Brücke zu einer Lösung könnte sein, Verständnis für die (oft unbewusste) Motivation der „Störenden" zu gewinnen. So wird schnell deutlich, dass „Jakob", der sich so aggressiv aufspielt, auf diese Weise Anerkennung seiner Person sucht, die er sonst nicht findet.

Für die Suche nach einer angemessenen Lösung des Störungsfalls und in Anerkennung des unbedingten Wertes der *Würde der Person* sind folgende *Kriterien* von Bedeutung.

(1) Die Atmosphäre von Toleranz und Wertschätzung hat in der „Oase" Priorität!

(2) Die Ehrenamtlichen leiten die Begegnung, sie sind allein verantwortlich für das, was in der Oasenzeit geschieht!

(3) Jede Form von Gewalt sei es durch Gäste oder Gastgebende (Anordnung, Rausschmiss) sollte vermieden werden.

Folgende *Handlungsmöglichkeiten* sind problematisch: Das Nichtbeachten der Störung, sofern diese nachhaltig erfolgt, weil das nach einer gewissen Zeit die Atmosphäre kaputt macht. Ebenso unbefriedigend ist eine Hilfe von außen; diese ist nur im echten Notfall angemessen, andernfalls beeinträchtigt sie die Handlungsmächtigkeit der Leitenden.

Was nötig ist – die *Handlungsoption* – heißt: eine klare, unmissverständliche Ansage der Leitenden an den „Störer" oder die „Störerin". Genau das fällt den meisten der Ehrenamtlichen schwer. Dazu müssen sie – seelsorglich – ermutigt und gestärkt werden! Und dabei müssen sie sich gegenseitig unterstützen.

Im Fall „Jakob" wurde dann später als Handlungsalternative noch vorgeschlagen, dass eine der leitenden Personen ihn zu einem Zweiergespräch einlädt („Lass uns doch mal miteinander reden, nur wir zwei"), etwas abseits von den anderen Tischen. Das könnte seinem Bedürfnis nach Anerkennung entgegenkommen und die Situation für alle erträglich machen. Es wäre vielleicht die Form „vorzüglichen" Handelns! Ob Jakob sich darauf einlassen würde, ist offen.

Wilfried Engemann

Lebenskunst im Blickpunkt der Seelsorge

1. Ausgangspunkt: Lebenskunst – der blinde Fleck der Seelsorge im 20. Jahrhundert

1.1 Gesprächsbedarf um des Lebens willen

Unter vorgegebenen Umständen ein nicht vorgegebenes Leben zu führen ist nicht in erster Linie ein Problem, das es mit ein paar seelsorglichen Ratschlägen zu lösen gälte, sondern eine unaufhebbare, lebenslang geltende Rahmenbedingung eines Lebens in Freiheit. Die Umstände am Tag unserer Geburt mögen sein, wie sie wollen; sie legen nicht fest, was wir mit unserem Leben anfangen, was wir mit uns machen, wer wir sind bzw. im Laufe unseres Lebens werden. Die „Umstände" *bedingen* uns zwar – und hoffentlich lassen wir uns „bedingen" –, aber als Subjekt unseres Lebens, als Individuum mit eigenen Erfahrungen und Einsichten, mit sondierten Wünschen und begründeten Erwartungen, einem eigenen Willen, abgewogenen Entscheidungen und einem schließlich daraus resultierenden Handeln haben wir ein Wörtchen mitzureden, wenn es gilt, *unser Leben zu leben.*

Dabei stehen wir gleichwohl vor Herausforderungen, die zu bewältigen sich nicht von selbst versteht, weshalb sie in der seelsorglichen Praxis entsprechend häufig zur Sprache kommen: Was wir angesichts unserer Lebensumstände jeweils wollen (können), wie wir zu einer Entscheidung finden, die zu uns passt, wie wir mit Erfahrungen umgehen, in denen wir Fremdbestimmung erleben, weil sie uns eine Haltung oder ein Tun abverlangen, hinter dem wir nicht stehen können usw. – all diese Fragen gehören zum Alltag seelsorglicher Begleitung: In der Paarberatung, in Fragen der beruflichen Entwicklung oder im Kontext einer klassischen Kasualie wie der Bestattung, wenn angesichts des Todes eines Menschen die Grenze des eigenen Lebens neu in den Blick kommt und das Verantwortungsbewusstsein für den Umgang mit sich selbst geschärft wird, gibt es einen kontinuierlichen Gesprächsbedarf *um des Lebens willen*, ohne dass dabei die vieldiskutierten Anlässe der Seelsorge wie Sünde, Schuldgefühle, Krankheit, Trauer usw. im Vordergrund stünden.

Niemand kann sich auch nur einen einzigen Tag darin vertreten lassen, sein Leben zu führen. Dazu gehört es, die eigenen *Grenzen und Ressourcen* zu *kennen*, von reflektierten *Wünschen* begleitet zu leben, ohne von ihnen getrieben zu werden, etwas Bestimmtes zu *wollen* und sich seiner Gründe bewusst zu sein, sich mit einem guten Gefühl für die Stimmigkeit des eigenen *Handelns* ins Leben werfen und dabei *Leidenschaft* empfinden zu können, um nur einige Aspekte von Lebenskunst zu benennen. Dies zu können – sich auf sein Leben zu verstehen –, das versteht sich aber nicht von selbst.

1.2 Probleme des bipolaren Diskurses der Seelsorge im 20. Jahrhundert

Gemessen an der Breite und Tiefe des Diskurses um die Kunst namens Leben in der Philosophie ist es erstaunlich, in welch geringem Maße die Seelsorgelehre von dieser Wissenschaft profitiert hat.[1] Dabei ist die Frage nach einer dem Menschen angemessenen Lebensweise in der Philosophie selbst mindestens ebenso beheimatet wie in der Theologie. Lange bevor sich in der Kirche eine Art seelsorgliche Gesprächskultur etabliert hat, wurde in der Philosophie die Idee der kunstvollen Unterredung in Lebensfragen geboren – mit dem Ziel, Menschen durch eine bestimmte, im Dialog gepflegte Kultur der Besinnung auf sich selbst (Γνῶθι σαυτόν – Erkenne dich selbst!) darin zu unterstützen, leben zu können.

---

1 Zu den Hintergründen für den Abbruch des Dialogs zwischen Theologie und Philosophie vgl. *Wilfried Engemann*: Die Lebenskunst und das Evangelium. Über eine zentrale Aufgabe kirchlichen Handelns und deren Herausforderung für die Praktische Theologie, in: ThLZ 129 (2005), 875-896. Zweifellos hat auch die verhängnisvolle Rezeption der Position Martin Luthers zum (un)freien Willen in der protestantischen Theologie die Überzeugung genährt, dass es nichts bringe, in der Seelsorge beim Willen des Menschen anzusetzen. Zur „Hypothek" der Lehre vom unfreien Willen vgl. a.a.O., 883-885.

Obwohl es in der Geschichte des Christentums eine Fülle analoger Impulse gab, angefangen vom Umkehrruf Jesu, der auf ein Umdenken in Bezug auf die eigene Existenz zielte (Μετανοεῖτε[2] – Denkt radikal um!), über die „Lebenskunde Evangelium"[3] bis hin zu den zahlreichen Parallelen zwischen philosophischer und christlicher Lebenspraxis, wozu u.a. Meditation und Gebet als Ressourcen der Lebensbewältigung gehören,[4] hatte die Seelsorgelehre des 20. Jahrhunderts andere Schwerpunkte. Sie war in starkem Maße von dem bipolaren Diskurs um „Heil" und „Heilung" bestimmt – und etliche Buch- und Zeitschriftenbeiträge setzten sich mit der Frage auseinander, inwiefern „Therapie" oder „Verkündigung" als Leitbegriff der Seelsorge zu favorisieren wäre bzw. in welchem Verhältnis die mit diesen Begriffen verbundenen Prämissen und Ansprüche zueinander stünden.[5] Soweit es darum ging, im seelsorglichen Gespräch Heilungsprozesse in Gang zu bringen, Krisen zu bewältigen oder Trauerprozesse zu begleiten, lag es nahe, den Dialog mit der Psychologie zu suchen. Die „kerygmatische Seite" wartete hingegen mit primär dogmatischen Argumentationsmustern auf und warnte vor den Irrungen der „Psychologisierung" der Seelsorge, die der Stellung des Menschen vor Gott nicht gerecht werde. Hier wurde der Mensch quasi mit „Gesetz und Evangelium" in eine bestimmte Art der Auseinandersetzung mit sich selbst geführt. Dabei konnte er – wenn es gut ging – selbstverschuldete Eigenanteile am Istzustand seines Lebens erkennen und vielleicht die Erfahrung von Vergebung machen. *Lebenskunst* als ein Modus der Erfahrung von *Freiheit im Führen eines eigenen Lebens* kam in diesem bipolaren Diskurs der Seelsorge über Jahrzehnte hin so gut wie gar nicht in den Blick.

---

2 Der Imperativ μετανοεῖτε zielt von seinen sprachlichen Wurzeln her auf einen μετα-νοῦς, auf einen „Meta-Verstand", auf ein radikales Umdenken im Interesse eines erfüllten Lebens.

3 Vgl. *Wilfried Engemann*: Lebenskunde Evangelium als ein Referenzrahmen der Seelsorge, in: *Wilfried Engemann* (Hg.): Handbuch der Seelsorge. Grundlagen und Profile, 3., völlig neubearb. u. erw. Auflage, Leipzig 2016, 111-119.

4 Näheres bei Engemann 2005, bes. 875-897.

5 Zum Hintergrund der Debatte vgl. *Wilfried Engemann*: Aneignung der Freiheit. Lebenskunst und Willensarbeit in der Seelsorge, in: WzM 58 (2006), 28-48, 36-42.

Sofern es um Freiheit ging, wurde vorrangig die Frage erörtert, *wovon* zu befreien sei: Dementsprechend ging es um die Befreiung von Sünde hier und die Überwindung von Schuldgefühlen dort, um die Erlösung des Menschen von seiner sich in Eigendrehungen verlierenden Selbstbestimmtheit durch Anerkennen des rechtfertigenden Handelns Gottes – so der Jargon der kerygmatischen Seelsorge –, oder um die Befreiung aus den Klauen des Über-Ichs und den damit verbundenen Neurosen in tiefenpsychologisch ansetzenden Konzepten. Aus therapeutischer Sicht reichte es, wenn der Klient sich wieder gesund fühlte, aus kerygmatischer Sicht, wenn die Ratsuchende sich der Vergebung und ihrer Erlösung gewiss war.

Aber Menschen stehen auch dann vor der Herausforderung, ihr Leben zu führen, wenn es nichts mehr (bzw. gerade nichts) zu therapieren gibt und sie keinen Zweifel an ihrer Erlösung haben. Bei der Herausforderung, ein eigenes Leben zu leben, geht es ja nicht nur um *Freiheiten von* diesem und jenem; es geht vor allem um die Aneignung einer *Freiheit zu* – nämlich zur Gestaltung des eigenen Lebens, um *Freiheit im Führen eines eigenen Lebens* unter anderem auf der Basis von Selbsterkenntnis, wozu es wiederum gehört, sich kritisch mit seinen Wünschen, seinem Willen und seinen Zielen auseinanderzusetzen und dabei im Blick zu haben, dass es nicht nur um Entscheidungen für Optionen geht, sondern dass man in diesem Zusammenhang *etwas mit sich macht*.

Angesichts dieser Herausforderung erweist sich das Ausblenden der Lebenskunst als „blinder Fleck" der Seelsorge des 20. Jahrhunderts. In diesem Manko schlägt ein anthropologisches Grundproblem des Protestantismus des 20. Jahrhunderts unmittelbar auf die Seelsorgelehre durch: das kurzsichtige Eigeninteresse der Theologie am *Menschen in der Krise*, wobei das an seiner Autonomie angeblich zu Tode erkrankte Individuum ein besonders fesselnder Fall zu sein scheint. Ob der Mensch nun durch Sünde, Krankheit oder sein Sterben in diese Krise gerät: Über eine gesunde Persönlichkeit, die Heilung, Trost und Vergebung erfahren hat und sich „nur noch" dem Leben zuzuwenden braucht, gibt es anscheinend nichts zu sagen. Geheilt, gerettet und befreit ist der Mensch kein ergiebiges Thema der Seelsorge mehr. Gerade in Anbetracht der unter anderem sozialpsychologischen und individualethischen Herausforderungen der Gegenwart wird jedoch der Bedarf an einer verlässlichen inneren Orientierungskompetenz und einer relativen Autonomie immer stärker.[6]

Die Anfang des 21. Jahrhunderts einsetzende Neubesinnung auf die Lebenskunst als Herausforderung und Horizont der Seelsorge[7] hat ein starkes Echo erfahren. Ihre Einsichten und Argumente kommen heute u.a. im Blick auf Fragen des Alterns, bei der konzeptionellen Ausrichtung der Religionspädagogik, im Kontext von Seelsorge und Weisheit, im Rahmen von Gemeindereform sowie als Leitbegriff Praktischer Theologie zur Geltung.[8]

2. Theoretische Hintergründe: Willensarbeit im Kontext von Identität und Freiheit

Weil es keinen Bereich menschlichen Lebens gibt, für den es nicht relevant wäre, ob sich ein Mensch „auf sein Leben versteht", sind sowohl das Spektrum der „Effekte" von Lebenskunst als auch die Vorstellungen von ihrer Praxis recht facettenreich. Gleichwohl lassen sich spezifische

---

6   Zu den psychosozialen Herausforderungen der Gegenwart vgl. *Wilfried Engemann*: Erschöpft von der Freiheit – zur Freiheit berufen. Predigt als Lebens-Kunde unter den Bedingungen der Postmoderne, in: *Hanns Kerner* (Hg.): Predigt in einer polyphonen Kultur, Leipzig 2006, 65-91, 71-77.

7   Vgl. *Wilfried Engemann*: Lebenskunst als Beratungsziel. Zur Bedeutung der Praktischen Philosophie für die Seelsorge der Gegenwart, in: *Michael Böhme* u.a. (Hg.): Entwickeltes Leben. Neue Herausforderungen für die Seelsorge (FS *Jürgen Ziemer*), Leipzig 2002, 95-125.

8   Vgl. pars pro toto: *Christiane Burbach*: Weisheit und Lebenskunst: Horizonte zur Konzeptualisierung von Seelsorge, in: WzM 58 (2006), 13-27; *Martina Kumlehn/ Thomas Klie* u.a. (Hg.): Praktische Theologie des Alterns, Berlin 2009, 155-206; *Kai Horstmann*: Was taugt die Lebenskunst? Eine kritische Sichtung pastoraltheologischer Konzeptionen, in: PThI 33 (2013), 257-277; *Peter Bubmann*: Glauben lernen. Lebenskunst als Leitbegriff in Ethik und Praktischer Theologie, in: ZETh 59 (2015), 250-261.

Grunderfahrungen benennen, die in verschiedenen Konzepten wieder-kehren. Dabei spielen die Erfahrung von Gelassenheit, das Sich-Einstellen eines guten Lebensgefühls, Sensibilität für notwendige Wechselbewegungen im Empfangen und Gewähren von Zuwendung, eine neue Qualität von Freiheit, ein stärkeres Hervortreten der eigenen Identität und wachsende Neugier auf sich selbst eine herausragende Rolle.

Der Umfangsbeschränkung der Beiträge dieses Bandes Rechnung tragend nehme ich exemplarisch auf den seelsorgetheoretisch und -praktisch besonders bedeutsamen Zusammenhang von *Lebenskunst und Freiheit* Bezug. Dabei wird die im poimenischen Diskurs des 20. Jahrhunderts ausgeblendete Frage nach der Funktion des Willens eines Menschen bei der Aneignung von Freiheit mit der Frage nach seiner Identität verknüpft.[9]

Bevor die für die Lebenskunst zentrale *Kategorie des Willens* als unentbehrliche Ressource beim Führen eines eigenen Lebens für ca. 100 Jahre weitestgehend aus der Seelsorgeliteratur verschwand, wurde sie 1904 von Oskar Pfister, dem Pionier der Pastoralpsychologie, prominent zum Thema gemacht: In einem umfangreichen, philosophisch fundierten Werk über die Willensfreiheit führt er aus, inwiefern der Wille eines Menschen – um *sein* Wille zu sein – nicht nur auf seine je konkreten Lebensumstände bezogen sein, sondern dass dieser Wille auch *mit seiner gesamten Person verbunden sein muss*.[10] „Der Wille ist meine im Wollen sich betätigende Persönlichkeit."[11] Wenn wir etwas ganz aus unserem Willen heraus tun, wenn etwas „ganz nach uns geht", wenn das, wofür wir uns engagieren, wirklich „zu uns passt" – nämlich zu dem Menschen, als den wir uns kennen –, dann können wir uns in diesem Wollen und Handeln *wiedererkennen*. Ein Mensch weiß Wesentliches über sich selbst und seine Identität, wenn er weiß, was er will und welche Gründe er dafür hat.

---

9 Was hier nur skizziert werden kann, findet sich detailliert in: Engemann 2006 (vgl. Anm. 5), 28-48.

10 *Oskar Pfister*: Die Willensfreiheit. Eine kritisch-systematische Untersuchung, Zürich 1904, 138.141.

11 A.a.O., 136.

Der Wille eines Menschen hat aber auch eine wichtige Funktion für die Erfahrung von *Freiheit*. Ein Mensch erfährt sich u.a. in dem Maße als frei, wie er erlebt, dass sein Tun und Lassen Ausdruck seines Willens ist, mit anderen Worten, dass er selbst Urheber seines Handelns und „Herr im eigenen Hause" ist. Wer als Subjekt in Erscheinung tritt, lässt sich in seiner Lebensführung von seinem Willen bestimmen. Das verleiht seiner Zukunft eine angenehme Offenheit und hält die Neugier auf das eigene Leben wach.

Je besser es einem Menschen gelingt, im Einklang mit seinem Willen zu leben, umso leidenschaftlicher wird sein Leben, umso intensiver ist die Erfahrung, *sein* Leben zu leben, umso „präsenter" ist er in seinem Auftreten und Handeln – ein umso freierer Mensch ist er. „Je besser es einem Menschen gelingt" – damit ist angedeutet, dass die identitäts-bildende und ein Leben in Freiheit unterstützende Funktion des Willens nicht einfach nur „gewollt" werden muss, um von ihr profitieren zu können. Sie basiert auf bestimmten Basiskompetenzen, die aus verschiedenen Blickwinkeln schon anvisiert worden sind und nun in einen kohärenten Gesamtzusammenhang gestellt werden.

3. Konzept: Basiskompetenzen der Lebenskunst

Lebenskunst ist die Kunst, unter vorgegebenen Bedingungen ein nicht vorgegebenes Leben zu führen, indem ich – in Auseinandersetzung mit meinen Möglichkeiten und Grenzen einerseits und meinen Wünschen andererseits – Spielräume erkenne und auf der Basis eigener Urteile freie Entscheidungen treffe, die meinen Willen widerspiegeln und mich in meinem Verhalten bestimmen. Die Ausübung dieser Kunst ist mit einem intensiven Erleben der Gegenwart verbunden und ermöglicht ein Leben aus Leidenschaft.[12] Ins Blickfeld seelsorglichen Interesses treten somit folgende Facetten von Lebenskunst:

---

12 Vgl. zum Folgenden die „Idee einer Handlung" bei *Peter Bieri*: Das Handwerk der Freiheit. Über die Entdeckung des eigenen Willens, München/Wien 2001, 31-36.

1. Vorgegebene Bedingungen: Lebenskunst hat damit zu tun, in Kenntnis meiner Grenzen zu leben, angefangen beim begrenzten Repertoire an Gegebenheiten und Gelegenheiten der Welt (z.b. Berufsprofile), über die Strukturen meines sozialen Kontextes (z.b. Familie) und meine finanziellen Mittel bis hin zu meinen individuellen Konditionen, etwa dem Profil meiner Talente. All das bringt eine gewisse Bestimmtheit in meinem Tun: *Wie ich mich verhalte, was ich in und mit meinem Leben will, hat nur mit Bezug auf bestehende Verhältnisse einen zielführenden Charakter.* Etwas Beliebiges unabhängig von Rahmenbedingungen zu wollen, wäre nicht handlungsleitend. Allerdings kann ich mich im Blick auf diese Konditionen irren und gleichsam unter falschen Prämissen leben.

2. Das nicht vorgegebene Leben: Es wäre nicht möglich, anhand von Angaben über Familienstand, Besitzverhältnisse und die Begabungen eines Menschen vorauszusagen, welchen Weg seine Biographie im kommenden Jahr nehmen, welche Entscheidungen er in dieser oder jener Situation treffen wird. *Hier zeigt sich unser Spielraum:* Wir können nicht umhin, uns unter den je gegebenen Umständen *selbst zu verhalten* und dabei als eigensinnige Individuen in Erscheinung zu treten, die in ihrem Leben die Regie haben. Indem wir im Laufe eines Lebens diese und jene Entscheidung treffen, so und so handeln, tun wir nicht nur dies und das, wir tun dabei auch etwas mit uns und treten dabei als jemand Bestimmtes hervor.

3. Die Auseinandersetzung mit den Wünschen: Wer wir sind, können wir uns auch anhand unserer Wünsche vergegenwärtigen: Sie reichen von *substantiellen* Wünschen (z.B. Partnerschaft und Beruf betreffend) bis hin zu *instrumentellen* Wünschen, die etwas über die von uns favorisierten Wege verraten, mit denen wir unsere Ziele verfolgen. Es gibt auch Wünsche, die uns begleiten wie die Sterne am Himmel, Wünsche, die wir nicht hegen, um sie uns demnächst zu erfüllen, sondern um zu wissen, wohin wir unterwegs sind. Nicht alle Wünsche, die wir je an uns wahrgenommen haben, können wir immer auch gleich mit der Kraft unseres Wollens verstärken; es gilt zu gewichten, zu bewerten, zu favorisieren und sich von manchem Wunsch zu verabschieden. Wir können schließlich nur das wirklich wollen, was wir auch für wünschenswert halten.

4. Die Basis eigener Urteile: Weil es immer mehrere Möglichkeiten gibt, sich zu entscheiden bzw. zu verhalten, suchen wir nach Gründen, von denen wir uns beeinflussen lassen. Dabei machen wir sowohl von unserem analytischen Denkvermögen als auch von unserer Einbildungskraft Gebrauch. So versuchen wir zu antizipieren, ob diese oder jene Situation zu dem Menschen „passt", der wir geworden sind. Im Gebrauch des „kühlen Verstandes" einerseits und der „blühenden Phantasie" andererseits nehmen wir zunächst einen gewissen Abstand zu uns ein. Es kommt später darauf an, nicht in diesem Abstand zu verharren, sondern den (im Sondieren von Optionen) bewusst hergestellten Schwebezustand des Willens aufzuheben und zu einer Entscheidung zu kommen.

5. Entscheidungen treffen, die meinen Willen widerspiegeln: Dass wir in der Lage sind, unseren Willen an Gründe zu binden, ist Ausdruck unserer Freiheit. Ein grundloser, „un-bedingter" Wille wäre ein zufälliger, getriebener oder zwanghafter Wille, aber nicht *mein* Wille, weder Instrument meiner Freiheit noch Erkennungsmerkmal meiner Person. Indem wir gewollte Entscheidungen für unser Leben treffen, machen wir etwas mit uns: *Nach* einer schwierigen Entscheidung haben wir uns ein Stück weit verändert – wir sind dann *jemand mit dieser Entscheidung*. Wer wir werden, hat also auch mit den Entscheidungen zu tun, die wir im Laufe eines Lebens treffen.

6. Kongruenz im Wollen und Handeln ist insofern eine unverzichtbare Basiskompetenz von Lebenskunst, als es darauf ankommt, sich in Entscheidungssituationen schließlich einer bestimmten Option für das eigene Leben zuzuwenden und ihr Gestalt zu geben – also *das zu tun, was unserer Einsicht entspricht*. In dem Maße, in dem uns das gelingt, erleben wir unser Verhalten als frei und sinnvoll zugleich. Dabei können wir durchaus Geschichten mit Brüchen und Wenden durchleben, eine Geschichte mit falschen Entscheidungen, mit Selbstüber- und -unterschätzungen, aber eine, in deren Verlauf wir das Gefühl haben, Autor bzw. Autorin unseres Handelns zu sein und in der Gegenwart als unserer eigenen Zeit zu leben.

7. Leidenschaft und Gegenwart: Weil der Fortgang unserer individuellen Personen-Geschichte offen ist, können wir im Voraus nie abschlie-

ßend wissen, was wir schließlich wollen und tun werden – bis es soweit
ist.[13] Dies erhält uns die Neugier auf unser Leben, auf uns selbst – und
den Kontakt zur Gegenwart als unserer Lebenszeit. Dadurch sind wir
in einer intensiveren Weise gegenwärtig, als wir es wären, wenn wir
nicht wüssten, was wir wollten oder zu tun hätten bzw. mit uns anfangen sollten. In je stärkerem Maße, wie wir wollen und tun, was je und
je unserer Einsicht entspricht, umso leidenschaftlicher leben wir, und
umso mehr wird das Leben, das wir führen, zu einem Leben, in dem wir
uns wiedererkennen.

Angesichts der Bedeutung des Willens beim Führen eines eigenen
Lebens und der damit einhergehenden Erfahrung von Freiheit ist der
Wille als Kategorie personaler Identität stärker in die Theorie und Praxis der Seelsorge zu integrieren. Seelsorgerinnen und Seelsorger können
Anwälte der Freiheit eines Menschen sein, indem sie ihm dabei helfen,
sich einen Willen anzueignen und so Entfremdungserfahrungen dem
eigenen Leben gegenüber entgegenzuwirken.

4. Praxisrelevanz: Seelsorge als Willensarbeit

Bei diesem Herangehen kommen insofern Prinzipien der Praktischen
Philosophie in den Blick, als Willensarbeit auf *erkenntnisorientierten
Gesprächen* basiert. Man könnte sie „Lehrgespräche" nennen, allerdings
nicht im Sinne erteilter Lektionen, sondern insofern, als sie Ratsuchende
in die Lage versetzen, aus einem Willen heraus zu leben, von dem sie
sagen können, warum sie ihn haben. Für solche Gespräche sind folgende
Strukturelemente besonders wichtig: 1. Die Begegnung unter Gleichen,
2. die Bewusstmachung von Problemen, 3. die Irritation bestehender
Überzeugungen, 4. die Erarbeitung bewahrender Einsichten und 5. die
Zumutung von Veränderungen.[14] Wo immer in irgendeiner Hinsicht

---

13 Vgl. a.a.O., 77f.
14 Zum Verständnis dieser unverzichtbaren Strukturelemente vgl. ausführlich Engemann 2002 (vgl. Anm. 7), 114-125.

Lebenskunst Anlass, Gegenstand oder Ziel seelsorglicher Gespräche ist,
wird von diesen Voraussetzungen und Prinzipien Gebrauch gemacht.

Im besonderen Fall der *Willensarbeit* kommt es darüber hinaus darauf an, die oben unter 3. beschriebenen „Basiskompetenzen" von Fall zu
Fall seelsorglich zu vermitteln. Dabei geht es um Folgendes:

1. Die Klärung der Wünsche und die Artikulation des Willens: „Ungewissheit über das, was man will, [kann] wie ein Gefängnis sein."[15] Dementsprechend bedeutet es einen Schritt in die Freiheit, wenn jemand im
Zuge einer kritischen Bestandsaufnahme seiner Wünsche erkennt, welche Wunschvorstellungen ihn eigentlich leiten und seinen Willen orientieren. Dies im seelsorglichen Gespräch zu erkunden und zu artikulieren ist ein wichtiger Schritt. Weil Menschen sich ändern, ändern sich
von Zeit zu Zeit auch ihre Vorstellungen davon, wie sie leben möchten.
Solche Wunsch- bzw. Motivverschiebungen können sich in einer Krise
ankündigen, in der jemand empfindet, dass der Wille, den er einmal
hatte, nicht mehr trägt – was zu Fremdheitserfahrungen dem eigenen
Leben gegenüber führt. Daher ist es wichtig, sich mit widerstreitenden
Wünschen auseinanderzusetzen, für eine bestimmte Option Partei zu
ergreifen und sich von anderen zu verabschieden, wobei nicht nur der
Wille konkreter wird, sondern auch das „Selbst" an Kontur gewinnt.

2. Die Interpretation der Wünsche und das Verständnis des Willens: Die
Unfreiheit eines Menschen kann auch darin bestehen, dass sich sein Wille
seinem Verständnis widersetzt und ihm deshalb als fremd erscheint. In
diesem Fall gilt es, nach einer Betrachtungsweise zu suchen, die ein
neues Verstehen eröffnet. „Die Anstrengung, das Verständnis des eigenen Willens zu vergrößern, ist oft das einzige Mittel, um eine Lebenskrise
zu bewältigen."[16] Da sagt jemand: „Ich verstehe einfach nicht, warum
ich dies und das will. Es passt nicht zu mir." Um diesem Menschen bei
der Klärung seines Problems zu assistieren, genügt es nicht, ihm zu
erläutern, dass das Über-Ich wieder einmal die Regie übernommen oder
dass das Es der besseren Einsicht des Ichbewusstseins ein Schnippchen
geschlagen hat. Es gilt, im seelsorglichen Gespräch die Funktion eines

---

15 Bieri 2001 (vgl. Anm. 12), 384.
16 A.a.O., 388.

scheinbar inadäquaten Wunsches wahrzunehmen: Vielleicht passt er –
auf überraschende Weise – ja doch zu mir?[17]

3. *Die Bewertung der Wünsche und die Bejahung des Willens*: Die Frage,
welche Wünsche mich ‚beseelen‘ dürfen und mit welchem Willen ich
leben will ist auch insofern eine seelsorgliche, als sie meine Person
und mein Selbstbild betrifft: In dem von mir gebilligten und schließlich angeeigneten Willen muss ich mich (wieder-)erkennen können –
unabhängig davon, ob er mir nützt.[18] Dazu bedarf es einer Hierarchie
von Wertvorstellungen, zu denen zweifellos die Freiheit gehört. Bei der
Bewertung eines Willens ist daher zu beachten, inwiefern der fragliche
Wille tatsächlich Ausdruck von Freiheit ist, oder ob er gerade die Erfahrung perpetuiert, am eigenen Leben nicht wirklich beteiligt zu sein.

Damit wird die Frage nach einem stimmigen, zu mir gehörenden Wil-
len zur *Gewissensfrage* mit seelsorglicher Brisanz: Ein im Verlauf eines
Beratungsprozesses korrigiertes Selbstbild mit einem entsprechenden
Willen ist Bestandteil eines neu geschärften Gewissens: Einsichten wie
„Das kann ich nicht wollen!" oder „Das bin ich nicht (mehr)!" sind nun
Ausdruck einer begründeten Haltung – und der Erfahrung, *sich nicht
hintergehen zu können.*

Wenn es gelungen ist, einem Menschen dadurch zu einem freie-
ren Leben zu verhelfen, dass er (in einer bestimmten Angelegenheit)
nun weiß, was er aus welchen Gründen will, sollte klar sein, dass dieser Wille nicht konserviert werden, kein eiserner Wille werden darf.
Das käme einer Verriegelung des Ateliers der Lebenskunst gleich, ist
doch die Freiheit, von der wir als Subjekt unseres Wollens und Tuns
Gebrauch machen, auf Menschen und „Umstände" bezogen und inso-

---

17 Für Pfister war die *Traumanalyse* ein besonders geeignetes Mittel, sich ein adäqua-
tes Bild über vorhandene Wünsche zu verschaffen und Ratsuchenden die Möglichkeit zu eröffnen, sich wünschbaren Lösungen anzunähern (vgl. *Oskar Pfister*:
Wahrheit und Schönheit in der Psychoanalyse, Zürich 1918, 21f.). Daran zeigt sich
im Übrigen, dass es hier nicht um einen mit der Psychoanalyse konkurrierenden
Ansatz geht, sondern um die Weitung des Horizontes der Seelsorge durch die Frage
nach der Lebenskunst und um die Vervollständigung der seelsorglichen Anthropologie um die Kategorie des Willens.

18 Vgl. Bieri 2001 (vgl. Anm. 12), 398f.

fern eine relative, „gewollt bedingte" Freiheit. Lebenskunst zielt ja nicht darauf, irgendwann endlich immer das Gleiche zu wollen, sie zielt auf die Stimmigkeit unseres Willens *zusammen mit unserem stets im Werden begriffenen Selbst*, das in unterschiedlichen Entscheidungssituationen Unterschiedliches wollen und dennoch die Erfahrung von „innerer Kohärenz" machen kann.

Das „Modell der inneren Kohärenz" verdeutlicht das Zusammenspiel von Wünschen, Erwägen, Wollen, Entscheiden und Handeln bei der Erfahrung der „Stimmigkeit" des Lebens: Menschen erfahren sich als frei und verbinden es mit Glücksgefühlen, wenn ihr Tun dem entspricht, was sie aufgrund ihrer Einsicht und gefühlsmäßig für wünschens- und erstrebenswert gehalten, wofür sie sich entschieden und gekämpft haben. Sie erleben sich als unglücklich, wenn ihnen dieser innere Zusammenhang zerbricht, wenn sie tun, was sie scheinbar gar nicht wollen, wenn sie sich für etwas entscheiden, was sie für falsch halten usw. Wenn Menschen hingegen etwas leidenschaftlich tun, ist jene innere Kohärenz besonders dicht, das Hegen erstrebenswerter Visionen, das Wünschen, Erwägen, Urteilen, Wollen, Entscheiden und Handeln bilden dann eine Einheit. Die Stabilisierung jenes sowohl erkannten als auch gefühlten Zusammenhangs ist für die Seelsorge von zentraler Bedeutung. Sie kann einen Beitrag dazu leisten, dass ein Mensch sowohl seinem Gewissen folgt als auch gefühlsmäßig in diesem Zusammenhang bleibt und aus ihm heraus lebt.[19]

5. Ein Praxisbeispiel: Freiheit gewinnen aus der Klärung des Willens

In welche Richtung sich ein seelsorgliches Gespräch entwickeln kann, wenn die Frage nach der Aneignung eines eigenen, im Sinne des oben skizzierten Kohärenzgedankens stimmigen Willens mit im Blick ist, mag folgendes Beispiel verdeutlichen:

---

19 Vgl. *Wilfried Engemann*: Das Lebensgefühl im Blickpunkt der Seelsorge. Zum seelsorglichen Umgang mit Emotionen, in: WzM 61 (2009), 271-286, 278-281.

Ein Theologiestudent (Pfarramtsstudium, 8. Semester) sucht das Gespräch, um sich zu vergewissern, ob das denn sein kann, dass er sich in dem Beruf, den er immer meinte ergreifen zu wollen, nicht mehr vorstellen kann. Er weiß nicht, wie es weitergehen soll, welcher Wille sozusagen an die Stelle des vorherigen treten könnte. Die Fakultät und die Zeit, die er an ihr verbringt, kommen ihm gleichermaßen fremd vor. Er spürt, dass sich im Ensemble seiner Wünsche etwas verändert hat, dass er in den letzten beiden Jahren jemand anders geworden ist. Nun befällt ihn die Sorge, sowohl die Freunde, die ihn einst ermutigt haben, Pfarrer zu werden, als auch die ihn eines Tages erwartende Gemeinde zu enttäuschen. Im Gespräch zeigt sich zugleich ein Zögern, das Selbstbild aufzugeben, das er offensichtlich gern betrachtet hat: Er im Talar vor der Gemeinde auf der Kanzel. Was jetzt?

Natürlich hätte es keinen Sinn gehabt, ihn darauf zu behaften, dass er doch wissen müsse, was er wolle: Abbrechen oder Weitermachen. Wir haben stattdessen versucht, das Nicht-Mehr-Wollen so genau wie möglich zu beschreiben: Was ist es, was du nicht mehr willst? Ist es die Kirche, der Beruf, die Aussicht, Geistlicher zu werden? In weiteren Gesprächen haben wir *andere Inhalte dieser Berufswahl* und *wünschenswert erscheinende Alternativen* so genau wie möglich in den Blick genommen, die *Gründe für diese Sympathien* hinterfragt, mit früheren Erwartungen verglichen und antizipiert, wie die Wirklichkeit sich ihm jeweils darstellen würde: Nach einem Studienabbruch, in einem anderen Job, in einem anderen Studium, in einem (neu verstandenen) Pfarramt.

Es waren intensive Gespräche, denn die Artikulation eines Willens schließt die Entdeckung von Selbsttäuschungen ein, jener „interessegeleiteten Irrtümer über uns selbst"[20]. Die Schwierigkeiten des jungen Mannes hingen wenigstens z.T. damit zusammen, dass er sich in Bezug auf seinen *Willen* getäuscht hatte. Der zielte auf Anerkennung aus der religiösen Gruppe, aus der er stammte. Nun zeigte sich, dass er im Begriff ist, sich von dieser Frömmigkeit zu lösen, die vor Jahren maßgeblich zum Anstreben eines Pfarrberufs geführt und seinen Willen

---

20 Bieri 2001 (vgl. Anm. 12), 387.

inhaltlich gefüllt hat. Ihm war noch nicht klar, dass der Wille, Pastor zu werden, auch anders besetzt und mit einem anderen Selbstbild verbunden sein kann. Der betreffende Student hat im Laufe der Gespräche ein neues Verhältnis zur Theologie sowie zum Pfarrberuf entwickelt und das Studium abgeschlossen. Er hat sich dabei auch ein Stück Freiheit erschlossen, die ihm hat Raum zur Gestaltung seines Lebens eröffnet.

Die seelsorglichen Perspektiven im Kontext von Lebenskunst sind in den letzten knapp 20 Jahren umfassender erschlossen worden als hier beschrieben. Zu einer an Fragen der Lebenskunst orientierten Seelsorge gehört nicht nur die anthropologische Kategorie des Willens, sondern ebenso die der Emotionen.[21] Auch Glauben[22] – hier als Verbum zu verstehen – und last not least die Gemeinde[23] sind als Ressource bzw. Ort der Lebenskunst seelsorgetheoretisch zu reflektieren. Eine vielversprechende Rezeption und Erweiterung der hier vorgetragenen Gesichtspunkte zeichnet sich derzeit in der Kognitionspsychologie ab.[24]

In diesen Zugängen zum Thema Lebenskunst kommt Freiheit nicht mehr nur als „Freiheit von…" oder als „Freiheit zu…" in den Blick, sondern wird darüber hinaus als „Freiheit in…" zum Thema – als „Freiheit des Menschen in sich selbst"[25]. Sie ist die Basis einer tiefen Gelassenheit, die als „Effekt" von Lebenskunst ihrerseits in das Spektrum der Seelsorge gehört.

---

21 Vgl. Engemann 2009 (vgl. Anm. 19).
22 Vgl. *Wilfried Engemann*: Die emotionale Dimension des Glaubens als Herausforderung für die Seelsorge, in: WzM 61 (2009), 287-299.
23 Vgl. *Wilfried Engemann*: Gemeinde als Ort der Lebenskunst. Glaubenskultur und Spiritualität in volkskirchlichem Kontext, in: *Isolde Karle* (Hg.): Kirchenreform. Interdisziplinäre Perspektiven (APrTh 41), Leipzig 2009, 269-291.
24 *Katja Dubiski*: Seelsorge und Kognitive Verhaltenstherapie. Plädoyer für eine psychologisch informierte Seelsorge (APrTh 69), Leipzig 2016.
25 Vgl. *Otto Haendler*: Was ist Freiheit? Antwort der Psychologie und Psychiatrie [1952], in: ders.: Praktische Theologie. Grundriss, Aufsätze und Vorträge (OHPTh 1), eingel. und hg. v. *Wilfried Engemann*, Leipzig 2015, 531-543, 533f.

Uta Pohl-Patalong

Gesellschaftssensible Seelsorge

1. Ausgangspunkt: Die gesellschaftliche Dimension in der Seelsorge

Als ich mich in den 1990er Jahren im Rahmen meiner Dissertation mit der Frage beschäftigt habe, welche Rolle die gesellschaftliche Dimension in der Seelsorge spielt, war dies ein lange vernachlässigtes Thema.[1] Neu war es jedoch nicht: Anfang des 20. Jh. hatte die Liberale Theologie und in ihrem Rahmen vor allem Otto Baumgarten bereits eine gleichmäßige Berücksichtigung von Individuum und Gesellschaft in der Seelsorge gefordert.[2] Er versteht die Situation der industriellen Revolution im 19. Jh. und die Verelendung der unteren Bevölkerungsschichten als spezifische Herausforderung für die Seelsorge. „Wir dürfen den Einzelnen nicht mehr so isolieren [...] Wir müssen ihn als Glied des Ganzen sehen, zum großen Teil als Produkt der Gesamtentwicklung und besonders der ökonomischen Verhältnisse."[3] Aus dieser Sichtweise erwachsen der Seelsorge andererseits auch gesellschaftliche Aufgaben: „Somit wird klar, daß der Seelsorger unserer Tage seine Aufgabe nicht bloß bei den Einzelnen haben kann, da diese unlösbar verwickelt sind in den geschichtlichen Prozeß des sozialen und wirtschaftlichen Lebens des Volkes. Der Seelsorger muß vielmehr auch auf diesen Gesamtprozeß und auf die ihn dokumentierende öffentliche Meinung Einfluß zu gewinnen trachten, um diesem die christlich-sittlichen Maßstäbe zu erhalten."[4]

---

1 Vgl. *Uta Pohl-Patalong*: Seelsorge zwischen Individuum und Gesellschaft. Elemente zu einer Neukonzeption der Seelsorgetheorie, Stuttgart u.a. 1996.
2 Vgl. *Otto Baumgarten*: Protestantische Seelsorge, Tübingen 1931.
3 A.a.O., 96.
4 A.a.O., 59.

Bevor sich die Poimenik dieser Fragestellung näher widmen konnte, wurde sie durch die Entstehung der Dialektischen Theologie und ihres Ansatzes der kerygmatischen Seelsorge zurückgedrängt, denn in der Perspektive der Wort-Gottes-Theologie war ein Interesse für die gesellschaftlichen Strukturen obsolet. Das Konzept der dann entstehenden Seelsorgebewegung entwarf Seelsorge zwar in fast allen Aspekten diametral entgegengesetzt zur kerygmatischen Seelsorge – nur in der Konzentration auf das Individuum waren sie sich einig. Das Motiv dafür war jetzt allerdings ein anderes: Der einzelne Mensch rückte nicht als Sünder*in, sondern mit seinen Fragen und Themen in den Mittelpunkt der seelsorglichen Bemühungen. Auch die therapeutischen Ansätze, die in der Seelsorgebewegung maßgeblich herangezogen wurden wie die Tiefenpsychologie oder die nicht-direktive Gesprächsführung waren auf das Individuum konzentriert.

Ein Ignorieren der gesellschaftlichen Dimension lässt sich der Seelsorgetheorie heute in dieser Weise nicht mehr vorwerfen. Fast zeitgleich mit meiner Arbeit erschien die Dissertation von Isolde Karle, die die Systemtheorie Niklas Luhmanns zur Grundlage ihres Entwurfs machte.[5] Einige Jahre später setzte Andreas Wittrahm in der katholischen Seelsorgetheorie ebenfalls bei der Bedeutung des gesellschaftlichen Kontextes für die Seelsorge an.[6] Die systemische Seelsorge entwarf ein Konzept seelsorglichen Arbeitens, das die verschiedenen „Systeme" der ratsuchenden Menschen einschließlich seines gesellschaftlichen Kontextes mitbedenkt. Gleichzeitig möchte sie auf Beziehungsgerechtigkeit und der Einsicht in die gegenseitige Verantwortlichkeit aller Mitglieder eines Systems hin wirken und kommt daher ebenfalls einer gesellschaftlichen Wirksamkeit der Seelsorge nahe.

---

5 *Isolde Karle*: Seelsorge in der Moderne. Eine Kritik der psychoanalytisch orientierten Seelsorgelehre, Neukirchen-Vluyn 1996.

6 *Andreas Wittrahm*: Seelsorge, Pastoralpsychologie und Postmoderne. Eine pastoralpsychologische Grundlegung lebensfördernder Begegnungen angesichts radikaler postmoderner Pluralität, Stuttgart 2001.

Auch insgesamt in den poimenischen Diskursen hat die gesellschaftliche Dimension einen festen Platz erhalten.[7] Die poimenische Literatur möchte mit einer „wachen Aufmerksamkeit für die Verhältnisse, in denen das Individuum lebt"[8] vorgehen. In der Regel wird die Wahrnehmung des gesellschaftlichen Kontextes dabei als Hintergrund seelsorglichen Arbeitens verstanden, dessen Einfluss vorausgesetzt, aber kaum explizit berücksichtigt und thematisiert wird. Es erscheint mir jedoch nach wie vor produktiv, auf diese Dimension im seelsorglichen Gespräch konkret zu achten, sie als potenziell konstitutiven Faktor individueller Probleme wahrzunehmen und aufmerksam dafür zu sein, wo und wie ihre Thematisierung hilfreich ist. Einen solchen Ansatz nenne ich heute eine „gesellschaftssensible Seelsorge". Dabei beschränke ich mich auf den deutschsprachigen Kontext in dem Wissen, dass in anderen kulturellen Kontexten die Debatten anders und zum Teil wesentlich intensiver geführt werden.

2. Theoretische Hintergründe: Kennzeichen der Spätmoderne

In den 1980er und 1990er Jahren sind in der Soziologie wesentlich deutlicher als zuvor der enge Zusammenhang und die unmittelbaren Wechselwirkungen zwischen dem einzelnen Menschen als Individuum und der Gesellschaft herausgearbeitet worden. Vor allem das maßgeblich von Ulrich Beck und Elisabeth Beck-Gernsheim entwickelte Individualisierungstheorem[9] hat deutlich gemacht, dass Menschen grund-

---

7 Vgl. zusammenfassend *Uta Pohl-Patalong*: Gesellschaftliche Kontexte der Seelsorge, in: *Wilfried Engemann* (Hg.): Handbuch der Seelsorge. Grundlagen und Profile, Leipzig [3]2016, 63-84.

8 *Jürgen Ziemer*: Seelsorgelehre. Eine Einführung für Studium und Praxis, Göttingen 2000, 21.

9 Das Individualisierungs‚theorem' – ein weniger geschlossenes Gedankengebäude als eine ‚Theorie' – wurde zunächst wesentlich von Ulrich Beck und Elisabeth Beck-Gernsheim entwickelt und vertreten, ist mittlerweile aber auch Grundlage anderer Entwürfe. Vgl. grundlegend *Ulrich Beck*: Risikogesellschaft, Frankfurt a.M. 1986; *ders./Elisabeth Beck-Gernsheim*: Das ganz normale Chaos der Liebe, Frankfurt

legend von dem gesellschaftlichen Kontext geprägt sind, in dem sie leben und dass sie umgekehrt wiederum (bewusst oder unbewusst) ihre Gesellschaft beeinflussen.[10]

Dies gilt für die „zweite Moderne" oder die „Spätmoderne" in besonderer Weise. Beide Bezeichnungen zeigen an, dass wir nach wie vor in der Moderne leben (die mit der Industrialisierung begonnen hat) und ihre typischen Merkmale unser Leben prägen, aber (seit den späten 1960er Jahren) in einer Phase, in der sich manche Merkmale der Moderne verändert haben und sich mit neuen Elementen vermischen. Zentrale Stichworte für unsere Gegenwart sind „Individualisierung", „Pluralisierung", „Globalisierung", „Medialisierung" sowie „flexible Netzwerke".

2.1 Individualisierung

Mit diesem Stichwort wird die Veränderung von Bindungen und Beziehungen jeglicher Art beschrieben – in der Familie, im Freundeskreis, bezüglich des Wohnortes, der beruflichen Orientierung und selbstverständlich auch der Religion. Anders als in früheren Generationen sind Bindungen heute nicht mehr feststehend gegeben, sondern freiwillig und veränderungsfähig. Das Individuum, der Mensch selbst entscheidet über die Partner*innenwahl, die Frage nach Kindern, den Wohnort, den Beruf, die Religiosität ebenso wie über die täglichen Dinge des Lebens.

Allerdings ist die Entscheidung nur theoretisch wirklich frei, denn sie ist von innerpsychischen und dann doch auch von strukturellen Voraussetzungen abhängig – besonders deutlich ist dies im Bildungssystem zu spüren, in dem die Voraussetzungen im Elternhaus nach wie vorentscheidend für den Erfolg sind oder in Genderfragen, in denen nach wie vor Ungerechtigkeit in der Familienarbeit und in der Bezahlung herr-

---

a.M. 1990; dies. (Hg.): Riskante Freiheiten. Individualisierung in modernen Gesellschaften, Frankfurt a.M. 1994.

10 Der definitionsoffene Begriff „Gesellschaft" soll dabei weit verstanden werden als „die Gesamtheit der Institutionen und kommunikativer Prozesse, die als Bedingungen individueller Lebensführung und Lebensplanung wie auch als deren Sinnhorizont wahrgenommen werden" (*Jürgen Werbick*: Art. Gesellschaft, in: LexRP, Bd. 1, 2001, 699.)

schen. Die Konsequenzen werden jedoch im gesellschaftlichen Bewusstsein und nicht selten auch im eigenen Selbstbild den Individuen zugerechnet – denn theoretisch stehen einem ja alle Möglichkeiten offen. Für das Lebensgefühl von Menschen haben diese Entwicklungen ambivalente Folgen. Einerseits genießen wir Freiheiten und Möglichkeiten zu einem selbstbestimmten Leben, wie sie vermutlich keine Generation vor uns hatte. Gleichzeitig fordert die Individualisierung die Fähigkeit, Entscheidungen zu treffen, sich eigenständig zu orientieren und einen eigenen Lebensweg zu finden und immer wieder neu zu justieren. Kaum jemand möchte zu den fest gefügten Sozialformen mit ihrer engen Sozialkontrolle zurück – aber die Freisetzung aus ihnen bedeutet auch Unsicherheit, Orientierungsverlust und die Gefahr von Sinnlosigkeit. Dass in den letzten Jahrzehnten Depressionen zugenommen haben, kann als Reaktion auf diese „Last des Möglichen"[11] gedeutet werden.

2.2 Pluralisierung

Eng mit der Individualisierung verbunden ist die Pluralisierung in allen Lebensbereichen. Die Möglichkeiten, zwischen denen man sich entscheiden kann, werden immer vielfältiger. Längst geht es beispielsweise nicht mehr nur um die Frage, ob man heiraten möchte oder nicht, sondern es gibt eingetragene Lebenspartnerschaften, homo- und heterosexuelle Ehen, eigene und Pflegekinder, Patchworkfamilien etc., und keine Variante muss lebenslang bestehen bleiben. Die „Normalbiographie" gibt es kaum noch. Früher unvereinbar scheinende Aspekte werden nun kombiniert und verbunden – dies reicht vom Stilmix der Kleidung über ökologisch-ökonomische Wirtschaftskonzepte bis zu vielfältiger Patchworkreligiosität.

Wir erfahren damit unser Leben und die gesamte Wirklichkeit als mehrdimensional. Jede Orientierung muss begründet werden, ist kombinierbar mit anderen und kann widerrufen werden. Selbstverständlichkeiten und Eindeutigkeiten sind kaum noch gegeben, da andere ganz

---

11 So die These von *Alain Ehrenberg*: Das erschöpfte Selbst. Depression und Gesellschaft in der Gegenwart, Frankfurt a.M./New York 2004, 75.

anders leben als man selbst. Dies erweitert die Optionen und befreit von Einengungen, kann aber auch Verunsicherung und Haltlosigkeit erzeugen, manchmal auch den Wunsch nach geschlossenen Formationen hervorrufen, die das Individuum von den Entscheidungen scheinbar entlasten.

Dabei stellen verschiedene Lebensbereiche häufig widersprüchliche Ansprüche an den Menschen – die Familie andere als der Beruf, die Peergroup andere als die Eltern, die Medien andere als die Schule. Um diese zu bewältigen, muss das Individuum selbst in gewisser Weise vielfältig werden. Es gibt keine klare und vom sozialen Kontext vorgegebene Identität mehr (wie man früher die „Großbäuerin im Dorf xx" war), sondern Menschen leben tendenziell eine plurale und flexible „Patchwork-Identität",[12] die sie unterschiedliche Anteile nebeneinander und nacheinander leben lässt. Dies stellt erneut Anforderungen an die Menschen heute, schafft aber auch Freiheiten: Die gesellschaftlichen Zwänge und Anforderungen treffen immer nur Teilidentitäten, und der Mensch unterliegt ihnen nicht mit seiner gesamten Person.

2.3 Globalisierung

Dieser Prozess steht in engem Zusammenhang mit der Globalisierung, die Kulturen, Völker und Religionen enger zusammenrücken lässt. Die ökonomische und politische Verflechtung gilt mittlerweile weltweit – was wir in unserem Kontext tun oder lassen, wirkt sich global aus. Besonders anschaulich wird dies bei den Themen „Klima" oder „Müll". Dazu tragen auch die rasant gewachsenen technischen Möglichkeiten und die mentale und reale Mobilität bei. Nicht nur zu Urlaubszwecken fliegen wir selbstverständlich in andere Kontinente, sondern für nicht wenig Menschen ist es normal, zwischen verschiedenen Ländern und Kontinenten zu pendeln. Für die jüngere Generation gehören Auslandsaufenthalte wie selbstverständlich dazu – dies bringt wertvolle Erfahrungen, aber wird mittlerweile auch erwartet und erzeugt wiederum den Druck, diese Möglichkeiten auch zu nutzen. Ebenso hat der inter-

---

12 Zu diesem Modell vgl. beispielsweise *Heiner Keupp* u.a. (Hg.): Identitätskonstruktionen. Das Patchwork der Identitäten in der Spätmoderne, Reinbek 1999.

kulturelle und interreligiöse Einfluss vor Ort rapide zugenommen. Auch dieser kann verunsichernd wirken und Gegentendenzen der Abgrenzung und Abschottung gegenüber Fremdem und Menschen anderer Kulturen hervorrufen bis hin zu rassistischen und fundamentalistischen Tendenzen.

2.4 Medialisierung

Einen großen Einfluss auf das Leben heute hat schließlich die immer noch zunehmende Medialisierung der Gesellschaft. Kommunikation ist nicht mehr mit Anwesenheit verbunden, sondern kann über die sozialen Netzwerke nahezu in Echtzeit über große Entfernungen erfolgen. Dabei bilden sich neue Kommunikationsformen heraus, die besonders das Leben der jüngeren Generation prägen, aber längst auch bei der mittleren und immer mehr auch bei der älteren Generation angekommen sind. Dazu gehört die Tendenz zur Veröffentlichung des Privaten auf Kanälen wie Youtube und Instagram. Damit ist die Möglichkeit, aber auch der Druck verbunden, sich zu inszenieren und sich so zu präsentieren, wie man gesehen werden möchte oder andere einen sehen wollen. Die Kultur des „Likens" verbindet dies mit einer permanenten Bewertung, die die Rezeptionsgewohnheiten prägt und sich auf die anderen Lebensbereiche auswirkt. Die Individuen bekommen permanent Rückmeldungen zu dem, wie sie sich inszenieren und geben gleichzeitig permanent Rückmeldungen ab. Dies beeinflusst Identität und Selbstbewusstsein und fördert tendenziell die Außenorientierung.

2.5 Flexible Netzwerke

„Die Gesellschaft" erscheint damit in der Spätmoderne weniger klar strukturiert als in früheren Generationen. Die typischen Formen von Bindung und Verantwortungsübernahme haben netzwerkartigen Charakter: Menschen nehmen gewählt und freiwillig vielfältige Beziehungen zu anderen auf und bilden damit Knoten in einem Beziehungsnetz mit Verbindungsbändern zu anderen Knoten. Solche Netzwerke unterstützen Menschen im Alltag auf vielfache Weise, sie müssen aber auch geschaffen und gepflegt werden.

Übernehmen Menschen soziale Verantwortung im Nahbereich oder im größeren gesellschaftlichen Rahmen, beruht dies tendenziell auf eigener Einsicht und weniger auf unhinterfragtem Pflichtgefühl oder Konvention: Man engagiert sich, weil man ein Thema wichtig findet und sich als geeignete Person dafür sieht, mit anderen zusammen etwas zu verändern. Die „Fridays for Future" sind ein gutes Beispiel dafür.

3. Konzept: Seelsorge in Aufmerksamkeit für die gesellschaftliche Dimension

Eine solche Seelsorge versteht es als ihre Aufgabe, die Chancen und positiven Ansätze der gesellschaftlichen Situation zu fördern und ihren nachteiligen Konsequenzen und Gefahren entgegenzuwirken. Dabei versteht sie sich einerseits als Teil der Gesellschaft, ohne mit Verfallsthesen vergangene Zeiten als vermeintlich „bessere" zu überhöhen. Gleichzeitig hinterfragt sie gesellschaftliche Tendenzen auch kritisch. Dies stellt sie vor die Herausforderung, zwischen Teilhabe und kritischer Distanz zu den strukturellen Merkmalen der Spätmoderne zu balancieren. Diese Spannung kann sicher nie befriedigend gelöst werden, sie ist im Einzelfall zu entscheiden und sollte immer wieder zu der selbstkritischen Überprüfung führen, wo im konkreten Gespräch warum welcher Schwerpunkt gesetzt wird.

Nimmt die Seelsorge diese gesellschaftlichen Kontexte aufmerksam wahr und versteht sie ihre Aufgaben in ihnen, ergeben sich daraus bestimmte Aufgaben und Orientierungen. Voraussetzung für diese Perspektive ist die Entscheidung, dass Seelsorge nicht einseitig auf die Bearbeitung von Krisen und Konflikten zielt, sondern auf die Förderung grundlegender Fähigkeiten ausgerichtet ist, ein für sich und andere befriedigendes Leben zu führen. Sie kann dann verstanden werden als „christliche Unterstützung von Lebensbewältigung". Dabei pflegt sie einen aufmerksamen Blick für den gesellschaftlichen Kontext und seine Herausforderungen als Hintergrund, Umfeld und durchaus auch potenzielle Ursache für individuelle Frage- und Problemstellungen. Eine nur

auf das Individuum konzentrierte Seelsorge geht an der gesellschaftlichen Wirklichkeit vorbei und hat nur die Symptome, nicht aber die
Ursachen im Blick. Seelsorge stellt sich damit gegen die gesellschaftliche Tendenz, strukturelle Probleme zu individualisieren und Notlagen
und Krisen nur als individuelles Scheitern wahrzunehmen. Gleichzeitig
werden auch die Auswirkungen individuellen Denkens und Handelns
auf das gesellschaftliche Umfeld wahrgenommen und mitbedacht. Seelsorge kann nicht nur dazu dienen, dass der einzelne Mensch sein Leben
zufriedenstellender für sich selbst bewältigt, sondern muss auch die
Konsequenzen für andere und die Gesamtgesellschaft im Blick haben.
Im weitesten Sinne kann sie dabei durchaus auch gesellschaftsverän-
dernd wirken. Damit wird die Verflochtenheit von Individuum und
Gesellschaft ernstgenommen: Der einzelne Mensch wird auch (!) als
Produkt seines gesellschaftlichen Kontextes gesehen und gleichzeitig
auch seine Entscheidungen als Teil eines größeren Ganzen mit Konsequenzen für dieses.[13] Dies darf jedoch nicht als Vermischung von
individuellen und gesellschaftsstrukturellen Problemen missverstanden
werden. Im Gegenteil kann Seelsorge gerade dazu verhelfen, zwischen
gesellschaftlichen und individuellen Aspekten von Lebensfragen und
Themen und unterscheiden.

4. Praxisrelevanz: Subjektorientierung als Voraussetzung und Ziel seelsorglichen Handelns

4.1 Unterstützung von Subjektwerdung

Vor diesem Hintergrund kommt der Seelsorge in der Spätmoderne
mehr denn je die Aufgabe zu, die *Subjektwerdung* von Menschen zu fördern. Dies ist heute in besonderer Weise möglich, zugleich aber auch
gefordert und wird in gewisser Hinsicht auch wieder erschwert.[14] Sie
unterstützt Menschen darin, sich nicht unhinterfragt an gesellschaftlich

---

13 Hier trifft sich der Ansatz mit der systemischen Seelsorge, vgl. den Beitrag von
   Christoph Morgenthaler in diesem Band.
14 Pohl-Patalong 1996, 260ff.

normierte Verhaltenserwartungen anzupassen, sondern zielt auf einen eigenständigen Umgang mit Erwartungen und Vorgaben wie beispielsweise den Druck zur Selbstinszenierung oder der Wahrnehmung der „unbegrenzten Möglichkeiten". Diese Ausrichtung beinhaltet eine religiöse Dimension, da der Glaube die Selbstverständlichkeiten des Alltags unterbricht und die Distanzierung von scheinbaren Selbstverständlichkeiten unterstützen kann. Seelsorge kann dazu beitragen wahrzunehmen, welchen Ursprung Zwänge oder Blockaden, die an der Subjektwerdung hindern, haben – sind es strukturelle Zwängen (und wie ist dann mit diesen umzugehen?) oder sind es selbst gesetzte oder aus der eigenen Lebensgeschichte stammende Grenzen (und was bedeutet dies dann?). Ängste vor Überforderung, Unsicherheit oder auch Probleme damit, mit widersprüchlichen Anforderungen und paradoxen Lebenssituationen umzugehen, können erkannt und bearbeitet werden. Als notwendige Begrenzung der unübersichtlichen Möglichkeiten können sie reflektiert bejaht werden, als Einschränkung von Lebensmöglichkeiten und Behinderung von Subjektwerdung überwunden werden. Dies gilt nicht zuletzt in Bezug auf die Rollenklärungen und Lebensentwürfe der Geschlechter, bei denen die Ambivalenz von Erweiterung der Möglichkeiten und Grenzen in ihrer Verwirklichung besonders augenscheinlich ist.[15] Hier trifft sich das Konzept mit den unter dem Stichwort „Lebenskunst" artikulierten Überlegungen.[16]

Mit diesem Ansatz wird tendenziell stärker das Potenzial zur Veränderung als zur Bewahrung betont. Seelsorge ermutigt zum Verlassen eingefahrener Gleise und unterstützt die Überwindung von Widerständen gegen Veränderungen, um den Zugewinn an Eigenständigkeit zu ermöglichen. Auch hier bietet die christliche Tradition hilfreiche Potentiale, indem sie die Endlichkeit und Bedingtheit alles Faktischen zeigt und eine andere Perspektive ermöglicht. Insofern geht es Seelsorge auch nicht um eine möglichst rasche Überwindung von Krisen, sondern um die Wahrnehmung ihrer Chancen, Gewissheiten, Plausibi-

---

15 Vgl. die Artikel von Ursula Riedel-Pfäfflin und Gina Schibler in diesem Band.
16 Vgl. den Artikel von Wilfried Engemann in diesem Band und die dort ausgeführte Literatur.

litäten, Routinen und Normen zu überprüfen. Dabei ist Seelsorge nicht auf festgelegte Ziele ausgerichtet, sondern es ist jeweils im Einzelfall zu entdecken, was „Subjektwerdung" jeweils bedeutet.

4.2 Unterstützung von Identitätsbildung

Damit zusammenhängend bildet die Unterstützung auf der Suche nach sinnvollen Formen von *Identität*, die entscheidend für eine zufriedenstellende Lebensbewältigung ist, ein wichtiges Aufgabenfeld der Seelsorge in der Spätmoderne.[17] Seelsorge kann zunächst bei der Klärung helfen, nach welchen Formen von Identität gesucht wird, denn häufig streben Menschen nach wie vor noch eine einheitliche Identität an und werden bei diesem Versuch enttäuscht. Seelsorge wird in der Perspektive betrieben, dass es gesellschaftlich keine Normal- oder Idealbiographie mehr gibt und es kein individuelles Problem des einzelnen Menschen ist, gleichzeitig unterschiedliche Identitätsanteile nebeneinander und erst recht in unterschiedlichen Lebensphasen nacheinander in sich zu vereinen. Dies kann auch bedeutet, Widersprüche und Brüche zu akzeptieren. Dabei können biblische Symbole in ihrer Ambivalenz und Widersprüchlichkeit hilfreich sein. Das für die Gegenwart typische Bewusstsein, dass alles immer auch ganz anders sein könnte, kann einerseits gerade in christlicher Perspektive bestätigt werden, andererseits kann Seelsorge aber auch dabei helfen, sich nicht in der Suche nach einem „ewigen Anderen" zu verlieren.

Eine solche Seelsorge akzeptiert und fördert unterschiedliche Werte und Lebenswege und besitzt die Fähigkeit zum Umgang mit dem Fremden, die Verurteilung aufgrund von Andersartigkeit ausschließt.[18] Sie nimmt Abstand von einer „Defizitperspektive"[19], die den Menschen

---

17 Vgl. zu diesen Überlegungen ausführlicher Pohl-Patalong 1996, 255ff.
18 Dabei trifft sie sich mit der interkulturellen und der interreligiösen Seelsorge, vgl. die Beiträge von Christoph Schneider-Harpprecht sowie Helmut Weiß und Abdallah Habaoui in diesem Band.
19 *Henning Luther*: Wahrnehmen und Ausgrenzen oder die doppelte Verdrängung. Zur Tradition des seelsorgerlich-diakonischen Blicks, in: ThPr 23 (1988), 250-266, 252.257.261 u.ö. und ders.: Alltagssorge und Seelsorge. Zur Kritik am Defizitmodell des Helfens, in: ders.: Religion und Alltag. Bausteine zu einer Praktischen Theologie des Subjekts, Stuttgart 1992, 224-238, 234.

von seinen – von der ‚Normalität' abweichenden – Defiziten her sieht.
Der Seelsorge suchende Mensch wird nicht aus der Perspektive eines
Expert*innenwissens ‚normalisiert' und in die gesellschaftlich akzep-
tierte Realität zurückgeholt. Voraussetzung dafür bleibt die in der
Pastoralpsychologie betonte Selbsterfahrung und Selbstreflexion der
Seelsorger*innen, die die Relativität der eigenen Anschauung besonders
in der gesellschaftlichen Situation der Pluralität bewusstmacht.

4.3 Unterstützung von gesellschaftlichem Handeln

Seelsorge kann schließlich auch Menschen zu sozialem und politischem
Handeln motivieren, indem sie nicht nur beschwichtigt und tröstet,
sondern auch aufrüttelt. Sie nimmt den Menschen damit nicht nur als
einen leidenden wahr, sondern als verantwortliches Subjekt. Die gegen-
wärtige Tendenz, gesellschaftlich relevantes Handeln auf individueller
Wahrnehmung und Einsicht aufruhen zu lassen, kommt dieser Ausrichtung entgegen, weil die Seelsorge beim Individuum als Subjekt seines
Lebens ansetzt und dem Ansatz der „Moral des eigenen Lebens" entspricht. Seelsorge hat dann die Aufgabe, die „aisthetische Kompetenz",
die das Individuum für den anderen Menschen in seiner Individualität
und Freiheit sensibel werden lässt, als Ansatzpunkt sozialen und gesellschaftlichen Handelns zu fördern.

5. Ein Praxisbeispiel: Einen guten Weg finden –
nicht den besten!

Im Rahmen eines eigentlich nicht-seelsorglichen Kontextes ergibt
sich eine seelsorgliche Situation, als ich mit einer Frau (Mitte 50) ins
Gespräch über die Situation und die Zukunftspläne ihrer 22jährigen
Tochter komme. Sie erzählt von ihrer Sorge um die Tochter, die auf
ständig neuen Reisen und Jobs in der Welt unterwegs ist. Sie hat nicht
nur Angst um sie aufgrund der teilweise extremen Situationen, in die
sie sich begibt, sondern hat auch den Eindruck, dass sie sich emotional übernimmt. „Es heißt doch in dem indianischen Sprichwort, dass

der Geist hinterherkommen muss – dazu hat er bei meiner Tochter gar keine Chance." Deutlich wird auch, dass sie darunter leidet, dass ihre Tochter, zu der sie immer ein nahes Verhältnis hatte, in Welten lebt, zu denen sie selbst keinen Zugang hat.

Das Gespräch berührt die unterschiedlichen Facetten der Thematik, bei denen die Aufmerksamkeit für die gesellschaftliche Dimension des persönlichen Themas in mehrfacher Hinsicht bedeutsam wird.

„Das ist aber auch wirklich nicht einfach heute für die jungen Menschen" – Distanz zu der Thematik gewinnen

Angesichts des ganz auf die individuelle Mutter-Tochter-Konstellation und die Persönlichkeit ihrer Tochter fokussierten Blicks bringe ich den gesellschaftlichen Kontext ins Spiel, der in der globalisierten Welt jungen Menschen heute vielfältige Möglichkeiten bietet, andere Länder zu bereisen und zu entdecken. Ich erwähne die Chancen, aber auch die Schwierigkeiten, sich in den vielen Möglichkeiten permanent zu entscheiden. Gefragt, wie sie ihre Tochter beschreiben würde, kommen wir darauf, dass sie die Anforderung, eine für sich und andere erkennbare Identität aufzubauen (nicht zuletzt in den sozialen Netzwerken, in denen sie sehr aktiv ist), zu einem nicht geringen Teil mit Aspekten wie „immer unterwegs", „stelle mich mutig den Herausforderungen", „bekomme schwierige Situationen hin" löst. Die Mutter meinte, es wäre für sie hilfreich zu entdecken, dass das für sie unverständliche Verhalten der Tochter nicht nur ihr individuelles Thema ist, sondern eine Form des Umgangs mit den Herausforderungen, vor denen alle jungen Menschen stehen. Sie ist dann damit nicht allein und hat auch nichts „falsch gemacht", sondern kann mit etwas mehr Distanz auf die Konstellation blicken.

„Das ist ein guter Satz" – einen neuen Ansatzpunkt finden

Im Zusammenhang mit der von der Mutter wahrgenommenen „Rastlosigkeit" und „Getriebensein" der Tochter erzähle ich, dass ich wenige Tage vorher bei einer Schulentlassungsfeier gehört hätte, wie eine Abiturientin in ihrer Rede formulierte: „Unsere Aufgabe ist es jetzt, dass wir uns mit einer guten Möglichkeit zufriedengeben und nicht immer nach dem Besten suchen." Meine Gesprächspartnerin erkennt darin ihre Tochter sehr wieder und schreibt sich den Satz gleich auf. Sie meint, dass sie in einer ruhigen Stunde, „wenn es passt", gerne einmal darüber mit ihrer Tochter sprechen und sie fragen wolle, ob sie damit etwas anfangen könne.

„Für mich war Disneyland das Größte" – Ressourcen entdecken

Als Kontrast zu dem Reiseverhalten ihrer Tochter erzählt meine Gesprächspartnerin, dass für sie im Jugendalter die wichtigste und „größte" Reiseerfahrung der Besuch des Disneylands in den USA gewesen sei, mit dem ihr ihre Eltern einen langjährigen Wunsch erfüllt hätten. Damit sei sie völlig zufrieden gewesen. Ihren Eltern sei dies zwar fremd gewesen, aber sie seien mit ihr dorthin gefahren und hätten ihr sogar eine ziemlich teure Disneyfigur gekauft, die sie immer noch habe. Meinen vorsichtigen Hinweis, dass in ihrer Familie offensichtlich die Kinder manchmal ganz andere Wünsche hätten als die Eltern und dass das vielleicht auch nicht untypisch in unserer sich schnell verändernden Welt sei, nimmt sie schmunzelnd auf. Ihre Erfahrung, dass ihre Eltern sie in dem unterstützt haben, was ihr wichtig war, ohne dies nachvollziehen zu können, lässt sie nachdenklich in Bezug auf ihr Verhalten ihrer Tochter gegenüber werden.

„Eigentlich wollte ich ja auch mal Orangen pflücken im Kibbuz" – andere Identitätsanteile wahrnehmen

Über die Frage nach ihrem eigenen Verhältnis zu anderen Ländern fällt meiner Gesprächspartnerin ein, dass sie nach dem Abitur eigentlich vorgehabt habe, ein Jahr nach Israel zu gehen und dort mit der Arbeit in einem Kibbuz Versöhnungsarbeit zu leisten. Sie hätte es sich dann aber doch nicht getraut, weil es ihr einfach zu fremd war. Auf meine Reaktion „diese Seite haben Sie also auch...", nickt sie nachdenklich und meint selbst: „Und meine Tochter lebt sie jetzt".

„Eigentlich ist es toll, was sie da macht" – Wertschätzung für Andersartigkeit entwickeln

Meine Gesprächspartnerin entdeckt dann, dass sie eigentlich vor allem ein schlechtes Gewissen hat, weil sie ihrem Selbstanspruch, zur Völkerversöhnung beizutragen, nicht genügt und „gekniffen" hat. Ich frage, ob ihre Tochter das eigentlich weiß, was sie verneint, und rege an, auch darüber mit ihr ins Gespräch zu kommen. Meine Gesprächspartnerin kommt dabei von sich aus auf die sozialen Tätigkeiten zu sprechen, die ihre Tochter in anderen Ländern immer wieder übernimmt. Sie spricht in diesem Zusammenhang wertschätzend und fast bewundernd davon, wie ihre Tochter im Ausland agiert. Ich rege an, auch dies der Tochter zu sagen, worauf sie nach einer Pause meint: „Ich glaube, das habe ich wirklich noch nie getan. Vielleicht weiß sie gar nicht, wie toll ich das alles finde."

„Und sie muss ja wirklich ihren eigenen Weg finden" – sich und andere Subjekt sein lassen

Unser Gespräch endet damit, dass meine Gesprächspartnerin noch einmal darauf zurückkommt, dass ihre Tochter aber oft recht erschöpft wirke und es ihr sicher guttäte, das Reisen nicht ganz so exzessiv zu betreiben. Sie sagt dann aber selbst, dass sie dies vermutlich selbst merken und ihren eigenen Weg damit finden müsse. „Aber vielleicht kann ich sie trotzdem ein bisschen dabei begleiten."

Mein Eindruck ist, dass das Gespräch sie darin unterstützt hat, ihre eigene Haltung und Rolle einschließlich ihrer eigenen Anteile in dieser Konstellation wahrzunehmen und zu überprüfen und dadurch vielleicht ein wenig zu ihrer „Subjektwerdung" in der familiären Situation beigetragen hat. Das „Einspielen" der gesellschaftlichen Hintergründe hat möglicherweise in verschiedener Hinsicht dazu beigetragen.

Sebastian D. Schirmer

Transversale Seelsorge

„Leider zähl' ich keine Ahnen
Und kein edler Nam' mich schmückt,
auch die Sorg' um meine Schätze
hat mich wenig noch gedrückt.
Doch schlägt voll Lust
ein Herz mir in der Brust!"[1]

1. Ausgangspunkt: Christliche Gemeinschaft in der Gegenwart

Christliche Gemeinschaft befindet sich im Wandel, auf den sich die Kirche einstellen muss. Die funktionale Differenzierung der Gesellschaft, Pluralisierung und Globalisierung bringen die überkommenen Einbindungen der Einzelnen weithin ins Wanken und schaffen neue Orientierungsmöglichkeiten, aber auch -verpflichtungen.[2] Die christliche Gemeinschaft kann in der Gegenwart ein heilsames und identitätsstiftendes soziales Netzwerk sein;[3] ebenso kann sie auch kaum mehr als eine Sonntagsversammlung und darüber hinaus eine Zusammenkunft einander Fremder sein. Aus einer Perspektive des Evangeliums ergibt sich das Ziel, einen Ausweg aus der Vereinzelung und der gegenseitigen Fremdheit zu bieten und einen Weg in die Gemeinschaft aufzuzeigen, die zu einem heilsamen, identitätsstiftenden sozialen Netzwerk werden kann. Im Sinne des vorangestellten Zitates aus der Operette „Der Bet-

---

1 Der Bettelstudent. Komische Oper in 3 Akten. Musik: *Carl Millöcker*, Libretto: *Camillo Walzel* und *Richard Genée*, Leipzig 1948, 48.
2 Vgl. *Jürgen Ziemer*: Seelsorgelehre, Göttingen ⁴2015, 25f.
3 Vgl. *Christoph Schneider-Harpprecht*: Interkulturelle Seelsorge, Göttingen 2001, 275.

telstudent": ein Netzwerk, das Menschen als Menschen weitgehend voraussetzungslos wahr und ernst nimmt.

Gemeinschaft meint dabei ein Miteinander von mindestens zwei Menschen. Sie ist der Begriff dafür, dass Menschen grundsätzlich auf Beziehung hin angelegt sind. Das Beziehungsgefüge selbst und Möglichkeiten zur Mitarbeit oder Mitgestaltung, also zur sozialen Einbindung, stellen schon jetzt bedeutende Mitgliedschaftsgründe auch in christlicher Gemeinschaft dar.[4] Es lässt sich gar sagen, dass „die Erfahrung von Gemeinschaft wesentlich ist für die Verbundenheit mit Kirche und die Identifikation mit dem christlichen Glauben"[5], auch wenn vielen die „unmittelbare Lebensrelevanz des Glaubens und einer Kirchenbindung"[6] nicht mehr plausibel ist. Nun unterliegt jede Art von Gemeinschaft jeweils kommunikativen Störungen, die zu ihrem Misslingen führen können.

Wenn es aber ein Bedürfnis nach Gemeinschaft gibt, das die Kirche erfüllen will, sollte sie den Störungen begegnen und sich auf einen Prozess einlassen, der zu gelingender Gemeinschaft verhilft. Hier soll die Praxis der transversalen Seelsorge[7] ansetzen und christlicher Gemein-

---

4   *Joachim Rückle*: Seelsorge der Gemeinde. Voraussetzungen und Möglichkeiten ehrenamtlicher Seelsorge im Kontext von Kirche und Gesellschaft, Frankfurt a.M. 2010, 156.

5   Ebd. Vgl. auch EKD: Engagement und Differenz, Kirchliche Mitgliedschaft als soziale Praxis, V. EKD-Erhebung über Kirchenmitgliedschaft, 2014, 77ff. Hier wird Kirchenmitgliedschaft unter dem Motiv „Geselligkeit" betrachtet und herausgestellt, dass „Geselligkeit" völlig unabhängig von Religiosität als ein eigenständiger Mitgliedschaftsgrund erscheint. Insofern gilt das angeführte Zitat zumindest für diejenigen, die nach „Geselligkeit" suchen – immerhin 68% der befragten evangelischen Frauen und 57% der befragten evangelischen Männer. Nun können „Geselligkeit" und „Gemeinschaft" nicht einfach gleichbedeutend nebeneinandergestellt werden und nicht jede*r an „Gemeinschaft" Interessierte muss auch an „Geselligkeit" interessiert sein. Da aber die Außenwahrnehmung der Evangelischen Kirche nicht auch in einem erheblichen Maße mit „Gemeinschaft", oder wie hier „Geselligkeit", verbunden wird, scheint dieser Aspekt christlicher Religiosität in den Gemeinden selbst zu oft zu kurz zu kommen.

6   Ziemer 2015, 36 (im Original kursiv).

7   Der Begriff wird im Rahmen dieses Konzepts so verstanden, dass diese Seelsorge, die transversal gedacht wird, über bestehende Konzepte und Bestimmungen der Seelsorge hinausgreift und zugleich auch räumlich, zeitlich und situativ übergreifend ist.

schaft als heilsames und identitätsstiftendes Netzwerk auf den Weg bringen.

Ich gehe davon aus, dass *Gemeinschaft, Anerkennung und Seelsorge* den gleichen Gegenstand haben. Sie beziehen sich auf das Miteinander von Menschen. *Gemeinschaft* ist der Begriff dafür, dass Menschen miteinander da sind; *Anerkennung* beschreibt, wie es zu diesem Miteinander kommt und wie es fortbesteht; *Seelsorge* bezeichnet eine besondere Art des Miteinanders von Menschen – eine besondere Art der Gemeinschaft. Soweit unterscheidet sich dieses Seelsorgeverständnis noch nicht von anderen. Erst mit dem veränderten Fokus der Seelsorge unterscheidet sich transversale Seelsorge von anderen Ansätzen.

Das Konzept der transversalen Seelsorge ist dabei ein Angebot der Sorge um gelingende christliche Gemeinschaft oder anders: Sie ist die Sorge für gelingende Anerkennungsverhältnisse in christlicher Gemeinschaft. Dazu ist jede*r in christlicher Gemeinschaft aufgerufen.

2. Theoretische Hintergründe: Gemeinschaft und Anerkennung

Die aufgezeigte Problemstellung und die verwendeten Begriffe setzen ein bestimmtes Vorverständnis voraus. Die Tür zur transversalen Seelsorge hängt am Scharnier der Begriffe „Anerkennung" und „Gemeinschaft". Beide bedingen einander: Anerkennung als Prozess, der in Gemeinschaft führt, und Gemeinschaft als Prozess, der durch Anerkennung fortbesteht.

2.1 Gemeinschaft
Die Bedeutung des Gemeinschaftsbegriffes ist schillernd. Ferdinand Tönnies[8] und Max Weber[9] sind neben anderen, wie Georg Simmel, Karl

---

8   Vgl. *Ferdinand Tönnies*: Gemeinschaft und Gesellschaft. Grundbegriffe der reinen Soziologie, Darmstadt ⁴2005.
9   Vgl. *Max Weber*: Wirtschaft und Gesellschaft. Grundriss der verstehenden Soziologie, (1922) Frankfurt a.M. 2010.

Marx und Émile Durkheim, inzwischen zu klassischen Vertretern solcher Theoriebildung geworden.

Allerdings scheint diesen Vertretern und der Forschung zum Begriff der Gemeinschaft wenig daran zu liegen, wie Gemeinschaft entsteht oder wie sie fortbestehen sollte, damit alle Beteiligten sich auf Augenhöhe begegnen können. Vielmehr ist das Ziel, einem vorfindlichen Miteinander von Menschen – also der grundlegenden Beziehungshaftigkeit des Menschen – einen Begriff zu geben. Gemeinschaft in ihren vielfältigen Ausformungen als Zweierbeziehung, Gruppe oder größere Gemeinschaft ist ein Beziehungsgeschehen von mindestens zwei Subjekten, beschreibbar als ein Zustand der Bejahung, der durch Wollen und Gefallen begründet, durch Häufigkeit und Gewöhnung, Dankbarkeit und Treue, Vertrauen und Glauben mitbestimmt und durch Freiheit und Würde begrenzt wird. Innerhalb dieser Grenzen besteht ein gemeinsamer Wille bzw. ein verbindendes Verständnis, dessen letztes Ziel die Eintracht (*concordia*) ist.[10] Oder anders gesagt: Sie zielt auf die Aufhebung von Kämpfen. Vergemeinschaftung verläuft quasi nicht ohne Macht und Herrschaft, um es mit Max Weber zu sagen.[11] Durch die Unterschiedlichkeit der einzelnen Teilnehmer*innen, deren Beziehungen, Vergleiche und Reibungen untereinander, wirkt dieses Beziehungsgeschehen letztlich identitätsstiftend.[12] Jeweils handelt es sich um ein wechselseitiges Verhältnis: Menschen treffen aufeinander, und in diesem Aufeinandertreffen treffen Menschen nicht nur auf einen Anderen, sondern durch den Anderen auch auf sich selbst. Da sie aber durch das Zusammentreffen mehr sind, als sie vorher waren, wachsen sie an diesem Miteinander. Es ereignen sich Selbsterkenntnisprozesse, weil die*der Einzelne selbst *in* der Gemeinschaft ist und die*der Einzelne *an* ihr zu einem Selbst wird.

Es bleibt allerdings offen, wie es zur Bejahung kommt, wie sich Wollen und Gefallen oder emotionale, affektive und traditionale Bezie-

---

10 Vgl. Tönnies 2005, 207.
11 Vgl. Weber 2010, 23.
12 Vgl. *Georg Simmel*: Untersuchungen über die Formen der Vergesellschaftung, Berlin 1908, 564.

hung, wie Weber es nennt, einstellen. Gemeinschaft ist zuallererst nur der Zustand, dass Menschen miteinander da sind, und der sich daran anschließende Prozess. In diesem Prozess verändert sich mit zunehmender Quantität der Gemeinschaft auch die Qualität. Von der Gemeinschaft zur Gesellschaft ist es, kurz gesagt, ein Weg zur Rationalisierung. Konventionen und rationaler Interessenaustausch bestimmen das Miteinander. Gleichgültig, ob aus der Gemeinschaft die Gesellschaft erwächst (so Tönnies und Simmel) oder sich Vergemeinschaftung und Vergesellschaftung miteinander entwickeln (so Weber), ergibt sich jeweils eine problematische Konsequenz, die im Anschluss an Karl Marx bei Georg Lukács „Verdinglichung" heißt. Verdinglichung bedeutet, „daß eine Beziehung zwischen Personen den Charakter einer Dinghaftigkeit"[13] hat. Es handelt sich um einen Vorgang, der etwas im Wortsinne verdinglicht, was im eigentlichen Sinne kein Ding ist – eine Funktionalisierung von Menschen und deren Beziehungen; eine Dynamik, die alle Lebenssphären dem Muster des Warentauschs angleicht, so dass reine Zweckrationalität sich auch auf soziale Bereiche ausweitet. Die Verdinglichung sei zu einer Art zweiten Natur des Menschen geworden.[14] Dieser Habitus weitet sich stetig aus. Er verstärkt die Abwesenheit jeglichen emotionalen Betroffenseins und damit eine Gleichgültigkeit gegenüber einer fundamentalen Bedingung von Gemeinschaft. Und das wiederum ist eine grundlegend verfehlte Praxis.[15] Diese Praxis kann durch die bereits genannte Operette „Der Bettelstudent" veranschaulicht werden, in der zwei junge Männer für einen Racheakt benutzt werden. Die Menschen spielen dabei kaum eine Rolle. Es geht einzig und allein um das Spiel, das sie mitspielen müssen, um der Wiedergutmachung zwischen zwei völlig anderen Parteien zu dienen. Auch das ist eine Form des Warentausches. Die Vermutung liegt nahe, dass sich durch eine solche Dynamik eine Gemeinschafts- oder Vergemeinschaftungskrise ergibt,

---

13 *Georg Lukács*: Die Verdinglichung und das Bewußtsein des Proletariats, in: ders. Werke, Band 2 (Frühschriften II), Neuwied/Berlin 1968, 257.
14 Vgl. a.a.O., 260.
15 Vgl. a.a.O., 26.

wie Axel Honneth es im Anschluss an Georg Lukács' annimmt.[16] Doch wie kommen Menschen überhaupt in Gemeinschaft?

2.2 Anerkennung

Eine konstitutive Voraussetzung von Gemeinschaft bildet die soziale Anerkennung, denn Menschen und mit ihnen Gemeinschaft werden durch wechselseitige Anerkennungsverhältnisse konstituiert – so könnte die Anerkennungstheorie Axel Honneths holzschnittartig überschrieben werden.[17] Gemeint ist nichts anderes als der bereits angesprochene identitätsstiftende Aspekt von Gemeinschaft.

Solche Überlegungen finden sich bereits in Georg Wilhelm Friedrich Hegels „Phänomenologie des Geistes". Hegel wollte zeigen, „daß ein Subjekt zu einem ‚Bewußtsein' seines eigenen ‚Selbst' nur | dann gelangen könnte, wenn es mit einem anderen Subjekt in ein Verhältnis der ‚Anerkennung' treten würde"[18]. Denn schon bei den ersten Versuchen, sich in der Welt zurechtzufinden, stößt der Mensch an Grenzen, die ihr*ihm sehr schnell aufzeigen, dass sie*er lebendiges Glied einer Gattung ist – nämlich Mensch unter Menschen. Hegel – und Axel Honneth durch ihn – finden „als Bezeichnung für die Besonderheit [...] einen einzigen Ausdruck [...]: ‚Anerkennung' – die wechselseitige Beschränkung der eigenen, egozentrischen Begierde zugunsten des jeweils Anderen"[19]. Das bedarf der Vergewisserung durch Wiederholung. Insofern geht Honneth von einem natürlichen Bedürfnis aus, sich in Interaktion zu begeben und eine Gruppenzugehörigkeit anzustreben. Es ergibt sich für jeden Menschen eine Vielzahl von Zugehörigkeiten, in denen die verschiedenen Sphären der Anerkennung nach Bestätigung streben.[20]

---

16 *Axel Honneth*: Verdinglichung. Eine anerkennungstheoretische Studie, Frankfurt a.M. 2015.
17 Vgl. *ders*: Das Ich im Wir. Studien zur Anerkennungstheorie, Berlin 2010.
18 A.a.O., 15f.
19 A.a.O., 32.
20 Liebe, soziale Anerkennung und die Sphäre des Rechts, lauten die drei Sphären der Anerkennung bei Axel Honneth, die einem Menschen auf verschiedene Weisen und von kleinen zu großen Beziehungsgefügen Anerkennung gewähren.

Insofern beschreibt *Anerkennung* Selbst- und Fremdverhältnisse, deren fortwährende Bestätigung eine Gemeinschaft garantieren und konstituieren. Während die Gemeinschaft ein Miteinander von Menschen *ist*, meint Anerkennung, wie das Miteinander von Menschen *entsteht und fortbesteht*.

Kritisch für diesen Fortbestand ist die weiter oben eingeführte *Verdinglichung*. In seinen Überlegungen kommt Georg Lukács zu dem Schluss, dass die Menschen zu der Erkenntnis kommen müssten, dass das Eigentliche in Gemeinschaft und Gesellschaft doch „die [...] Beziehungen zwischen Menschen sind"[21]. Die Verdinglichung ist in diesem Sinne eine Art Vergessen oder Misslingen. Sie übersieht die Beziehungen von Menschen.[22] Demgegenüber bedarf es einer Praxis, die Teilnahme, Interessiertheit und Involviertheit ermöglicht. Sie heißt nach Honneth „Anerkennung" und ist das Gegenüber zur Verdinglichung. Da verdinglichende Einstellungen von Beziehungen ablenken und stattdessen im Modus der Beobachtung oder der Instrumentalisierung verbleiben, begründet das den Vorrang der Anerkennung vor der Verdinglichung.[23] Im Prinzip ist Verdinglichung daher *Anerkennungsvergessenheit*. Um die Operette „Der Bettelstudent" noch einmal ins Spiel zu bringen: Hätte der federführende Offizier nicht allein sich selbst und seine Rache an der Angebeteten im Blick gehabt, die ihm beim Kuss auf die Schulter schändlich abblitzen ließ, sondern wäre es ihm auch um die Gefühle des Bettelstudenten und seines Kompagnons gegangen, so hätte sich eine völlig andere Dynamik ergeben.

Doch während das Entstehen von Gesellschaften die Verdinglichung mit sich bringt und die Gemeinschaft der Gesellschaft beeinflusst, geht der Prozess der Gemeinschaft zudem mit dem Aushandeln von Konflikten und Machtfragen einher. Im Prinzip werden diese in jedem Gruppenprozess neu verhandelt.[24] Eine zweite Vertreterin der Anerkennungstheorie, Judith Butler, wirft diese Perspektive auf, die weiter oben

---

21 Lukács 1968, 366.
22 Vgl. a.a.O., 39.
23 Vgl. a.a.O., 46ff.
24 Vgl. *Oliver König Karl Schattenhofer:* Einführung in die Gruppendynamik, Heidelberg ⁹2018, 60ff.

bereits im Zusammenhang mit Max Weber Erwähnung fand. Butler kritisiert den Anerkennungsbegriff Honneths und hält die Dynamik von Konflikt und Herrschaft für völlig unterrepräsentiert. Dabei wird deutlich, dass nicht nur die Verdinglichung als Prozess einer Entfremdung von Menschen zu weitreichenden Störung in der Gemeinschaftsbildung führen kann, sondern auch Macht und Herrschaft unterschwellige Prozesse zeitigen, die zu Störungen der Kommunikation und damit der Gemeinschaft – oder der Anerkennungsverhältnisse – führen können.

3. Konzept: „Transversale Seelsorge"

Aus einer Perspektive des Glaubens begründet die Beziehung von Gott und Mensch die liebende Selbst- und Fremdbeziehung als Voraussetzung aller anderen Beziehungen. Anerkennungstheoretisch ließe sich auch formulieren: Dieses Anerkennungsgefüge ist die Voraussetzung aller anderen Sphären der Anerkennung. Die Sorge um gelingende Anerkennungsverhältnisse in der christlichen Gemeinschaft muss daher eine doppelte sein. Sie muss als Zuschreibung und Wahrnehmung von Werteigenschaften und zudem als Bestätigung des Liebesverhältnisses der Gottesbeziehung vollzogen werden.

Die Seelsorge ist eine Form des Miteinanders von Menschen und insofern Gemeinschaft. Sie ist ein Miteinander mindestens einer*s Seelsorgenden und einer*s Seelsorgesuchenden und deren Versuch der Verständigung vor dem Horizont des Glaubens. Diese Verständigung beginnt allerdings nicht erst, wenn Seelsorgende und Seelsorgesuchende aufeinandertreffen, sondern bereits in den Ausbildungen für Seelsorger*innen. Sie beginnt bei mir selbst, sozusagen als Selbstkenntnis und Selbsterkenntnis, die ich lernen kann, und geht auf den anderen Menschen zu. Indem die Seelsorger*innen in der Seelsorgeausbildung Selbst- und Fremdwahrnehmung erlernen, trägt Seelsorge zu gelingender Kommunikation bei – also zur Verständigung von Menschen untereinander. Weil sie insofern zu einer gelingenden Gemeinschaft beitragen will, bezeichne ich mit Seelsorge das Miteinander von Menschen, wie es sein soll – Menschen also, die sich miteinander auf den Weg gelingender Gemeinschaft machen. Damit wird kein Zustand beschrieben, sondern ein Prozess. Das Miteinander von Menschen wird auch den ausgebildeten Seelsorger*innen keineswegs immer gelingen, aber es kann ihnen möglicherweise besser gelingen.

In der Seelsorgetheorie lassen sich ein breiteres und ein engeres Verständnis von Seelsorge unterscheiden. Im breiteren Sinne kann Seelsorge „alles Zuhören, Mitfühlen, Verstehen, Bestärken und Trösten"[25] meinen, das Menschen einander gewähren und hat eine äußerste Nähe zu „Menschlichkeit und Herzlichkeit"[26]. Seelsorge im engeren Sinne ist als berufliche Seelsorge einzugrenzen.[27]

Beiden Verständnissen ist eigen, dass Seelsorge „immer auf *einzelne* Menschen bezogen"[28] ist und die je einzelnen Menschen „als *Mensch[en – S.S.] vor Gott* in den Blick"[29] kommen. Seelsorge ist daher „Gottesbegegnung"[30] und „Praxis des Evangeliums"[31]. Dadurch hat die Seelsorge ihren Ort immer auch in der Gemeinde – also in christlicher Gemeinschaft.

Der Seelsorgebegriff der transversalen Seelsorge orientiert sich an dem der beratenden Seelsorge, da in ihren Ausprägungen und v.a. Ausbildungen wie der Klinischen Seelsorgeausbildung (KSA) weitgehend auf das Verhaftetsein der Seelsorger*innen in ihrer Umwelt Rücksicht genommen wird. Die Ausbildung erfolgt in Gruppen, da der*die (werdende) Seelsorger*in so lernt, sich und ihre Mitmenschen mit den je eigenen Gedanken und Gefühlen wahrzunehmen. Auch wenn diese Gruppenerfahrungen meist als Reagenzglassituationen gelten, „zeigen

---

25 *Hans van der Geest*: Unter vier Augen. Beispiele gelungener Seelsorge, Zürich 1985, 223.
26 A.a.O.
27 Das meint „alle diejenigen, denen – wie Pfarrerinnen und Pfarrern, diakonische Mitarbeiterinnen und Mitarbeitern und anderen – von Berufs wegen Seelsorge an den Menschen, für die sie da sind, zur Pflicht gemacht wird" (Ziemer 2015, 180).
28 Ziemer 2015, 110 (im Original kursiv).
29 Ebd. (im Original kursiv).
30 A.a.O., 113.
31 Ebd.

sich bei den in der Gruppe laufenden dynamischen Prozessen doch oft große Ähnlichkeiten zu denen des realen Lebens"[32].

Erlernt werden Empathie und Interpathie sowie die Inanspruchnahme eines Expert*innentums aller Beteiligten bezüglich der jeweiligen Deutungskompetenz,[33] was meint, dass jede*r Einzelne Expert*in für die Deutung der eigenen Person, der eigenen Gefühle und Lebensvollzüge oder -zusammenhänge ist. Dieser Lernprozess bedeutet, nicht allein *für* einen anderen Menschen als Seelsorger*in da zu sein, sondern auch *mit* einem anderen Menschen als Mensch da zu sein. Damit wird der Mensch in der beratenden Seelsorge als gemeinschaftsbestimmtes Wesen wahr und ernst genommen.

Ich behaupte, dass eigentlich die weiter oben beschriebene „Teilnahme", die sich auch „Anerkennung" nennen lässt, erlernt und eingeübt wird. Daher möchte ich Seelsorge hier von dem Potenzial her verstehen, das der Ausbildung der beratenden Seelsorge innewohnt. Das Potenzial besteht darin, dass Menschen die Wahrnehmung von Störungen der Kommunikation und gleichzeitig das Offenlegen solcher Störungen erlernen.[34]

Dieses Potenzial ist gegenwärtig vor allem angehenden Seelsorger*innen vorbehalten. Wenn aber das Erlernen von Selbst- und Fremderkenntnis bzw. Erkennen und Aufdecken kommunikativer Störungen, Menschen zum Prozess des gelingenden Miteinanders befähigen, dann sollte dieser Weg grundsätzlich allen Beteiligten in christlicher Gemeinschaft offenstehen, auch wenn dies sicher nicht in gleicher Weise erfolgen kann wie die bisherigen Ausbildungen im Kontext der beratenden Seelsorge.

Wenn also der Vorgang der fokussierten Selbst- und Fremdwahrnehmung der beratenden Seelsorge über die bestehenden Grenzen von kleinen Gruppen angehender Seelsorger*innen hinaus ausgedehnt wird, handelt es sich um transversale Seelsorge – transversal im Sinne von übergreifend. Sie ist eine Erweiterung bestehender Seelsorgeverständ-

---

32 A.a.O., 188.
33 Vgl. Schneider-Harpprecht 2001, 150f.
34 Vgl. a.a.O., 139-142.

nisse mit dem Ziel, einem jeden Menschen in christlicher Gemeinschaft die fokussierte Wahrnehmung des Selbst- und Weltverhältnisses zu ermöglichen. Davon profitiert nicht allein der jeweilige Mensch, sondern auch die Gemeinschaft. Jede und jeder in christlicher Gemeinschaft ist dann Seelsorger*in, die*der die Wahrnehmung von Selbst- und Fremdverhältnissen erlernt, damit christliche Gemeinschaft besser gelingt. Seelsorge soll sich im Konzept transversaler Seelsorge nicht mehr nur auf die Beziehung von Seelsorger*innen und Seelsorgesuchenden, sondern auf den gesamten Bereich zwischenmenschlicher Beziehung in christlicher Gemeinschaft bezogen wissen. Damit wird deutlich, dass es mir v.a. um eine Art besonders breit verstandener Seelsorge geht. Sie soll nicht allein Dienst der Gemeinde am Einzelnen sein, sondern darüber hinaus das grundsätzliche Miteinander von Menschen in den Blick nehmen und dazu beitragen, dass es (besser) gelingen kann.

Die Störungen der Kommunikation in Gemeinschaft sind weitgehend Störungen der Anerkennungsverhältnisse. Sie können im Modus der Verdinglichung oder aber als Kämpfe zur Aushandlung von Macht und Herrschaft auftreten. Wenn Seelsorge als ein Versuch der Klärung von Störungen in Gemeinschaft verstanden wird, ist sie damit die Sorge um gelingende Anerkennung, indem sie die Störung der Anerkennungsverhältnisse wahrzunehmen und zu klären versucht. Sie begegnet also der Anerkennungsvergessenheit. Sie sagt damit nicht, „wie es ist, sondern wie man leben müßte, um selbst herauszufinden, wie es ist"[35]. Anders gesagt: Weil transversale Seelsorge die Sorge um gelingende Anerkennungsverhältnisse in christlicher Gemeinschaft ist, ist sie eigentlich die Sorge um gelingende christliche Gemeinschaft. Indem ich meine eigene Wahrnehmung von mir und anderen zu verbessern lerne, gelingt es mir, besser für mich und andere zu sorgen. Gemeinde könnte als christliche Gemeinschaft vor allem auf ihrer horizontalen Ebene – also der Mensch-Mensch-Beziehung – dadurch nachhaltig gestärkt werden.

---

35 *Ingolf U. Dalferth*: „... der Christ muß alles anders verstehen als der Nicht-Christ ...". Kierkegaards Ethik des Unterscheidens, in: ders. (Hg.): Ethik der Liebe. Studien zu Kierkegaards „Taten der Liebe", Tübingen 2002, 46.

Eine Seelsorge im engeren Sinne bleibt freilich bestehen. Als berufliche Seelsorge gehört sie weiterhin zum Auftrag der Kirche. Sie soll Menschen in und aus ihren jeweiligen Lebenssituationen aufsuchen und annehmen. Hierfür braucht es Beauftragte und Beauftragung sowie eine Aus- und Weiterbildung von Kernkompetenzen.[36]

Die transversale Seelsorge ist im eigentlichen Sinne kein seelsorgliches Miteinander mehr, sondern ein Miteinander von Menschen in christlicher Gemeinschaft, die sich durch die Seelsorge befähigt, auf den Weg gemacht haben, gelingende Gemeinschaft zu sein. Eine Gemeinschaft, die versucht, Menschen als Menschen weitgehend voraussetzungslos wahr und ernst zu nehmen.

[Denn es] „schlägt voll Lust
ein Herz mir in der Brust!"[37]

4. Praxisrelevanz: Ein Weg aus der Vereinzelung

Den Menschen in christlicher Gemeinschaft wird durch die transversale Seelsorge ein Instrument an die Hand gegeben, sich selbst und die bestehenden Anerkennungsverhältnisse besser zu verstehen.

Wie eingangs angesprochen, ist Gemeinschaft eine konkrete Herausforderung der Kirche für die Zukunft. Außerdem wurde deutlich, dass das Miteinander von Menschen ein grundlegendes Bedürfnis des Menschen ist. Zugleich ist es maßgeblicher Kern des Evangeliums. Gemeinschaft unterliegt allerdings Störungen, die zum Misslingen des Miteinanders führen können. Diese wurden als *Verdinglichung* oder *Anerkennungsvergessenheit* sowie Macht und Herrschaft identifiziert. Wenn es aber ein Bedürfnis nach Gemeinschaft gibt, dem Gemeinde entgegenkommen kann, sollten sich Christ*innen darum bemühen, diesen Störungen zu begegnen. Mit der transversalen Seelsorge begeben sie sich auf einen Weg besser gelingender Anerkennungsverhältnisse und

---

36 Vgl. Ziemer 2015, 179f.
37 Der Bettelstudent 1948, 48.

damit in den Prozess gelingender Gemeinschaft. Denn die Sorge um gelingende christliche Gemeinschaft ist nicht allein Aufgabe von Theologie, von Theolog*innen oder speziellen Diensten in der Gemeinde. Die Sorge um gelingende christliche Gemeinschaft ist die Aufgabe eines jeden Gliedes christlicher Gemeinschaft.

5. Ein Praxisbeispiel: Selbsterfahrungsgruppen in der Gemeinde[38]

Die Konkretion des Praxisbeispiels kann an dieser Stelle nur ein Ausblick sein: Es wird sich um eine freiwillige Gruppe einer bestehenden Ortsgemeinde handeln, die unter Anleitung einer*s Seelsorger*in oder Supervisor*in durch Selbsterfahrung Selbst- und Fremderkenntnis miteinander erlernt. Diese Gruppe trifft sich regelmäßig und unterliegt nach Möglichkeit keiner oder nur äußerst geringer personeller Fluktuation. Der Lernprozess erstreckt sich über einen klar abgegrenzten Zeitraum. Durch das gemeinsame Lernen soll die Gruppe befähigt werden, ihre Kompetenz auch in die bestehende Gemeinde und die Gemeinschaft vor Ort zu tragen. Im Anschluss an einen ersten Gruppen- und Lernprozess wird dieser in vielleicht mehreren Gruppen, aber vor allem in veränderter Besetzung wiederholt. Die Gruppenmitglieder sollen dabei auch befähigt werden, selbst solche Selbsterfahrungsgruppen anzuleiten. Die Ausweitung der Selbsterfahrungsgruppen steht allerdings nicht im Fokus. Denn, so meine These, schon die erste Gruppe wird die Kommunikation der Gemeinschaft nachhaltig beeinflussen und die beschriebene transversale Seelsorge in Gang setzen – so dass dieser Prozess

---

38 Die praktische Ausführung der transversalen Seelsorge orientiert sich an bereits älteren Ansätzen der Seelsorgebewegung. Schon in seiner Habilitationsschrift „Seelsorge durch die Gruppe" hatte Dietrich Stollberg vorgestellt, was heute als *Selbsterfahrung in der Gruppe* zu den regulären Standards vieler Seelsorgeausbildungen zählt. Auch Joachim Scharfenberg nahm diesen Ansatz auf und betrachtete die Grundfragen theologischen und kirchlichen Umgangs mit dem Phänomen der Gruppendynamik. Jeweils wurden Versuche unternommen, seelsorgliche Gruppen in Gemeinden zu implementieren. In dieser Tradition versteht sich die transversale Seelsorge.

besser gelingende Anerkennungsverhältnisse zeitigt, die die Gemeinschaft nachhaltig stärken und einen Ort entstehen lassen, wo Menschen
Mensch unter Menschen im Lichte der Liebe Gottes sein dürfen und so
das Evangelium nicht nur gute Botschaft bleibt, sondern erfahrbar wird.

Wolfgang Reuter

Relationale Seelsorge

1. Ausgangspunkt: Seelsorge – Ein Projekt in der Gestalt des Mit-Ein-Ander

Seelsorge ereignet sich immer in Beziehung. Dieser Satz klingt ein wenig wie eine Binsenweisheit und eigentlich ist daran nun wirklich nichts Neues. Und doch hat es mannigfaltige Konsequenzen, wenn man Seelsorge als relationales „Ereignis"[1] versteht. Der Ansatz relationaler Seelsorge folgt diesem Gedanken. Er nimmt die konstitutionell zum Wesen des Menschen gehörende Inter-Subjektivität, wie auch die zum Wesen des Drei-*Einen* Gottes[2] gehörende Inter-Personalität in den Blick. Von den Erfahrungen des Menschen ausgehend, untersucht er Beziehung mit dem besonderen Fokus auf die sie konstituierende Dynamik von Bindung und Trennung und entwickelt darauf aufbauend „ein inter-subjektives Seelsorgeverständnis und eine entsprechende Seelsorgepraxis"[3].

Dies hat Konsequenzen und führt zu Perspektivenwechseln. So kann das, was in der Seelsorge so alles geschieht, diesem Ansatz zufolge weder allein von denjenigen festgelegt werden, die sie beruflich ausüben oder verantworten, noch alleine von denen, die sie - mit welchem Ansinnen und in welcher Rolle auch immer - wahrnehmen. Relationale Seelsorge ereignet sich in der Gestalt des Mit-Ein-Ander[4] und gilt aus dieser Perspektive als ein gemeinsames Projekt aller Beteiligten und

---

1   Zum Begriff des Ereignisses und „ereignisbasierter Pastoral" vgl. *Michael Schüßler*: Mit Gott neu beginnen. Die Zeitdimension von Theologie und Kirche in ereignisbasierter Gesellschaft (PTHe 134), Stuttgart 2013, 268-337.

2   Auf die Problematik, vom Wesen Gottes positive Aussagen zu machen, sei hier kurz hingewiesen. Vgl. *Michel de Certeau*: Der Fremde oder Einheit in Verschiedenheit, übersetzt und herausgegeben von Michael Falkner, Stuttgart 2018, 10f.

3   *Wolfgang Reuter*: Relationale Seelsorge. Psychoanalytische, kulturheoretische und theologische Grundlegung (PTHe 123), Stuttgart 2012, 23.

4   Vgl. a.a.O., 283-300.

nicht allein der professionellen Seelsorger*innen.[5] Mit der Festlegung auf den Modus des Mit-Ein-Ander reagiert dieser Ansatz auf eine immer wieder anzutreffende Engführung im Selbst- und Rollenverständnis der Seelsorgenden, in den Erwartungen vieler Menschen wie auch in seelsorgetheoretischen und kirchenamtlichen Festlegungen, die Seelsorge als Dienstleistung für andere und eben nicht als gemeinsames Projekt in Verantwortung aller Beteiligten verstehen.

Dieser psychoanalytisch fundierte Ansatz hat seinen Ursprung in der Seelsorge mit psychisch Kranken. Hier war und ist für mich der Ort, Relationalität als „Bezogenheit" der Menschen zueinander wie auch zu den umgebenden gesellschaftlichen, kulturellen, wissenschaftlichen, religiösen und schlussendlich auch kirchlichen Deutehorizonten neu in den Blick zu nehmen und sie als Leitmotiv der Praxis zu verstehen.

2. Theoretische Hintergründe: Kulturelle Manifestationen, Psychoanalyse, biblische Überlieferung und Theologie im Dialog

Um die Dynamik des In-Beziehung-Seins als eine für die Seelsorge bedeutsame menschliche Grunderfahrung näher darzulegen und daraus das Konzept relationaler Seelsorge zu entwickeln, möchte ich einige der hierzu herangezogenen theoretischen Hintergründe aus den Bereichen der Kultur und hier speziell der Kunst, der Psychoanalyse und der Theologie kurz erwähnen. Der Zugriff hierauf erfolgt nicht beliebig oder gar eklektizistisch. Er lässt sich vielmehr von einer erweiterten Form der Interdisziplinarität, dem „Dialog in multiperspektivischer Offenheit" über gemeinsame Optionen leiten.[6] Die Dialogpartner*innen stammen dabei aus vielerlei Fachgebieten. Das Verbindende oder die das gemeinsame Interesse leitende „konvergierende Option"[7] aller am

---

5 Vgl. a.a.O., 17.
6 A.a.O., 25-61.
7 Vgl. *Norbert Mette/Hermann Steinkamp*: Sozialwissenschaften und praktische Theologie, Düsseldorf 1983, 170f.

Dialog Beteiligten ist die Relationalität menschlichen Seins. Sie wird hier unter dem besonderen Fokus von Bindung und Trennung in den Blick genommen, da diese Dynamik gerade in ihrer Gegenpoligkeit als die Voraussetzung, ja als Konstitutivum für das Leben des Menschen in Beziehung und in Entwicklung gilt.[8]

2.1 Hintergründe aus dem Erfahrungshorizont kultureller Manifestationen

Die Thematik der Bezogenheit des Menschen in der Dynamik von Bindung und Trennung ist natürlich nicht alleinige Sache der Seelsorge und der Theologie. Die damit einhergehenden Erfahrungen waren schon immer Gegenstand von Erzählungen, Traditionals und Mythen, wie auch weiterer kultureller Manifestationen wie Oper, Theater, Film und anderer mehr. Sie inspirieren den Ansatz relationaler Seelsorge, da sie das Miteinander-in-Beziehung-Sein des Menschen auf plurale Art und Weise immer wieder neu inszenieren. Sie bringen zum Ausdruck, wie das Leben des Menschen in Beziehung gelingt, wie es aber auch misslingen kann.[9]

Diese kulturellen Manifestationen greifen auf eine „anthropologische Grundkonstante"[10] zurück. Sie bringt zum Ausdruck, dass das Leben des Menschen sich grundsätzlich in der Dynamik von Bindung und Trennung ereignet. Dies beginnt ja bereits mit der Geburt, der ersten großen Trennung im Leben des Menschen. Der Trennungsakt der Entbindung eröffnet die lebenslange Bindungs-Trennungs-Dynamik, welche den Menschen zu Entwicklung in Beziehung motiviert. Diese anthropologische Grundkonstante fordert jeden Menschen, vom Moment der Entbindung angefangen, dazu heraus, künftighin den Raum des eigenen

---

8   Vgl. hierzu *Wolfgang Reuter*: „Orts-Veränderung" als Lebensprojekt. Psychoanalytische und theologische Überlegungen zur Dynamik und Ambivalenz von Verortung und Ortsverlust, in: das prisma. Beiträge zu Pastoral, Katechese & Theologie 21 (2009/1), 48-57, 49f. Siehe auch *Wolfgang Reuter/Andreas Odenthal*: „Orts-Veränderung". Zehn Thesen zu Dynamik und Ambivalenz der Umnutzung von Kirchenräumen, in: *Albert Gerhards/Martin Struck (Hg.)*: Umbruch – Abbruch – Aufbruch? Nutzen und Zukunft unserer Kirchengebäude, Regensburg 2008, 113-127.
9   Vgl. Reuter 2012, 102-148.
10 A.a.O., 55; vgl. 102ff.

Lebens in der Dynamik von Bindung und Trennung zu gestalten. Neben der Beziehungsgestaltung wird auch die Lebens-Raum-Gestaltung zur großen Aufgabe des Menschen und der Menschheit, wie auch zu einer wichtigen Aufgabe von Seelsorge und Pastoral.[11]

2.2 Hintergründe aus dem Deutehorizont der neueren Psychoanalyse

Neben der anthropologischen Grundkonstante und kulturellen Manifestationen, die das allgemein menschliche Thema des Lebens in Beziehung und in Entwicklung immer wieder neu angehen, ist die Psychoanalyse eine wichtige wissenschaftliche Gesprächspartnerin für die Theologie.[12]

Sigmund Freud selbst hatte ihr mittels der von ihm entwickelten neuen therapeutischen Methode des Miteinander-Arbeitens eine relationale und genau darin heilsame Dimension eingeschrieben.[13] Die „heilsame Praxis der Bezogenheit" in der Dynamik von Bindung und Trennung ist nicht nur Thema psychoanalytischer Theorie. Sie ist immer auch Ritus und Methode, ja Strukturmerkmal und damit Inhalt einer jeden psychoanalytischen Behandlung. Die bewusste Beachtung dieser Dynamik führte seinerzeit zu einem neuen Arzt-Patientinnen-Verhältnis, welches sich durch ein von Michael Buchholz so genanntes „angenehm antihierarchisches Moment"[14] in der psychoanalytischen Behandlung auszeichnet. Dieses wurde im Prozess der Weiterentwicklung der Psychoanalyse zunächst wieder aus dem Blick verloren.

Über die Stationen der Entwicklungs- und der Objektbeziehungspsychologie, der Selbstpsychologie und Beziehungstheorien bahnte sich am Übergang zum 21. Jahrhundert mit dem „relational turn" die „intersub-

---

11 Vgl. a.a.O., 102-112.
12 Vgl. a.a.O., 25-61. Siehe auch *Wolfgang Reuter*: Heilsame Seelsorge. Ein psychoanalytisch orientierter Ansatz von Seelsorge mit psychisch Kranken, Münster 2004, 141-169.
13 Vgl. Reuter 2003, 61-95.
14 *Michael Buchholz*: Vorwort zu Stephen A. Mitchell, Bindung und Beziehung in: *Stephen A. Mitchel*: Bindung und Beziehung. Auf dem Weg zu einer relationalen Psychoanalyse, Gießen ²2003, 7.

jektive Wende" in der Psychoanalyse an.[15] Relationale Psychoanalyse „geht von einer der menschlichen Psyche inhärenten Inter-Subjektivität aus" und nimmt den Menschen in seiner Bezogenheit konsequent in den Blick. Dies bedeutet für die psychoanalytische Situation, dass diese sich nicht allein durch die Anwesenheit von Psychoanalytiker*innen, sondern durch die aktive Partizipation aller Beteiligten konstituiert. Relationale Psychoanalyse vertieft das schon von Freud und den ersten Patientinnen kreierte „Arbeitsmodell des Miteinander unter dem besonderen Aspekt der Gegenseitigkeit" und führt zu einer antihierarchischen Praxis der Begegnung auf Augenhöhe. Gemeinsam ist allen unterschiedlichen Ansätzen relationaler oder intersubjektiver Psychoanalyse, „dass sie den Anderen als Anderen sehen und das Verhältnis zu ihm – Bezogenheit und Getrenntheit – ins Zentrum ihrer Reflexion"[16] und Praxis setzen. Dass dies nicht nur inspirierend für das psychotherapeutische Handeln ist, liegt auf der Hand.

2.3 Hintergründe aus dem jüdisch-christlichen Deutehorizont

Der Perspektivenwechsel in Hinblick auf ein Verständnis von Seelsorge als relationales Ereignis lässt sich neben der aufgezeigten anthropologischen Grundkonstante, neben kulturellen Manifestationen und der neueren Psychoanalyse natürlich auch von der eigenen Tradition und damit vom theologischen Diskurs leiten. Die jüdisch-christliche Rede von Gott und vom Menschen entfaltet die Dynamik von Bindung und Trennung als eines ihrer großen Themen. Schon in den biblischen Überlieferungen von Paradies und Exodus kommt diese Dynamik in besonderer Weise zum Ausdruck.[17] Es fällt auf, dass dies häufig mit

---

15 Reuter 2012, 75-83. Zur Literaturübersicht zur relationalen Psychoanalyse vgl. a.a.O., 76, Anm. 45.

16 A.a.O., 83.

17 Vgl. *Wolfgang Reuter*: „Orts-Veränderung" als Lebensprojekt. Psychoanalytische und theologische Überlegungen zur Dynamik und Ambivalenz von Verortung und Ortsverlust, in: *Angelika Büchse/Herbert Fendric/Philipp Reichling/Walter Zahner (Hg.)*: Kirchen – Nutzung und Umnutzung. Kulturgeschichtliche, theologische und praktische Reflexionen, Münster 2012, 50f.

der Zumutung von „Orts-Verlust" und „Orts-Veränderung" einhergeht. Sehr anschaulich wird dies in der Erzelternerzählung (Gen 12-36). Hier wird den Protagonist*innen das Leben als dauerhafter Prozess der „Orts-Veränderung" und „Lebens-Raum-Gestaltung" zugemutet. Die biblischen Autor*innen deuten das Leben des Menschen als ein Sein in Entwicklung und Beziehung, als einen „dauerhafte(n) Transformations- und Wandlungsprozess"[18] in der Dynamik von Bindung und Trennung. Dies gilt für die alttestamentliche wie auch für die neutestamentliche Überlieferung.

Aus ihrem Kontext greife ich auf die Osterzählungen zurück. Sie entwickeln das Osterereignis und damit das gründende Fundament von Christentum und Kirche aus der Bindungs-Trennungs-Dynamik. In seiner Osterüberlieferung stellt Markus die die Frauen traumatisierende Erfahrung der Abwesenheit des auferstandenen Herrn in den Mittelpunkt und folgt damit dem Getrenntheitsparadigma (Mk 16,1-8). Die Auferstehungsverkündigung des jungen Mannes im leeren Grab (Mk 16,5-7) verhallt angesichts des Schreckens und Entsetzens der Frauen über die vorgefundene Wirklichkeit (Mk 16,8). Das leere Grab wird ihnen zu einem Ort des Verlustes und der existentiellen Erfahrung von Getrenntheit (Mk 16,6).[19] Im Gegensatz hierzu stellt Paulus mit den Erscheinungen des Auferstandenen gegenüber vielen Personen das Verbundenheitsparadigma in den Mittelpunkt (1 Kor 15, 5-8). Dies finden wir ganz ähnlich auch bei Lukas (Lk 24,13-35), der seine Osterverkündigung mit der Erscheinung Jesu auf dem Weg nach Emmaus als Erzählung in der Dynamik von Bindung und Trennung konzipiert: Die Abwesenheit des Auferstandenen wird beklagt – Trennung –, das Ereignis seiner Anwesenheit wird gefeiert – Bindung. Bemerkenswert ist hier,

---

18 A.a.O., 50.
19 Siehe hierzu *Michel de Certeau*: Mystische Fabel. 16. bis 17. Jahrhundert. Aus dem Französischen von Michael Lauble. Mit einem Nachwort von Daniel Bogner, Berlin 2010, 127. De Certeau spricht in diesem Zusammenhang vom „Gründungsverschwinden" als Ausgangspunkt des christlichen Kerygmas. Siehe hierzu auch *Daniel Bogner.*, Gebrochene Gegenwart. Mystik und Politik bei Michel de Certeau, Mainz 2002; *Andreas Odenthal*: Rituelle Erfahrung. Praktisch-theologische Konturen des Gottesdienstes (PThe 161), Stuttgart 2019, 73-77; Reuter 2012, 205-211; Reuter/Odenthal 2008, 119-121.

dass die Erfahrung der Anwesenheit des als abwesend erlebten Auferstandenen mit dem Vorübergang (Pascha) eine neue Gestalt bekommt.

2.4 Hintergründe aus dem Deutehorizont gegenwärtiger Theologie

Der Ansatz relationaler Seelsorge wird zudem auch durch die gegenwär-
tige systematische Theologie, und hier insbesondere durch die Trinitäts-
theologie, geprägt. Die anthropologische Grunderfahrung von Bindung
und Trennung inspirierte bereits die ersten trinitätstheologischen Festlegungen.[20] Das große Thema der Einheit in Verschiedenheit in Hinblick auf das Sein Gottes wird bis in die Gegenwart konsequent unter
dem Aspekt der Bezogenheit entfaltet. Trinitarische Theologie wird,
beispielsweise in den Beiträgen Leonardo Boffs, Christoph Schwöbels
und Gisbert Greshakes, implizit relational gedacht und konzipiert.[21] Sie
vermittelt zwischen den relationalen Grunderfahrungen des Menschen
und den „Relationen" zwischen den göttlichen Personen, die wir uns als
eine Dynamik der Verbundenheit und Getrenntheit erklären können. Es
steht außer Frage, dass diese Thematik „für das Ganze des Christseins
und der Theologie, und damit auch für die christliche Praxis"[22] eine
große Bedeutung hat.

Fragen wir nach den Hintergründen für den Ansatz relationaler
Seelsorge, so können wir an den Grundlagen aus der eigenen Tradition
nicht vorbeigehen: Die die Kirche letztlich gründende österliche Botschaft wie auch die trinitarische Theologie knüpfen existentiell an die
menschlichen Ur-Erfahrungen von Bindung und Trennung an.[23]

---

20 Vgl. Reuter 2012, 149-156.
21 Vgl. a.a.O., 23. 149-173.
22 A.a.O., 152. Siehe auch 173-176.
23 Vgl. Reuter/Odenthal 2008, 119.

3. Konzept: Was in der Seelsorge so alles passiert – Relationale Dynamik des Mit-Ein-Ander

Im Folgenden werden nun Kriterien des Ansatzes relationaler Seelsorge beschrieben. Dies wirft ein Dilemma auf, denn genau dies ist eigentlich nicht möglich. Als „work in progress" aller Beteiligten ist er immer in Entwicklung begriffen und nimmt je neue Gestalt an. Er widersetzt sich dem definitorischen Zugriff, aber er gestattet – eher phänomenologisch – eine umschreibende Annäherung.

Anders als in klassischen Vorstellungen darüber, was in der Seelsorge so alles passiert und wie sie sich konstituiert, gilt das *Mit-Ein-Ander* im Ansatz relationaler Seelsorge als Konstitutivum. Dies überwindet eine der Seelsorge häufig anhaftende Subjekt-Objekt-Spaltung und ermöglicht im Perspektivenwechsel ein Verständnis, dem zu Folge Seelsorge eine Angelegenheit aller Beteiligten ist.[24] Unterschiedliche Rollen werden hierdurch nicht aufgehoben, wohl jedoch das der Seelsorge traditionell innewohnende hierarchische Gefälle. An seine Stelle tritt die Begegnung von Subjekten auf Augenhöhe.

Wenn sich das Mit-Ein-Ander nun auch einer eindeutigen Definition entzieht, so lohnt es doch, seine Dynamik und Gestalt näher in den Blick zu nehmen und das Ereignis einmal *unter die Lupe zu legen*. Schon allein der Begriff des Mit-Ein-Ander eröffnet drei unverzichtbare Perspektiven, die jedem seelsorglichen Ereignis innewohnen:

* die Perspektive auf das gemeinsam Verbindende — *mit*
* die Perspektive auf die hier jeweils als Einzelne handelnde Person — *ein*
* die Perspektive auf die Alterität aller Beteiligten — *ander*.[25]

Unter der Lupe betrachtet treten Communio, Personalität und Alterität als die Faktoren hervor, aus denen sich das Gesamtbild des Mit-Ein-

---

24 Vgl. a.a.O., 17. Zu den unterschiedlichen Gestalten des Mit-Ein-Anders siehe 277-300.
25 A.a.O., 201.

Ander ergibt. Um dieses Bild wirklich als Ganzes in den Blick zu bekommen, ist eine besondere Aufmerksamkeit für jeden noch so kleinen Moment des Begegnens hilfreich. Relationale Seelsorge ereignet sich oft in kleinsten Szenen und erweist sich genau darin als äußerst komplexe Erfahrung. Unter der Lupe betrachtet, werden die gerade auch im poimenischen Diskurs zu würdigenden, komplexen und dynamischen Bedingungen und Strukturen des In-Beziehung-Seins offenkundig. Eine Ästhetik des Augenblicks kann hier hilfreicher sein als eine klare Definition.[26]

Nimmt man nun die entsprechende Lupe zur Hand, so wird relationale Seelsorge als Ereignis *zwischen Menschen* offenkundig. Die Beziehungsgestalt des *„Mit-Ein-Ander"* wurde schon hinreichend erwähnt. Es ist nun erfoderlich, den Ort hierfür näher zu benennen. Er muss nicht unbedingt real vorhanden sein. Vielmehr entsteht er zwischen allen Beteiligten als *„Zwischen-Raum"*[27]. Dieser Raum dient der Vermittlung zwischen den Subjekten sowie zwischen ihren Erfahrungen und deren Deutung im Horizont der jüdisch-christlichen Tradition. Ist dieser *Zwischen-Raum* als Ort der Seelsorge und ‚locus theologicus' einmal erkannt, wird dies viele Formen der Eindimensionalität im seelsorglichen Handeln und Selbstverständnis aufheben. Was in der Seelsorge – sei es inder seelsorglichen Zweierbeziehung, in einer Gruppe oder auf der Ebene von Kirche und Gemeinde – so alles geschieht, kann aus relationaler Perspektive nur von allen hieran Beteiligten, im *Zwischen-Raum* miteinander zum Ausdruck gebracht werden. Vorrangiges Ziel relationaler Seelsorge ist – in Abgrenzung gegenüber vielen anderen Konzepten von Seelsorge – nicht die Unterrichtung, Belehrung, Katechese, sondern diese sich immer neu ereignende Vermittlung zwischen den Alltagserfahrungen der Menschen und einem von allen Beteiligten getragenen Deutehorizont.[28]

---

26 Vgl. *Wolfgang Reuter*: Das Heilige im Augenblick oder: Die Freude am Moment. Beglückende Erfahrungen in der Seelsorge, in: Diakonia 45 (2014), 20-29.
27 Reuter 2012, 210f.; 249-252; 290-294; Odenthal 2018, 81-95.
28 Vgl. a.a.O., 23.

Als Ereignis zwischen den beteiligten Subjekten wie auch zwischen ihnen und ihrem Glauben an Gott und dem sich hieraus ergebenden Deutehorizont ist Seelsorge grundlegend *inter-subjektiv*. Zwischen den Beteiligten entsteht – im „Mit-Ein-Ander" – der aufgezeigte, eigene Raum. In Anlehnung an die amerikanische Psychoanalytikerin Darlene Ehrenberg bezeichne ich ihn als Raum der „Begegnung an der intimen Grenze der Beziehung"[29]. Damit ist ein potenzieller, dynamisch-interaktiver Raum beschrieben. Sein besonderes Charakteristikum besteht zum einen darin, dass er den Beteiligten die Erfahrung maximaler Nähe – *Bindung* – bei gleichzeitiger Einhaltung optimaler Abgrenzung – *Trennung* – ermöglicht. Zum anderen wandelt er die der seelsorglichen Begegnung oft innewohnende dyadische Struktur in einen triadisch-multidimensionale Struktur um. Deutehorizonte wie auch das Entstehen des Raumes selbst gelten hier als konstitutiv für das Ereignis.[30]

Seelsorge ist nach diesem Verständnis per se *relational,* da sie sich niemals anders denn als Beziehung ereignen kann. Damit aber unterliegt sie den Bedingungen und Kriterien des Seins des Menschen in Beziehung und in Entwicklung. Die Erfahrung der Orts-Veränderung und die Dynamik von Bindung und Trennung geben jeder seelsorglichen Begegnung die Struktur eines Ereignisses im Hier und Jetzt. Neben diesem Grundsatz zeichnet sich relationale Seelsorge durch drei weitere Kriterien aus, nämlich durch „die gegenseitige Anerkennung im Status des Subjekts", durch den „Verzicht auf das Rollengefälle zwischen Subjekt und Objekt" und durch die Anerkennung der Tatsache, dass das seelsorgliche Ereignis „erst durch das Miteinanderwirken aller Beteiligten zustande" kommt.[31]

---

29 *Darlene Ehrenberg*: Jenseits der Wörter, Stuttgart ²1996, 51-67. 164-183.
30 Vgl. Reuter 2012, 87-91.
31 A.a.O, 287.

4. Praxisrelevanz: Perspektiven- und Haltungswechsel

Der Ansatz relationaler Seelsorge gewinnt seine Relevanz für die Praxis durch Perspektiven- und Haltungswechsel aller Beteiligten. Diese entwickeln sich in der Regel im seelsorglichen Prozess und zwar in allen seelsorglichen Handlungsfeldern. Einige seien an dieser Stelle kurz genannt.

4.1 Alle sind Akteur*innen

Die praktische Relevanz seelsorglichen Handelns ist diesem Konzept zufolge immer nur im Mit-Ein-Ander aller Beteiligten zu erfahren und zu beschreiben. Alle Beteiligten sind hier Subjekte seelsorglichen Handelns. Relational oder inter-subjektiv verstandene Seelsorge kann niemals allein Sache der amtlich beauftragten Seelsorger*innen wie auch nicht der die Seelsorge Aufsuchenden sein. Relationale Seelsorge ermöglicht es, ein oft von allen Beiteiligten ausgehendes, eindimensionales Seelsorgeverständnis mit entsprechenden Erwartungen zu überwinden und statt dessen alle Beteiligten als handelnde Akteur*innen zu verstehen. Seitens der Seelsorger*innen dürfen wir gerade hier von nicht geringem Lern- und Entwicklungsbedarf ausgehen.

4.2 Auf Augenhöhe

Für die professionellen Seelsorger*innen bedeutet dies beispielsweise, dass sie von einem großen Teil der Last ihrer (Über-)Verantwortung für das sogenannte Seelenheil anderer und der damit einhergehenden Überforderungen und Omnipotenzphantasien Abstand nehmen können. Die die Seelsorge Beanspruchenden werden ihre diesbezüglichen Erwartungen an das seelsorgliche Geschehen wie auch an die Seelsorger*innen überprüfen und den ihnen zukommenden Anteil am Ereignis selbst einbringen. In der Seelsorge übliche Idealisierungen und Projektionen, die dem Gegenüber Rollen und Funktionen anheften, die ihm so nicht zukommen, können hier zurückgenommen werden. An ihre Stelle tritt die Wiederaneignung des tatsächlichen Subjektstatus der Beteiligten.[32] Dies erst ermöglicht eine wirkliche Begegnung auf Augenhöhe, welche das klassische hierarchische Gefälle seelsorglicher Beziehungen genauso aufhebt wie die frühzeitige Festlegung von Ergebnissen und Zielen allein durch die Seelsorgenden.

4.3 Ergebnisoffenes Ereignis

Für sämtliche seelsorglichen Prozesse, auf welchen Ebenen pastoralen und kirchlichen Handelns auch immer sie sich ereignen, bedeutet dies, dass hier von Beginn an niemand der Beteiligten wissen kann, wohin und wie es sich entwickeln wird. Hierdurch wird die Seelsorge zu einem überraschenden, individuellen, nicht voraussagbaren, wohl in den jüdisch-christlichen Deutehorizont gestellten und dennoch ergebnisoffenen Ereignis der Vermittlung von Lebenserfahrung und Glaubenserfahrung.

4.4 Ekklesiopraktische Dimension des Miteinanders

Wenn ich auch hier für Ergebnisoffenheit des seelsorglichen Prozesses votiere, so habe ich natürlich dennoch die Vision, es möge gelingen, durch eine glaubwürdige Praxis des Mit-Ein-Anders das in der Seelsorge noch immer vorherrschende, sich zuweilen gar verstärkende „fatale schismatische Gefälle zwischen Klerus und Laien, Subjekt und Objekt, Spender und Empfänger, Vorgesetzter und Untergebener"[33] zu überwinden. Die Realisierung der Option einer „wahren Gleichheit an Würde und Tätigkeit aller Gläubigen zur Auferbauung des Leibes Christi", also der Kirche auf allen Ebenen, so wie das Zweite Vatikanische Konzil es anregt (LG 32), steht bis heute noch aus. Für die gegenwärtigen Prozesse des Kircheseins und Kirchewerdens wären die aufgezeigten Perspektiven- und Haltungswechsel im seelsorglichen Handeln zukunftsweisend. Noch entwickeln sich die meisten „Zukunftswege" der Kirchen nicht auf

---

32 Vgl. a.a.O., 92-96.
33 *Heribert Wahl*: Aus Gottes Lebenskraft Menschen zum Miteinander- und Füreinander-Leben befähigen, in: PThI 23 (2003), 153.

dem Weg des Miteinanders, der Ergebnisoffenheit, und auch nicht auf Augenhöhe. Es gibt noch viel zu tun!

5. Ein Praxisbeispiel: „Gott segne Sie...."

Praxisbeispiele relationaler Seelsorge sind vielleicht noch immer mit der Lupe zu suchen. Mir begegnen sie in meinem Handlungsfeld, der Seelsorge mit psychisch kranken Menschen.

> Herr G. kommt regelmäßig zum Gottesdienst und empfängt dort auch die Kommunion. Einmal stellt er sich dafür als Letzter an. Er läßt sich die Hostie reichen und antwortet nicht mit dem üblichen „Amen" auf die ihm von mir zugesagte Spendungsformel: „Der Leib Christi". Stattdessen schaut er mir in die Augen und es scheint eine lange Zeit zu vergehen bis er sechs Worte zu mir spricht: „Gott segne Sie, Sie gute Seele". Dann verzehrt er die Hostie, verneigt sich und geht zurück an seine Platz.[34]

Dies ist eine für mich bis heute eindrückliche Begegnung. Herr G. kommt auf mich als Seelsorger zu und bleibt. Zwei Menschen treten in Beziehung. Miteinander halten wir die Stille des Moments, der fast wie eine Ewigkeit wirkt, aus – Miteinander in der Zwischenzeit. Was im Raum zwischen uns geschieht, braucht nur Gesten, Blicke und sechs Worte. Für den Moment ereignet sich hier Begegnung auf Augenhöhe zwischen zwei Subjekten. Sie ist ergebnisoffen, denn zumindest ich weiß nicht, was als Nächstes kommt, als Herr G. sich einmal nicht rituskonform verhält und nicht die vorgesehene Antwort gibt. In „wahrer Gleichheit und Würde" ergreift er die Initiative und wird mir mit Autorität und in theologischer Ehre (Karl Rahner) zum Seelsorger und Gotteskünder. Er wandelt das in der Seelsorge übliche Spender-Empfänger-Verhältnis, indem er mir den Segen spendet – Perspektiven- und Haltungswechsel.

---

34 Reuter 2012, 20f.

Er sagt mir in sechs Worten eine praktisch-theologische Anthropologie zu – welcher Theologe, welche Theologin kann das? Er spricht von Gott und seiner Beziehung zu mir. Er weiß um diese Beziehung und er weiß um mein Sein als Seele Mensch. Dieser Mann weiß mir zu sagen, wie Gott an mir handelt – segnend. Schlussendlich beendet er die Szene, indem er sich verneigt und auf seinen Platz zurückgeht. Bindung und Trennung, Begnung zweier Subjekte mit dem Heiligen im Augenblick. Unter der Lupe betrachtet macht diese Szene offenkundig, worum es relationaler Seelsorge geht und wie sie sich konkret ereignet.

Elisabeth Naurath

Leiborientierte Seelsorge

1. Ausgangspunkt: Seelsorge im unauflösbaren Zusammenhang von Leib und Seele

Mit jedem Seelsorgeverständnis verbindet sich eine spezifische Vorstellung von Seele. Üblicherweise assoziiert man mit dem Begriff ‚Seele‘ eine geistig-geistliche Dimension im Menschen, die eben in Folge des so genannten abendländischen Leib-Seele-Problems gerade dadurch gekennzeichnet ist, dass sie sich vom Leib/Körper unterscheidet. Doch der Begriff der Seele meint im Rückgriff auf das biblische Menschenbild immer den Menschen in seiner psychophysischen Einheit – in gewisser Weise definiert die Theologie den Leib daher als ‚beseelten Körper‘[1]. Sowohl in der Hebräischen Bibel wie auch im Neuen Testament wird der Mensch „als ein unteilbares psychosomatisches Ganzes betrachtet. Es gibt keine Vorstellung einer zu irgendeinem Zeitpunkt vom Leib getrennten Seele.“[2] Die leibliche Dimension der Seele ist gemäß der Hebräischen Bibel begrifflich im Körperbild der ‚Kehle‘ als Atmungs- und Sättigungsorgan zu sehen. Die Seele als Ausdruck der Personalität, Lebendigkeit bzw. Lebensenergie eines Menschen ist durch das im Schöpfungsakt geglaubte Einhauchen Gottes (Gen 2,4b-25) mit dem lebensnotwendigen Atem als Lebendig-sein von Gott her bestimmt, so dass der Mensch letztlich nicht seine Seele *besitzt*, sondern seine Seele *ist*, nämlich im Sinne von auf Gott bezogenem Person-Sein. Auch der paulinische Leibbegriff (soma), der ebenso Leib und Seele zusammen

---

1 „Der Begriff ‚Leib‘ ist eine der deutschen Sprache eigentümliche Unterscheidung, die einen Körper, insofern er als beseelt gedacht wird, durch ein besonderes Wort aus der Menge der übrigen Körper heraushebt.“ (*Tilman Borsche*: Art. ‚Leib, Körper‘, HWP 5 (1980), 173-178, 173).

2 *Elisabeth Naurath*: Seelsorge als Leibsorge. Perspektiven einer leiborientierten Krankenhausseelsorge (PTHe Bd. 47), Stuttgart 2000, 20.

sieht, ist vom Leben nach dem Fleisch (sarx) – also in Widerspruch zur Leib-Seele-Einheit – zu unterscheiden. Trotz dieser Eindeutigkeit hat der Einfluss der abendländischen Geschichte eines Leib-Seele-Dualismus dazu geführt, Seelsorge quasi im Unterschied zur Körper-Medizin als geistliche Zusatzversorgung zu verstehen. Da sich christliche Seelsorgekonzeptionen auf einen biblisch begründeten Seelenbegriff rückbeziehen und die Bibel unter ‚Seele' den ganzen Menschen in seiner unteilbaren, vitalen und auf Gott bezogenen Personalität versteht, ist es jedoch nicht nur möglich, sondern auch nötig, Seelsorge in all ihren Facetten auch immer als Leibsorge zu definieren.

2. Theoretische Hintergründe: Körper-Haben versus Leib-Sein

Während seit gut 30 Jahren mit dem ‚somatic turn' oder ‚body turn'[3] in den Sozialwissenschaften eine forschungswissenschaftliche ‚Wiederkehr des Körpers'[4] aufzuzeigen ist, haben in der Theologie vorrangig feministisch-theologische Ansätze auf eine Leibvergessenheit bzw. -feindlichkeit hingewiesen.[5] Hierbei ist intendiert, das ‚Körper-Haben' vom ‚Leib-sein' zu unterscheiden. Wenn in der Theologie eher von Leiblichkeit als von Körperlichkeit gesprochen wird, ist also gemeint, dass eine leibseelische (psychophysische) Einheit das Personsein des Menschen bestimmt – und zwar im Sinne einer unauflösbaren Spannung von Verfügbarkeit und Unverfügbarkeit. Einerseits können wir unseren Körper formen, pflegen und gestalten, andererseits sind wir eingebunden in unverfügbare körperliche Prozesse, die schon mit dem Geborenwer-

---

3 *Robert Gugutzer (Hg.)*: Body turn. Perspektiven der Soziologie des Körpers und des Sports in der Soziologie. Bielefeld 2006, 9; vgl. auch *Emmanuel Alloa/Thomas Bedorf u.a. (Hg.)*: Leiblichkeit: Geschichte und Aktualität eines Konzepts, Tübingen 2012.

4 *Dietmar Kamper/Christoph Wulf (Hg.)*: Die Wiederkehr des Körpers, Frankfurt 1982.

5 Vgl. vor allem *Elisabeth Moltmann-Wendel*: Wenn Gott und Körper sich begegnen. Feministische Perspektiven zur Leiblichkeit. Gütersloh ²1991; *dies.*: Wie leibhaft ist das Christentum?, in: EvTh 52 (1992), 388-401.

den beginnen, mit möglichem Krank-werden den Lebenslauf begleiten und schließlich mit dem Sterben enden. Damit wird aus theologischer Perspektive ein kritischer Kontrapunkt gegen den gesellschaftlich offensichtlichen Körperboom gesetzt, der die Gefahr einer Funktionalisierung und Objektivierung des Körpers aufzeigen soll. Beispiele lassen sich leicht über die alltäglichen Medien belegen, wenn Fitness- und Wellness- Praktiken allerorts zu finden sind, mit deren Hilfe der eigene Körper verjüngt, optimiert und verschönt werden soll. Interessanterweise spricht der Mensch hier über seinen Körper, als sei er ein vom eigenen Ich zu trennendes Objekt und vergisst dabei die Subjekthaftigkeit des eigenen Leib-Seins. Deutlich wird dies dann zumeist erst, wenn sich der Körper in Unbehagen bzw. Schmerzen zum Ausdruck bringt, um das wahrnehmende, fühlende und reflektierende Ich zum Körper-Selbst in gewisser Weise in Beziehung zu setzen – und sei es auch in negierender, ignorierender oder marginalisierender Hinsicht. Sprachphänomenologisch ist hierbei interessant, dass die Verbalisierung von Schmerzen in einer Unbestimmtheit bzw. Fremdheit zum fühlenden Ich geschieht. In den Formulierungen „es brennt", „es sticht", „es zieht", „es schmerzt"... zeigt sich der Versuch einer Distanzierung zum eigenen Körper-Selbst, das nun ‚behandelt' werden muss. Der schmerzende Körper wird quasi zum agierenden Subjekt, der etwas in Unbestimmtheit, Unabänderlichkeit und Ungewissheit tut, damit den leidenden Menschen (patiens) in eine passive Rolle bringt und letztlich auch verobjektiviert. Das aber heißt, dass sich die Verhältnisbestimmung des fühlenden Ichs zum gefühlten Ich in einem ständigen Wechsel von Subjekt und Objekt vollzieht: Der Körper macht etwas, um den Menschen dazu zu bringen, etwas mit seinem Körper zu tun. Dies gilt insbesondere bei unangenehmen Empfindungen, während die angenehmen Körpergefühle (wie beim Essen, Trinken, Sport oder der sexuellen Lust etc.) stärker identifikatorisch artikuliert werden. Es sind damit eher die Störungen, die die bis dahin geglaubte Selbstverständlichkeit der körperlichen Funktionen bzw. des Funktionierens in Frage stellen. Mit einer für Theologie (und Philosophie) üblichen Favorisierung des Begriffs des Leibes /der Leiblichkeit soll daher der Schwerpunkt auf die ‚Leiblichkeit als Chance zur Selbstreflexion' gelegt werden.[6] Eben diese Ausrichtung ist seelsorgerlich relevant.

3. Konzept: Seelsorge als Leibsorge

Lange Zeit wurde in der Seelsorgetheorie zwar postuliert, dass man – biblisch begründet – von einer Leib-Seele-Einheit ausgehe, aber die Analyse der konkreten Anleitungen und konzeptionellen Erwägungen erwiesen sich in der Praxis als vorrangig verbalfixiert und im Sinne einer geistlichen bzw. auf Glaubensfragen fokussierten Ausrichtung von Seelsorge.[7] Aspekte der körperlichen Disposition (wie Geschlecht, Krankheit, Alter, Sterben etc.) wurden demgegenüber kaum als dezidierte, auch die Seele beeinflussende Leiberfahrungen thematisiert, die Seelsorgebegegnung als interaktives, auch körperlich bestimmtes Begegnungsgeschehen nicht beleuchtet und räumliche Gegebenheiten als Einflussgrößen nicht in den Blick genommen.

Doch: „Seelsorge wird da konkret und für das Leben relevant, wo sie den Menschen nicht nur in seiner geistigen/geistlichen Dimension anspricht, sondern ihn als Leib-Seele-Einheit wahrnimmt, thematisiert und berührt."[8] Denn Seelsorge geschieht immer als Begegnungsgeschehen von Mensch zu Mensch, d.h. auch in einer durch die Körperlichkeit/Leiblichkeit von Seelsorge-Suchenden und Seelsorger*innen mitbestimmten Interaktion. So wie wir in einer Begegnung nicht nichtkommunizieren können,[9] so wenig lässt sich das Geschehen von unseren Körpern trennen. Das Konzept ‚Seelsorge als Leibsorge' meint daher, dass der Aspekt der Leiblichkeit stärker als bisher Berücksichtigung finden

---

6 Vgl. zum Folgenden *Elisabeth Naurath*: Leiblichkeit. Eine Chance zur Selbstreflexion, in: *Thomas Schlag/Henrik Simojoki (Hg.)*: Mensch-Religion-Bildung. Religionspädagogik in anthropologischen Spannungsfeldern, Gütersloh 2014, 117-127.

7 Vgl. meine Dissertationsschrift Naurath 2000.

8 A.a.O., 43.

9 So finden wir bei Watzlawick die „Annahme der Unvermeidbarkeit von Kommunikation in sozialen Situationen" (*Paul Watzlawick/Jean Beauvin*: Einige formale Aspekte der Kommunikation, in: *Paul Watzlawick/John H. Weakland (Hg.)*: Interaktion. Menschliche Probleme und Familientherapie, München 2002, 95-110, 97.

sollte – ohne jedoch nun den geistlichen Charakter zu negieren oder zu marginalisieren. Kriterium eines dem biblischen Menschenbild gerecht werdenden Leib-Seele-Seins ist jedoch nicht, dem Extrem eines aktuell gesellschaftlich und in den Medien forcierten Körperkults (mit dem Anspruch eines als unvergänglich gewünschten und getrimmten Fit-und Schönseins) zu entsprechen, sondern ein Leibbewusstsein zu entwickeln, das beide Dimensionen vereint, d.h. Leib und Seele verbindet. Dass der Mensch schöpfungstheologisch als Einheit von Leib und Seele zu sehen ist, beinhaltet aber auch die Sorge um den Leib als Aufgabe. Dies bedeutet, dass eine in der gegenwärtigen Gesellschaft virulente Körperversessenheit aufgrund des mangelnden Leibbewusstseins aus theologischer Perspektive einer Ideologiekritik zu unterziehen ist. Die Beziehung zu Gott spielt hier eine entscheidende Rolle, weil leibbezogene Empfindungen und Bewegungen (wie Rituale, Entspannungsübungen, Meditationen, Wandern, Pilgern, Beten, Tanzen, Staunen etc.) auch als Ausdrucksmöglichkeiten der Seele (wie Dankbarkeit, Vertrauen und Hoffnung, aber auch genauso Zweifel, Hoffnung und Klage) zu sehen sind.

So lässt sich zusammenfassend sagen: Seelsorgerliche Begegnungen sind Begegnungen von Mensch zu Mensch und damit auch von Körper zu Körper. Eine Ausklammerung dieser Perspektive reduziert nicht nur den interaktiven Begegnungscharakter von Seelsorgebeziehungen, sondern auch die Notwendigkeit, sich um die Seele in ihrer leiblichen Dimension zu sorgen.

4. Praxisrelevanz: Die Leiblichkeit als Medium der Seelsorge

Insgesamt ist eine leiborientierte Seelsorge nicht als Spezialfall zu sehen, sondern betrifft alle Seelsorgesituationen, denn diese geschehen nie ohne körperliche Bedingungsfaktoren. Um nur einige alltagsbezogene Beispiele zu nennen: Es macht für die Seelsorgebegegnung einen Unterschied, ob ich als Seelsorger*in oder Seelsorge Suchende*r müde oder wach bin, ob ich hungrig oder satt bin, ob ich mich körperlich gut oder ‚angeschlagen' fühle, ob das Gespräch morgens oder abends stattfindet, ob ich mich in der räumlichen Umgebung wohl oder unwohl fühle... Immer spielt hinein, dass Seelsorge ganz konkret den ganzen Menschen in seinem leibseelischen Kontext meint. Selbstverständlich gibt es darüber hinaus Seelsorgesituationen, die in besonderer Weise den Körper bzw. die Leiblichkeit thematisieren: bei konkreten Krankheitsfällen, in Sterbesituationen, im Altenheim, in der Gefängnisseelsorge, mit Suchtkranken, in der Notfallseelsorge, in der Sexual- oder auch Schwangerschaftsberatung etc. Leicht kann man erkennen, dass hier die Faktoren Alter und Geschlecht als zusätzliche Bedingungsgrößen mit hineinspielen und besondere Beachtung finden müssen.

Mit dem Konzept einer leiborientierten Seelsorge ist gemeint, Einseitigkeiten und Reduzierungen des Menschenbildes, das seelsorgerlichem Handeln zugrunde liegt, zu vermeiden. Das bedeutet jedoch nicht, dass nun neue Einseitigkeiten befürwortet werden – vielmehr soll es zu einem ergänzenden Ausgleich kommen. Gemeint ist am Beispiel des Seelsorgegesprächs: Selbstverständlich bleibt es wichtiges Medium seelsorgerlichen Handelns, miteinander zu sprechen – doch es wäre verkürzt, ein Gespräch nur als Austausch von Worten, also verbal, zu verstehen. Vielmehr geht es um die Weitung des Seelsorgeverständnisses dahingehend, dass in der Begegnung zweier (oder mehrerer) Menschen auch deren leibliche Präsenz eine tragende und die Beziehung prägende Rolle spielen. Doch was heißt dies konkret? Vorrangig ist für die Seelsorgebegegnung neben der verbalen Ebene auch die Körpersprache allgemein, aber auch mit Blick auf die Selbstthematisierung des Leibes, einzubeziehen, die Frage der Geschlechtlichkeit sowie die Dimensionen von Erotik und Sexualität.

4.1 Nonverbale Kommunikation in der Seelsorge[10]

Nonverbale Kommunikation oder Körpersprache meint den Bereich von zwischenmenschlicher Kommunikation, der alle nichtverbalen Ebenen

---

10 Vgl. zum Folgenden *Elisabeth Naurath*: Nonverbale Kommunikation in der Klinikseelsorge, in: *Uta Pohl-Patalong/Frank Muchlinsky (Hg.)*: Seelsorge im Plural. Perspektiven für ein neues Jahrhundert, Hamburg 1999, 140-152.

der Begegnung umfasst. Man differenziert sichtbare und unsichtbare Ausdrucksweisen der nonverbalen Kommunikation. Zu den sichtbaren zählen Gesichtsausdruck und Blickverhalten (Mimik), Körperausdruck und Gebärden (Gestik), Körperbewegungen (Kinesik) und vokale Dimensionen: „Hier sind die sprachlichen Merkmale (Sprechpausen, Sprachrhythmik, Dialekt u.a.) sowie die stimmlichen und die paralinguistischen Akzente (Lachen, Weinen, Husten etc.) gemeint. Daneben sind auch Berührung und Geruch für die nonverbale Kommunikation wichtig."[11]

In kommunikationstheoretischer Hinsicht sind einige Merkmale der Körpersprache für die Seelsorge äußerst relevant: Obwohl Aktion und Reaktion nonverbaler Sprache weitgehend unbewusst verlaufen, mindert dies nicht deren Effektivität mit Blick auf sublime Beziehungsbotschaften. Allerdings geschieht dies unter erschwerten Bedingungen, da Körpersprache im Gegensatz zu verbaler Sprache eher uneindeutig und interpretationsnotwendig erscheint. Eine Besonderheit liegt auch darin, dass vorrangig affektive Inhalte vermittelt werden, während verbale Sprache kognitiv ausgerichtet ist. Hinzu kommen nur schwer steuerbare Elemente, die in Körpersignalen wie Erröten, Schwitzen, Husten etc. wahrzunehmen sind. Bedenkt man, dass die Relevanz der nonverbalen Kommunikation deutlich höher veranschlagt wird als die der gesprochenen Worte,[12] so stellt sich für die Seelsorge das Problem, wie in Gesprächs- als Begegnungssituationen angemessen und kompetent die körpersprachlichen Signale verstanden werden können. Wie kann die Sensibilität und Professionalität von Seelsorger*innen geschult werden, dass diese überaus relevante Kommunikationsebene optimale Berücksichtigung findet?

Schon in der Seelsorgeausbildung ist es nötig, die Sensibilität für nonverbale Kommunikationsstrukturen zu schärfen, d.h. Wahrnehmungsübungen der eigenen wie auch fremder Signale in die Reflexionsübungen einzubeziehen. Auch die Erweiterung des Verbatims durch

---

11 A.a.O., 141.
12 Vgl. *Jessica Röhner/Astrid Schütz*: Psychologie der Kommunikation (Basiswissen Psychologie), Berlin ²2016.

Beobachtungsprotokolle kann die Kompetenzen erweitern. Darüber hinaus ist es hilfreich, konkrete Übungen in den möglichen Verlauf von Seelsorgebegegnungen zu integrieren, um die eigene Wahrnehmungs- und Deutungskompetenz zu professionalisieren.

Konkret bedeutet dies: Schon der erste ‚Augen-Blick' ist von entscheidender Bedeutung für das Gelingen der Seelsorgebeziehung: „Das Anblicken als Zeichen der Kommunikationsbereitschaft bedarf der Rückmeldung, um zu einem Blickkontakt zu werden. Schon hier kann ein schnelles Wegblicken [...] aber auch ein zu langes Ansehen, das leicht bedrohlich wirkt, den Kontaktaufbau stören."[13] Abwehrendes Blickverhalten dient eher einer Verhüllungsfunktion, während ein offener Blick (Anheben der Augenbrauen, Kopfnicken, evtl. Lächeln) eher eine Enthüllungsfunktion erfüllt. Dass es meist auf die ersten Minuten ankommt, ob sich eine gelingende Seelsorgebeziehung herstellen lässt, wird an folgendem Beispiel deutlich: „Der fragende Blick [...] von Frau [...] ließ den Klinikseelsorger in seinem Schritt beim Zugehen auf die Patientin einhalten. Auf diese Weise fand, ohne dass bereits ein Wort gewechselt worden wäre, eine bedeutsame nonverbale Kommunikation mit einer ersten Abgrenzung statt."[14]

In jedem Gespräch ist darüber hinaus auf die so genannte Körperpufferzone zu achten, d.h. dass eine Distanz der beteiligten Personen von mindestens 45 cm sensibel eingehalten werden sollte, um eine „Überlastung durch zu starke oder zu intensive sensorische Stimulation"[15] zu vermeiden. Während des Seelsorgegesprächs kann man demnach davon ausgehen, dass der Körper immer mitredet, d.h. erkennbar an Merkmalen der Stimmlage, der Sprachmelodie, der Lautstärke werden Botschaften kommuniziert, die das Gesagte bestätigen, verstärken, aber auch davon abweichen können. Auch Lachen, Kichern, Weinen, Seufzen haben als so genannte paralinguistische Ausdrucksmittel den Sinn, die möglicherweise emotionalen Bedeutungsgehalte zu verdeutlichen.

---

13 Naurath 1999, 143.
14 *Petra Christian-Widmaier*: Nonverbale Kommunikationsweisen in der seelsorgerlichen Interaktion mit todkranken Patienten, Frankfurt 1995, 174.
15 *Karl Heinz Delhees*: Soziale Kommunikation. Psychologische Grundlagen für das Miteinander in der modernen Gesellschaft, Opladen 1994, 159.

Ein besonderer Fall, der einer sensiblen Wahrnehmung bedarf, liegt vor, wenn Wort- und Körpersprache widersprüchliche Botschaften senden. Dieses als „widersprüchliche Diskordanz" beschriebene Phänomen kann eine Wende oder auch Tiefe ins Gespräch bringen, wenn es von den Seelsorger*innen bemerkt wird. Wenn diese sensibel ansprechen, dass ihnen auffällt, dass beispielsweise eine erfreuliche Aussage mit einer grimmigen oder traurigen Miene geäußert wird (oder umgekehrt), kann es dem/der Seelsorgesuchenden plötzlich möglich werden, über bislang verdrängte Gefühle zu sprechen.

Von weiterer Bedeutung ist auch gemäß der Theorie des symbolischen Interaktionismus (George Herbert Mead) die kulturelle Bezogenheit von nonverbaler Kommunikation, so dass davon auszugehen ist, dass mit der Person der/des Seelsorgenden auch religiöse Erwartungen und Bedeutungsgehalte für die nonverbale Kommunikation eine wesentliche Rolle spielen. So können nicht nur Worte, sondern auch Bewegungen oder Berührungen mit der Rolle des*der Seelsorgenden als kirchlichem*r Akteur*in mit religiös aufgeladenen Sinngehalten gedeutet werden. Rituelle Momente in Seelsorgebegegnungen sind charakterisiert durch nonverbale Veränderungen wie dem Senken des Kopfes, dem Abbruch des Blickkontakts, dem Falten der Hände u.a. Hierin zeigt sich, dass die Alltagsebene der Kommunikation durch die Hinwendung zu Gott den Horizont verschiebt und sich damit in gewisser Weise mit dem religiösen Ritual eine dritte Ebene eröffnet. Darum zu wissen, ist für die Seelsorger*innen hilfreich, um klar die Kommunikationsebenen differenzieren zu können.

Insgesamt wird deutlich, dass das Gelingen einer Seelsorgebeziehung eben nicht nur an der verbal-kommunikativen Kompetenz der Seelsorger*innen hängt, sondern auch eines Wissens, Wahrnehmenkönnens sowie einer Deutungs- und Gestaltungskompetenz der nonverbalen Kommunikationsstrukturen bedarf.

4.2 Die Selbstthematisierung des Leibes in der Seelsorge

Wie bereits angedeutet, spielen in speziellen Seelsorgebereichen körperliche Dispositionen in besonderer Weise eine Rolle, so dass die

Seelsorger*innen intensiv darauf verwiesen sind, den Zusammenhang von Leib und Seele wahrzunehmen und gegebenenfalls auch im Gespräch bzw. der Interaktion in den Vordergrund zu stellen. Hierbei geht es darum, Körpererfahrungen, die mit einer Krisensituation zusammenhängen, bewusst wahrzunehmen und für das eigene Leben so zu reflektieren, dass sie als Erfahrungen des Leibes im Sinne eines ‚beseelten Körpers' integriert werden können. Wie fühlt sich ein Mensch, wenn er hinter Gittern eingesperrt ist und nur wenig Freiraum zur Bewegung hat? Die besondere Herausforderung für die Gefängnisseelsorge ist, die leibseelische Dimension des Eingesperrtseins nicht auszuklammern, sondern die Botschaft der Freiheit des Evangeliums auch hinter Schloss und Riegel zu bringen. Oder: Welche religiösen Fragen stellen sich, wenn die Fragmentarität (Brüchigkeit, Zersplitterung) und Fragilität (Zerbrechlichkeit) des eigenen Lebens im Krankenhaus oder Hospiz in das Selbstbild zu integrieren sind? Oder: Welches Einfühlungsvermögen ist nötig, um die auch leiblich bestimmten Gefühle einer Schwangeren in einer Konfliktsituation klären zu können und Trost zuzusprechen? An diesen Beispielen wird deutlich: Der Körper thematisiert sich in Krisensituationen durch Ängste und Irritationen, so dass die seelsorgliche Begleitung die Aufgabe hat, den Menschen in seiner Suche und Sehnsucht nach Integration der fremden Wahrnehmungen und Gefühle zukunftsweisend – und das kann auch ‚zum Tod hin' bedeuten – zu begleiten.

4.3 Geschlecht als Thema der Seelsorge

Leiborientierte Seelsorge weist zudem auf die Notwendigkeit einer sensiblen Wahrnehmung der Geschlechtlichkeit des Menschen und der möglichen geschlechtsspezifischen Rollensterotypisierung in Seelsorgebegegnungen hin.[16] Mit Blick auf die Gender-Forschung sind biologisches (sex) und soziales (gender) Geschlecht zu differenzieren und zugleich auf geschlechtsspezifische Rollenzuschreibungen, aber auch

---

16 Vgl. *Claudia Schubert/Dietmar Vogt*: Genderaspekte in Seelsorge und Beratung, in: *Christiane Burbach (Hg.)*: Handbuch Personzentrierte Seelsorge und Beratung. Göttingen 2019, 266-281.

selbsttätige Konstruktionen der eigenen Geschlechterrolle (doing gender) zu verweisen. Es ist notwendig, die Bedingungen weiblicher wie
männlicher Rollenstereotypisierungen zu analysieren – letztlich sogar
bis zu der Frage, ob es diese auf angeblich biologischen Unterschieden
basierenden Zuordnungen überhaupt gibt oder ob sie nicht grundsätzlich im Sinne des Dekonstruktivismus als die Wirklichkeit erst konstru-
ierend zu enttarnen und aufzulösen sind. Weitergehend ist zu fordern,
dass Heteronormativität, also die Zuordnung von Menschen in ein System der Zweigeschlechtlichkeit, als einengend und diskriminierend in
Frage zu stellen und abzulehnen ist, weil sie der Selbstwahrnehmung
und geschlechtlichen Wirklichkeit von transidenten Menschen wider-
spricht.[17] So ist es im Sinne eines leiborientierten Seelsorgekonzepts
evident, individuelle Differenzierungen im Blick zu haben, eine binäre
Sichtweise der Zweigeschlechtlichkeit zugunsten der ‚Transgender-Per-
spektive' bzw. jeder Geschlechtskategorisierung (‚diverse') zu weiten
und auf diesem Weg zugleich traditionelle kirchliche Geschlechterrol-
lenzuschreibungen selbstkritisch zu reflektieren.

4.4 Erotik und Sexualität in der Seelsorge

Eine leiborientierte Seelsorge nimmt die Bedeutung der Leiblichkeit im
Kontext einer individuell und zugleich gesellschaftlich mitbestimmten
Körperbiographie in den Blick: Der Körper als erotischer Sehnsuchts-
raum und die Sexualität als Beziehungsraum sind hier eingeschlossen.
Dies bedeutet selbstverständlich auch, die Vielfalt der sexuellen Orientierungen wahr- und ernstzunehmen. In jede Seelsorgebegegnung spielt
die Geschlechterkonstellation mit hinein und prägt möglicherweise
schon vorher Sympathie und Zuneigung oder Antipathie bzw. Abwehr
– wie beispielsweise für die recht intime Seelsorgesituation am Krankenbett deutlich wurde.[18] Insbesondere bei Berührungen, die einerseits
in religiöser Hinsicht heilsam und segnend intendiert sind, können erotische oder auch sexuelle Phantasien auftauchen, die die Grenze einer

---

17 Vgl. *Gerhard Schreiber (Hg.)*: Transsexualität in Theologie und Neurowissenschaf-
ten. Ergebnisse, Kontroversen, Perspektiven, Berlin/Boston 2016.
18 Naurath 2000, 223-227.

Seelsorgebeziehung aufbrechen. So ist es wichtig, einerseits Seelsorge auch zum möglichen Gesprächsraum für Sexualität zu machen und andererseits sexuelle Konnotationen der Seelsorgebegegnung selbst kritisch im Blick zu haben.

Leiblichkeit ist als Parameter von Begrenzung (Vergänglichkeit, Sterblichkeit etc.) wie von Entgrenzung (Sexualität, Ekstase etc.) konstitutiver Teil des Menschseins und sollte in der Seelsorge hinsichtlich geschlechtlicher Identitäten oder sexueller Orientierungen nicht einengend normiert, sondern im Sinne eines theologisch verantwortlichen Beziehungsverständnisses angenommen werden. Angesichts der aktuellen Debatte um sexuellen Missbrauch im kirchlichen Kontext ist dringend geboten, gerade für die Seelsorge Geschlecht und Sexualität offen zu thematisieren, ethisch zu reflektieren und mögliche kirchliche Tabuisierungen als gefährliche Verdrängungsmechanismen zu entlarven. Wichtig ist in jedem Fall, um die leiblich-geschlechtliche Dimension jeder Seelsorgebegegnung zu wissen, diese sensibel für beide Seiten wahr- und ernstzunehmen und eventuelle erotische oder sexuelle Nuancen kritisch und immer mit der Perspektive des Schutzes vor Manipulation und Übergriffigkeit der Seelsorgesuchenden wie auch der eigenen Person zu gestalten.

5. Praxisbeispiele: Körperliche Nähe und Distanz in der Seelsorgebeziehung

„Frau A. und ich standen vor der Station und sprachen über etwas. Dabei versuchte sie mich zaghaft ein paarmal zu berühren, am Oberarm, am Unterarm. Ich reagiere nicht und komme mir hölzern vor. Ich weiß nicht, wie ich mich stellen soll: seitlich oder gegenüber oder sonstwie. Währenddessen sprechen wir über irgendwas. Im Nachhinein kommt es mir vor, als wäre mein Körper eine Schaufensterpuppe gewesen, und ich mühte mich ab, sie/ihn richtig hinzustellen. Es war, als würden Frau

A. und ich über dem Tisch ein Thema diskutieren, während unter dem Tisch was völlig anderes vor sich geht."[19]

Diese Szene schildert ein Klinikpfarrer in der Retrospektive und macht dabei deutlich, dass er erst im Nachhinein verstehen konnte, warum die Patientin den Seelsorgekontakt enttäuscht und abrupt abgebrochen hatte. Neben der erotischen Komponente, die hier mit hineinspielt, soll dieses Praxisbeispiel demonstrieren, wie bedeutsam, aber auch wie schwierig es oft ist, die Botschaften nonverbaler Kommunikation adäquat wahrzunehmen, zu deuten und reflektiert, d.h. kompetent und professionell zu reagieren.

Andererseits führt die gezielte Professionalisierung auf körpersprachliche Signale in Aus- und Fortbildung auch recht schnell zu einer Sensibilisierung und Kompetenzentwicklung, nonverbale Kommunikation besser zu verstehen und in das Gespräch einzubeziehen. So beschreibt eine Seelsorgerin, wie sich ihre Seelsorgepraxis positiv verändert hat:

„Für mich ist es so: Seit ich auf die Körpersignale im Gespräch – ja schon beim Kennenlernen – achte, finde ich viel leichter Zugang zu meinem Gegenüber. Ich spüre dann sehr schnell, ob Offenheit da ist oder ob wir noch nicht so weit sind. Das merkt man schon am Blickkontakt. Wenn der Blick ausweichend ist, weiß ich, dass wir noch Zeit für allgemeinere Themen brauchen und sich erst Vertrauen und eine entspannte Atmosphäre entwickeln müssen. Das hilft mir wirklich sehr. Überhaupt ist mir aufgefallen, dass ich nicht nur mein Gegenüber besser wahrnehmen kann, sondern auch meine eigenen Gefühle über meine körperlichen Signale besser einschätzen kann. Ich spüre schneller, wann ich ermüde oder gestresst bin und dann kann ich auch für mich selbst besser sorgen. Das empfinde ich als sehr hilfreich für meine Seelsorgepraxis."

So zeigt die Beobachtung des nonverbalen Gesprächsverhaltens, dass Zuhören keineswegs nur passiv-rezeptiv zu verstehen ist. Physiologische Untersuchungen bestätigen vielmehr, dass das aktive Zuhören

---

19 A.a.O., 228f.

psychophysisch in einem erhöhten Aktivationsniveau (ebenso in Pulsfrequenz, Blutdruck, psychovalganischer Hautreaktion und Pupillengröße) nachweisbar ist. Insofern ist es auch für die Seelsorger*innen wichtig, auf eigene körperliche Signale zu achten und gut für sich selbst zu sorgen. Dies kann durchaus als entlastend empfunden werden. „Wessen Lippen schweigen, der schwätzt mit den Fingerspitzen"[20] – dieses berühmte Zitat von Sigmund Freud gilt natürlich für beide Seiten in einer Seelsorgebeziehung und zeigt, dass eine leiborientierte Seelsorge dem Gespräch zu größerer Intensität und Authentizität verhilft.

---

20 *Sigmund Freud*: Bruchstück einer Hysterie-Analyse (1905), in: Ders.: Hysterie und Angst. Studienausgabe Bd. 6, Frankfurt a.M. 1971, 148.

Ursula Riedel-Pfäfflin

Genderbewusste Seelsorge

1. Ausgangspunkt: Geschlecht und Gender – vielfältiger Klärungsbedarf

Die Genderthematik löst immer wieder gegensätzliche und zumeist emotionale Reaktionen aus. So schreibt eine Pfarrfrau, die eine systemische Seelsorge- und Beratungsausbildung absolviert hat: „In emotionaler Aufwühlung brauche ich erst mal deine Wahrnehmung. Da die Frauen in meiner Gemeinde festgestellt haben, dass der Weltgebetstag auch Genderprojekte unterstützt, ziehen sich einige Frauen aus der Vorbereitung zurück. Gender ist ein großes Reizwort in unserer geistlichen Landschaft. Viele sehen dahinter eine Auflösung des natürlichen Geschlechts, eine Gleichmacherei, eine Negierung der göttlichen Schöpfung, ja, eine Lästerung." Während konservative christliche Gemeinden und Amtsinhaber sowie rechtspopulistische Kreise in zeitgemäßer Pädagogik und Erwachsenenbildung „Genderwahn" wittern und anprangern, veröffentlicht die Wochenzeitschrift ‚Die Zeit' einhundert Jahre nach Einführung des Frauenwahlrechtes ständig Artikel zu aktuellen Themen der Geschlechterbeziehungen, zu neuen Entwicklungen und Fragestellungen in Bezug auf Frauen, Männer, Homosexuelle, Transidentitäten und ihre Konflikte. Offensichtlich ist bei einer großen Anzahl von Personen und Gruppierungen noch gar nicht angekommen, was mit „Gender" oder „Gender Mainstreaming" gemeint ist und was die Schöpfungserzählungen, die biblischen Gebote und das Grundgesetz für alle Personen bedeuten: „Die Würde des Menschen ist unantastbar." Der Sinn der Differenzierung von Geschlecht und Gender und von Gleichberechtigung für alle Menschen wird oft nicht verstanden, ebenso wie deren Bedeutung in privaten und öffentlichen Beziehungen, und zwar weltweit.

Hier zeigen sich Herausforderungen für seelsorgerliches Handeln, Training und Seelsorgelehre des 21. Jahrhunderts. Aspekte der Geschlechtlichkeit, der geschichtlichen und kulturellen Prägungen von Mädchen und Jungen, von Frauen und Männern, von Personen mit Transidentitäten und ihre Beziehungen zueinander berühren die sensibelsten Bereiche des Lebens: Fragen des Gewordenseins, der Zugehörigkeit, des Überlebens, der Leiblichkeit, der intimsten Bereiche menschlichen Lebens, der Tätigkeiten und vor allem: der Aspekte von Einfluss, Macht und Herrschaft.

Genderbewusste und -sensible Seelsorge greift viele Themen auf, die seit Anfang der Kommunikation zwischen Menschen und ihrer Umwelt eine zentrale Rolle spielen: Geburt und Tod, Verbindung und Trennung, Liebe und Glückseligkeit, Eifersucht und Hass, Gerechtigkeit und Leiden an den Folgen von Ungerechtigkeit, Kooperation und Abspaltungen, Kampf und Vernichtung. Was bedeuten diese Herausforderungen für Mädchen und Frauen, für Jungen und Männer? Für Menschen, die sich mehrfach oder fließend identifizieren?

Genderorientierte Seelsorge nimmt alle diese Fragestellungen nicht nur in Bezug auf einzelne Menschen und deren persönliche Lebensgeschichten und Situationen auf, sondern schafft auch ein Bewusstsein für historische Entwicklungen unterschiedlichster Gruppierungen in vielfältigen Kontexten, bezogen auf Systeme und Strukturen des gesellschaftlichen Lebens. Darin liegen große Ähnlichkeiten zur interkulturellen Seelsorge.

2. Theoretische Hintergründe: Konstruktivismus, Komplexität und Vielfalt

Die Komplexität der Genderthematik bedarf einer vielfältigen theoretischen Grundlegung des Wissens und des Trainings einer Haltung, die bereit ist, ausgehend von eigenen Werten und Grenzen mit einer Vielfalt von Möglichkeiten menschlicher Seins- und Lebensweisen zu leben, sie zu verstehen und mit ihnen in der professionellen Arbeit kompetent umzugehen. Dazu ist eine Erweiterung des eigenen Wissens, Denkens, Wahrnehmens und Handelns in unterschiedlichen wissenschaftlichen und sozialen Bereichen erforderlich.

2.1 Rechtlicher Rahmen

Der Begriff ‚Gender' wird heute als Kennzeichnung der sozialen, gesellschaftlichen und kulturellen Konstruktion von Geschlecht genutzt, während der herkömmliche Begriff Sex/Geschlecht die in der Evolution sich entwickelnden biologischen, physischen Aspekte der Prägung von Personen meint. Diese Aufteilung ist jedoch auch umstritten und Ende des 20. Jahrhunderts ausführlich diskutiert worden.

In dem Begriff ‚Gender Mainstreaming' sind jedoch beide Aspekte relevant. Nach der Definition des Bundesministeriums für Familie, Senioren, Frauen und Jugend bedeutet Gender Mainstreaming, „bei allen gesellschaftlichen Vorhaben die unterschiedlichen Lebenssituationen und Interessen von Frauen und Männern von vornherein und regelmäßig zu berücksichtigen, da es keine geschlechtsneutrale Wirklichkeit gibt". Die Leitfrage für die Durchführung heißt z.B. bei der Presse und Öffentlichkeitsarbeit des Ministeriums: „Wie werden bei Entscheidungen und Prozessen (Mainstreaming) in der Presse und Öffentlichkeitsarbeit die gesellschaftlich, sozial und kulturell geprägten Geschlechterrollen (Gender) von Männern und Frauen berücksichtigt"?[1]

Die Richtlinien sind bindend für alle öffentlichen Einrichtungen in der BRD und in der EU und werden auch als Maßstab für die Genehmigung von Geldern aus öffentlichen Mitteln und der Durchführung aller öffentlichen Ämter und Einrichtungen angelegt. Denn nach Jahrzehnten der Aufmerksamkeit für die weltweit prekäre Situation von Mädchen und Frauen wurde Ende des 20. Jahrhunderts auch deutlich: Ohne politische und rechtliche Maßnahmen lassen sich zahllose Varianten von Ungerechtigkeit, ökonomischer, psychischer, physischer und sexueller Ausbeutung, Versklavung, Folterung und Ermordung von Mädchen und Frauen nicht verändern. Eine der wichtigsten Einsichten westlicher,

---

1 *Bundesministerium für Familie, Senioren, Frauen und Jugend*: Checkliste Gender Mainstreaming bei Maßnahmen der Presse und Öffentlichkeitsarbeit, Stand 2005, 2.

weißer Theologinnen und Seelsorgerinnen in den USA war es, ihren eigenen Anteil an der Ausbeutung unzähliger Mädchen, Jungen und Frauen in anderen Teilen der Welt zu erkennen, von denen z.b. ihre Kleidung in mühseliger Kleinarbeit hergestellt wird.

Kirchen und ihre unterschiedlichen Seelsorgeeinrichtungen, die Lehre und das Seelsorge-Training haben sich also an diesen Leitlinien auszurichten, da sie nicht in einem rechtsfreien Raum aktiv sind, sondern eingebunden in die Rechtsgrundlagen unserer gesellschaftlichen Systeme. Daher ist es keine Frage von freier Entscheidung oder Beliebigkeit, ob Kirchengemeinden oder Seelsorgende sich an diesen Grundsätzen ausrichten und beispielsweise eine gendergerechte Sprache verwenden, sondern eine selbstverständliche ethische Ausrichtung, die alle betrifft. Dass die Gleichstellung von Frauen und Männern, Homosexuellen und Transidenten trotz aller Fortschritte immer noch großer Anstrengungen bedarf, kann nicht nur an der Lohn- und beruflichen Chancenungleichheit aufgezeigt werden, sondern auch in vielen anderen Bereichen. Vor allem in den großen Kirchen und kleineren freikirchlichen Gemeinschaften bis hin zu Sekten stellen die spirituelle, ökonomische oder sexuelle Unterordnung und seelische wie ökonomische Ausbeutung von Frauen und auch Männern, Mädchen und Jungen nach wie vor eine riesige Herausforderung für Seelsorge und Beratung dar. Wenn beispielsweise in einem Seelsorgetraining ein evangelischer Supervisor die Abhängigkeit von Supervisand*innen ausnutzt, und Kolleg*innen ihn (oder sie) decken, dann bedeutet dies ein Problem für das Berufsbild und die Vertrauenswürdigkeit der Seelsorge. Wenn in der Vatikanstadt Ordensschwestern jahrzehntelang trainiert werden, ihrem eigenen Willen zu entsagen und sich ganz dem Willen Gottes hinzugeben, wenn ihnen gleichzeitig verboten wird, mit anderen Mit-Schwestern und Brüdern über persönliche Dinge zu sprechen; wenn sie dann von den „Stellvertretern Gottes", den Priestern oder gar Bischöfen, zu erotischen oder sexuellen Handlungen genötigt werden, sogar schwanger werden und dann gezwungen werden, diese Kinder abzutreiben, dann hat dies nicht nur kircheninterne Relevanz. Hier bedarf es einer umfassend informierten, couragierten und kompetenten Seelsorge für die betroffenen Personen, für die Systeme, in denen dies geschieht, und für kirchliche und öffentliche Einrichtungen in all ihren Tätigkeiten.

Durch die Entstehung von Frauen- und Männerforschung, durch feministische Theologie, feministische Psychologie und andere Ansätze ist deutlich geworden, dass Missbrauch ein Thema einseitiger Machtausübung ist. Seelsorgende und Beratende sowie ihre Ausbilder*innen müssen sich mit diesem Machtgefälle und dessen Folgen auseinandersetzen und dies auch als Bildungsaufgabe begreifen. Seelsorge für Seelsorger*innen ist zu entkoppeln von Ämterhierarchie und sollte daher nicht von Vorgesetzten ausgeführt werden. Genderbewusste Seelsorge in und an Systemen bedeutet, dass die Begleitung in den rechtlichen Rahmen der Gesetze und Menschenrechte eingebunden ist, die für alle Formen von Menschen- und Kinderrechtsverletzungen gelten.

2.2 Neuere Ansätze in den Naturwissenschaften

Durch Neurobiologie, Hirnforschung und Sexualforschung ist deutlich geworden, dass die Trennung von Natur und Kultur in der Prägung von Personen als Frauen und Männern schwierig und unzutreffend ist, da jede genetische Anlage auch durch den Lebenskontext veränderbar ist. So haben Lebensweisen Einfluss auf die Entstehung von biologisch vererbbaren Komponenten wie beispielsweise das Essverhalten der Vorfahren auf die Gesundheit und das Essverhalten der Nachkommen in mehreren Generationen. Entsprechend können auch Geschlechtsmerkmale variabel vererbt werden, und es gibt etliche Kinder, die mit weiblichen und männlichen Geschlechtsteilen und Anlagen geboren werden und weder eindeutig männlich noch weiblich sind. John Money und andere gingen in ihren Forschungen davon aus, dass es möglich ist, durch kulturelle Prägung die Geschlechtszugehörigkeit eindeutig zu machen, indem entschieden wurde, dass ein Säugling als Junge oder Mädchen erzogen wird.[2] Viele dieser Entscheidungen haben sich äußerst problematisch für die heranwachsenden Kinder ausgewirkt. Lange wurde

---

2   *John Money*: Men and Women, Boy and Girl: Gender Identity from Conception to Maturity, Maryland 1996.

dabei das binäre Muster ‚Frau oder Mann‘, ‚Mädchen oder Junge‘ nicht in Frage gestellt, ein transidentes Geschlecht hatte keinen Raum.[3]

Heute gehen Forscher*innen davon aus, dass es zwar geschlechtsspezifische Unterschiede gibt, die Unterschiede zwischen Frauen und Männern jedoch innerhalb ihrer eigenen Geschlechtsgruppe größer sind als die zwischen ihnen.[4] Männer und Frauen sind sich offensichtlich ähnlicher als sie verschieden sind. Jede Person hat eigene Prägungen, die vielseitig und vielfältig sind, auch wenn es viele Merkmale gibt, die jeweils Frauen mit Frauen und Männer mit Männern verbinden – sowohl bei Menschen als auch im Tierreich.

Jedes Lebewesen ist einzigartig, jede Person auch und gleichzeitig ein Teil des Ganzen in einem unendlichen Netzwerk. Damit berühren sich neuere Erkenntnisse der Wissenschaften und uralte Weisheiten der Völker mit Ausdrucksweisen von Spiritualität, Frömmigkeit und Theologie. So heißt es in Psalm 139 in Hinwendung zur Quelle des Lebens: „Du selbst hast mein Inneres erschaffen, hast mich gewoben im Schoß meiner Mutter. Ich danke Dir, dass ich so staunenswert und wunderbar gestaltet bin." (Ps 139, 13-15)

2.3 Soziologische, ökonomische, psychologische und politische Aspekte

Aspekte von „linking" und „ranking", von Suche nach Zugehörigkeit, Anerkennung, Gier nach Einfluss, Macht, Gewalt und Abgrenzung spielen auch bei anderen wichtigen Themen des Umgangs mit Unterschieden zwischen Menschen eine Rolle, sodass bereits Anfang der 1970er Jahre in den USA die klare Forderung erhoben wurde, Sexismus, Rassismus und Klassismus im Zusammenhang zu sehen, zu verstehen und zu ver-

---

3 Anders war dies in einigen anderen Kulturen und Kontexten, wie z.B. der Status der Muche in Mexico zeigt, in dem Männer, die als Künstlerinnen leben und die Feste gestalten, die für diese Gesellschaft wichtig sind, als doppelt geschlechtlich lebend anerkannt werden. Vgl. dazu *Veronika Bennholdt- Thomsen*: Juchitan. Stadt der Frauen, Reinbek bei Hamburg 1997.

4 Vgl. *Constanze Kindel*: GEO Kompakt, Nr. 57, 88: „Auf all diesen Ebenen gilt: Bei den weitaus meisten Menschen finden sich neben Merkmalen, die eher für das eigene Geschlecht typisch sind, auch solche des jeweils anderen."

ändern. Diskriminierung und Ungleichbehandlungen werden sowohl von Frauen als auch von Männern erlebt, wenn sie geringer Geschätzte, geringer Verdienende, geringer Gestellte sind. Nach wie vor werden Frauen für ihre Arbeit entweder gar nicht oder geringer bezahlt (vgl. Beziehungs-, Haus-, Familien- und Pflegearbeit). Die Einflussmöglichkeiten von Frauen sind in Kirchen, Großkonzernen, Parteien, Lobbygruppen wesentlich geringer als die von Männern, obwohl „Unternehmen, die sich beim Frauenanteil im Führungsteam im obersten Viertel des betrachteten Firmenuniversums befanden," eine „überdurchschnittliche operative Marge" erzielen, sprich: „Frauen in der Führungsetage sind ein Gewinn".[5] Sie stoßen jedoch an die „glass ceiling", eine unsichtbare Decke der Zusammenarbeit von Männern und Institutionen mit Privilegien. Das wird sich durch die Weiterentwicklung von Technik, Digitalisierung und künstlicher Intelligenz für Einflussreiche noch verstärken. Nach wie vor leisten Frauen und abhängige Männer weltweit mühselige, kraftzehrende Kleinarbeit für Technisierung, Computerindustrie und künstliche Intelligenz, und zwar unter schwierigsten Bedingungen. Zunehmend kommen jedoch auch Männer der Industrienationen durch Veränderungen der Arbeitswelt in zunehmend prekäre Lebenssituationen (Feminisierung der Arbeit). Spürbar sind schon heute Folgen in der Zunahme von psychischen und physischen Krankheiten, Suchtverhalten, Wut- und Gewaltäußerungen. Damit wird gendersensible, gerechtigkeitsorientierte Seelsorge und Beratung, auch im Internet, als öffentliche Aufgabe für ganze Berufsgruppen und Kontexte herausgefordert.

2.4 Feministische Theologie und Seelsorge

Historisch gesehen entwickelte sich Genderbewusstsein in der Theologie durch die unterschiedlichen Frauen-, Männer- und Homosexuellen-Bewegungen weltweit. Dazu kamen auch Frauenforschung und Ansätze feministischer und trans-identer Theorie und Praxis, welche die jahrhundertelange Rede von „dem" Menschen zu differenzieren begannen. Erhellend waren die theologischen Forschungen von Rosemarie

---

5 *Andreas Hippin*: Frauen in Führungspositionen: Was man sagt und was man tut, Neue Zürcher Zeitung vom 16.2.2019, 39.

Radford-Ruether, die auf ein Grundproblem klassischer Theologie (und auch klassischer Seelsorge) aufmerksam machte: Die Welt, das Leben, die Beziehungen zu Gott und die Gestaltung geistlichen Lebens wurden jahrhundertelang nur aus Sicht *eines* biologisch, sozial und historisch geprägten Geschlechtes gesehen, definiert und durchgesetzt. Mit dieser Abtrennung unterschiedlicher Wahrnehmungen und Lebensgestaltungen ging die Vielfältigkeit der Schöpfung verloren.[6]

Genderbewusste Seelsorge beruht auch auf einer Anfrage an theologische Grundverständnisse und Neuinterpretationen des Gottesverständnisses, der Schöpfung, der Sünden- und Erlösungslehre sowie der Ethik. Damit gehen natürlich Anfragen an das Amtsverständnis unterschiedlicher Kirchen und kirchlichen Gemeinschaften einher, die alle seelsorgerlich und beratend tätig sind. Die vielfältigen Veränderungen, die in Kirchen und Seelsorgeeinrichtungen durch unterschiedliche theologische und liturgische Neuerungen angestoßen wurden (beispielsweise ‚womanist' und ‚mujerista' Theologie) können hier nicht ausgeführt werden, jedoch ist inzwischen klar: Systeme sind äußerst beharrungsorientiert, besonders, wenn sie auf Privilegien beruhen. So wurde Frauenforschung sehr zögerlich in Seelsorgeausbildungen aufgenommen und kirchliche Liturgie vollzieht sich verbal nach wie vor fast ausschließlich in androzentrischer Symbolik („im Namen des Vaters, des Sohnes und des Heiligen Geistes").

3. Konzept: Genderbewusste Seelsorge als Kunst der Begegnung und der Kooperation in transformativen Zeit/Räumen

Wenn wir die Aufgabe von Seelsorge und Beratung darin sehen, Sinnzusammenhänge zu erschließen, die die Entwicklungen neuer Perspekti-

---

6 Vgl. *Rosemary Radford-Ruether*: Sexism and God Talk: Towards a Feminist Theology, Boston/Toronto 1983, 88: "We alone can ‚sin'. We alone can disrupt and distort the balances of nature and force the price for this distortion on less fortunate humans as well as the nonhuman community."

ven, Erlebens- und Verhaltensweisen und Kommunikation in Lebensgeschichten ermutigen, dann sind nicht nur individuelle, therapeutische
Aspekte wichtig, sondern auch gesellschaftliche, politische, theologische und spirituelle. So wird Seelsorge zu einer Arbeit des Zusammen-
wirkens unterschiedlicher Disziplinen, unterschiedlicher Geschlechter
und verschieden gewachsener religiöser und theologischer Traditionen,
in welchen die Geschichte und die Geschichten aller Raum bekommen.
Besonders berücksichtigt werden dabei diejenigen, denen üblicherweise
nicht zugehört wird, die nicht für beachtenswert gehalten werden,
denen nicht geglaubt wird. Dieser Zeit/Raum ist zugleich Schutzraum
und Raum zur Veränderung, privater und öffentlicher Raum, Raum
des Hörens von Geschichten und des Begleitens. Gehörte werden zu
Autorinnen oder Autoren der je eigenen Geschichte in Verbindung zu
den Geschichten der vorhergehenden und nachfolgenden Generationen.
Effektive Seelsorge arbeitet mehrgenerational – auch das entspricht
alten biblischen Weisheiten und ist besonders für die Aufarbeitung von
Traumatisierungen wichtig.[7]

Ein Grundmodell aus der Generationsgeschichte der Menschheit,
das leider in den Hintergrund gerückt ist, ist die Bedeutung der Schwes-
ter-Bruder-Beziehung in matrilinearen und matri-zentrierten Lebensfor-
men, die als Grundlage kooperativer Geschlechterbeziehungen wirkte.
Daraus haben der afrikanisch-amerikanische Theologe Archie Smith
Jr. (San Francisco) und ich einen Ansatz der Seelsorgelehre entwickelt,
Geschwisterlichkeit als zeitgenössische, bewusste Wahl zwischen Per-
sonen und Gruppierungen unterschiedlichster Herkunft zu verstehen.
Leitfrage war für uns: „Wie ist es möglich, dass Frauen, Männer und
Kinder aus unterschiedlichen kulturellen und spirituellen Hintergrün-

---

7   Vgl. *Ursula Riedel-Pfäfflin*: Feministische Seelsorge Kunst der Begegnung in trans-
    formativen Zeit/Räumen, in: *Uta Pohl-Patalong/Frank Muchlinsky* (Hg.): Seelsorge
    im Plural. Perspektiven für ein neues Jahrhundert, Hamburg 1999, 51-62 sowie
    dies./*Andrea Siegert/Heidrun Novy*: Ich schreibe mein Leben. Kriegsfolgen im Frie-
    den. Frauen der Wende erzählen Familiengeschichten, Münster ²2014.

den zusammenkommen und gegen allgemeine Formen der Unterdrückung kämpfen – und in diesem Prozess Wahl-Geschwister werden?"[8]

Ein zukunftsweisendes Modell für gender- und ökologiebewusste Seelsorge kann dabei aus der Idee des „Ökoton" abgeleitet werden, die Natalie Knapp eingeführt hat.[9] Das Ökoton ist ein ökologischer Spannungsraum, ein Lebensraum unterschiedlicher Landschaften, in welchen jeweils andere Regeln gelten, die jedoch nur in Zusammenarbeit überleben können, so wie Wald und Wiese durch die Hecke, Land und Meer durch Mangrovenwälder verbunden werden und vielfältig miteinander kommunizieren. „Ein Übergang ist ein Ort, an dem der Wald die Wiese ruft, und die Wiese dem Wald antwortet"[10].

In diesem Übergangsraum ist die Biodiversität wesentlich höher. In Analogie dazu können wir den Raum zwischen unterschiedlichsten Personen und Systemen mit spannungsvollen Beziehungen und Geschlechtlichkeiten als *Sozioton* begreifen.

Für genderbewusste Seelsorgelehre und das Training von Seelsorgenden/Berater*innen ist es deshalb wichtig, die Veränderungen in unterschiedlichsten Kontexten für Mädchen und Frauen, Jungen und Männer aller Identitäten zu verstehen und sie in die Bereiche seelsorgerlicher Alltagshandlungen so zu übersetzen, dass sie für das Leben der Beteiligten einen Unterschied anregen, der sinnvoll und lebensfördernd wirkt.

Seelsorge bezieht sich in der hebräischen Tradition auf *nefesch*, die Seele als Lebensodem, das, was Leben lebendig macht. *Nafshi*, meine Seele, kann auch für „Ich" als mein Leben in der Gemeinschaft stehen. Seelsorge hat auch immer eine gesellschaftliche Dimension: Die Lebenskraft einer Gemeinde, einer Gemeinschaft, ganzer Kontexte. „Geschlechterbewusste Seelsorge verstehen wir ähnlich wie kulturell bewusste Arbeit, eine Sichtweise, welche die Bedeutung der jeweiligen Kontexte und mehrgenerationalen Muster und symbolischen Ordnun-

---

8   *Archie Smith Jr./Ursula Riedel-Pfäfflin*: Siblings by Choice: Race, Gender and Violence, St. Louis 2004, 1 (Übersetzung U. Riedel-Pfäfflin).
9   Vgl. *Nathalie Knapp*: Der unendliche Augenblick. Warum Zeiten der Unsicherheit so wertvoll sind, Reinbek bei Hamburg ⁵2018.
10 A.a.O., 35.

gen für Beziehungen und Kommunikation ernst nimmt, und zwar zwischen Personen in all ihrer Vielfalt."[11]

4. Praxisrelevanz: Neue Herausforderungen

Gendersensibilität und -orientierung sind eine Querschnittsaufgabe für jede Gesellschaft, jede Kirche, jede Lehre und jede Seelsorgepraxis. Denn Geschlechtlichkeit betrifft alle Menschen, jederzeit, von morgens bis abends, im Alltag und in besonderen Situationen. Dafür ist die Aufmerksamkeit auf Sprache und Rituale wichtig, denn mittels Kommunikation entstehen menschliche Systeme – sei es in verbaler oder nonverbaler Sprache.[12] Im Zuge der Forschung mit Missbrauchsopfern wurde deutlich, dass in Gemeinden, in denen Pfarrer von der Kanzel in ihren Predigten offen über möglichen Missbrauch an Kindern, Jugendlichen und Erwachsenen sprechen, die Anzahl der Seelsorge und Hilfe suchenden Personen, vor allem der Frauen, steigt, die jahrelang Missbrauch erlitten hatten. Es hilft also den Betroffenen, wenn sie sich nicht nur als allein Leidende erleben, sondern ihre Erfahrung als öffentliches Problem benannt wird. Hier haben sich nicht nur das Anerkennen der Taten und ihrer Folgen als stärkend erwiesen, sondern auch Rituale der Zeugenschaft und Aufarbeitung.

Nachdem sich das lange Leiden von homosexuellen Männern und Frauen aufgrund der gesetzlichen Rahmenbedingungen in Westeuropa und den USA verändert hat, ist es besonders wichtig, den Kindern, Jugendlichen und Erwachsenen aufmerksam zur Seite zu stehen, die Unsicherheiten in Bezug auf ihre Identität äußern und eventuell neue Wege erproben wollen, möglicherweise im Sinne eines inneren Soziotons: Identitätsräume in Kommunikation.

In der katholischen Lehre und auch in einigen protestantischen Gemeinschaften wird Homosexualität immer noch als Sünde gesehen

---

11 *Ursula Riedel-Pfäfflin/Julia Strecker:* Flügel für Alle. Feministische Seelsorge und Beratung. Konzeption – Methoden - Biographien, Münster [2]2011, 81.
12 Siehe den Beitrag von Elisabeth Naurath in diesem Buch.

und sanktioniert. Hier wird sichtbar, dass eines der wichtigsten Gen-
derthemen von den Beteiligten noch zu wenig wahrgenommen wird,
nämlich die Bedeutung der einseitig auf Stärke, Sachlichkeit, Durch-
setzungswillen, Kampf und Macht ausgerichteten Männlichkeiten, die
immer noch weltweit dominieren und deshalb Homoerotik, Homosexualität und Transidentitäten als Bedrohung sehen. Hier wären eine Theologie und Seelsorge notwendig, die Verstehen durch Genderkompetenz
ermöglicht und bewusst einsetzt, so wie es schon in einigen Landes-
kirchen und Kommunen durch Beauftragte und Netzwerke geschieht.[13]
Wichtige Herausforderungen für eine genderbewusste Seelsorge sind
das Bewusstsein und praktische Fähigkeiten für die Entwicklung neuer,
auch öffentlicher Rituale in Situationen von Katastrophen und Terror-
folgen, die ganze Familien, Religionsgruppen und Kontexte betreffen.[14]

5. Ein Praxisbeispiel: Seelsorge mit Studierenden und Familien

Während eines Seminars für Studierende der sozialen Arbeit fällt mir
eine Studentin auf, die sehr ruhig und wenig mitteilsam ist. Sie bittet
mich einige Zeit nach Abschluss des Seminars um ein Gespräch, das
auch sehr stockend beginnt. Ich merke, dass sie sehr belastet ist, jedoch
Probleme hat, die Belastung zu artikulieren. Anknüpfend an Inhalte des
Seelsorge- und Beratungsseminars erzählt sie, dass sie aus der Familie
einer religiösen Gemeinschaft kommt, in der ihr Vater Vorsteher ist,
ihre Mutter auch eine wichtige Rolle hat und einer ihrer Brüder ebenfalls eine Führungsposition einnimmt. Nach mehreren Anläufen erzählt
sie, dass ihr mittlerer, etwas älterer Bruder sie früher veranlasst habe,
sich für ihn zu entblößen und sexuell zur Verfügung zu stehen. Sie habe

---

13 Vgl. beispielsweise den Beauftragten für Geschlechtergerechtigkeit der ev.-luth.
Kirche in Norddeutschland oder das Männernetzwerk Dresden e.V.
14 Vgl. *Ursula Riedel-Pfäfflin*: Systemische Seelsorge als Aufgabe gesellschaftspoliti-
scher und spiritueller Kommunikation, in: *Isabelle Noth/Ralph Kunz* (Hg.): Nachdenkliche Seelsorge - seelsorgliches Nachdenken (Festschrift für Christoph Morgenthaler zum 65. Geburtstag), Göttingen 2012, 73-85.

fürchterliche Angst gehabt. Immer wieder habe er sie dazu gezwungen. Schließlich sei es dem Vater gesagt worden. Der habe den Bruder angehört, sein Reden als Beichte angesehen und sie aufgefordert, dem Bruder zu verzeihen; damit sei alles wieder in Ordnung. Das aber habe sie nicht vermocht und es quäle sie noch heute, vor allem in der Beziehung zu ihrem Freund. Sie sei sehr beeinträchtigt in ihrer Studienkraft, könne schlecht schlafen und sei immer wieder krank.

Genderbewusste Seelsorge versteht solche Erfahrungen nicht nur als psychisches Problem, das die junge Frau für sich bearbeiten muss, sondern nimmt den Kontext wahr, in welchem das Aufwachsen dieser Jugendlichen stattfand und welche Bedeutung in diesem Kontext biblische und gesellschaftliche Rollenbilder von Mutter und Vater, von Männern und Frauen, von Sünde und Vergebung, von Sexualität und Liebe haben.

Zunächst höre ich aufmerksam zu und entwickele mit ihr ein Vertrauensverhältnis, in dem sie in ihrer eigenen Kraft gestärkt wird: Sie ist nicht mehr allein in ihrem Wissen, in ihren Zweifeln. Dann ziehe ich mit Zustimmung der Studentin einen Kollegen hinzu, der Erfahrung mit mehrgenerationaler, systemischer Aufarbeitung von Traumatisierungen hat. Gemeinsam führen wir ein Gespräch mit den Eltern der Betroffenen, zu dem sie einlädt, und besprechen die Möglichkeit einer Familiensitzung, in welcher auch ihre ältere Schwester, ihr älterer Bruder, der andere Bruder, sie und ihr Freund teilnehmen. Dabei ist es wichtig, sie zu schützen, damit sie nicht erneut verletzt wird.

Eklatant ist, dass eine halbe Stunde vor Beginn der Familiensitzung herauskommt, dass der ältere Bruder auch die ältere Schwester missbraucht hatte, so dass hier also auch Wiederholung eines Musters auftauchte.

In der Folge beschließt die Familie, dass der ältere Bruder seine gemeindlichen Ämter ruhen lassen muss und eine biblisch fundierte Therapie machen soll. Der andere Bruder wird eingeladen, seine Verantwortung zu übernehmen und ebenfalls eine Therapie aufzunehmen.

Im weiteren Verlauf wird auch die freikirchliche Gemeinschaft mit dem Missbrauch konfrontiert und es beginnt ein offener Prozess der

Ablösung bisheriger Machtstrukturen durch und in der Familie. Der Kontakt zu der Frau bleibt erhalten und sie berichtet von Zeit zu Zeit über ihr weiteres Leben, in welchem sie zusammen mit ihrem Freund neue Freundeskreise, neue Wahlgeschwisterlichkeiten findet.

In dieser Seelsorgesituation wirken Vermittlung von Theorie und persönlichen Beziehungen, Aufklärung und Begleitung, Wahrnehmung von tiefen Ängsten, Scham und Verzweiflung sowie Ermutigung durch klärendes und schützendes Handeln zusammen: Resonanz und Empowerment.

Michael Meyer-Blanck

Seelsorge im Horizont der Bibel

1. Ausgangspunkt: Ist die Bibel in der Seelsorge Horizont und Mitte oder Ausnahme und Marginalie?

1.1 Ein Konsens: die Bibel als Horizont

Die von den Herausgeberinnen dieses Bandes gewählte Überschrift für meinen Beitrag ist in jeder Weise präzise. Damit wird aber nicht eine spezifische Konzeption der „Biblischen Seelsorge" postuliert; es geht mir im Folgenden vielmehr um die Beschaffenheit der christlichen bzw. der evangelischen Seelsorge überhaupt. Christliche Seelsorge erfolgt nach meiner Einschätzung immer *im Horizont* der Bibel. Damit ist der deskriptive Aspekt der Überschrift angesprochen.[1] Aber Seelsorge sollte auch im Horizont der Bibel gestaltet werden – darin besteht der normative Aspekt.

Der deskriptiven Kategorie des „Horizonts" kann kaum ernsthaft widersprochen werden, wenn man die Seelsorge als zielgerichtete Zuwendung zum einzelnen Menschen im Kontext der Kommunikation des Evangeliums auffasst.[2] Seelsorge durch Pfarrer*innen, kirchliche Mitarbeiter*innen oder Gemeindeglieder erfolgt – gewissermaßen zwangsläufig – im Horizont der Bibel. Die biblische Deutungstradition des Lebens ist in der Seelsorge stets als verborgene oder explizite

---

1 Frühere Gedanken zu demselben Themengebiet finden sich in den folgenden Artikeln: *Michael Meyer-Blanck*: Die Bibel im Mittelpunkt des Seelsorgegesprächs, in: Pastoraltheologische Informationen 26 (2007), 175-185; *ders.*: Die Bibel im Seelsorgegespräch, in: ders./Birgit Weyel: Studien- und Arbeitsbuch Praktische Theologie, Göttingen ²2008 [1999], 149-157 sowie *ders.*: Theologische Implikationen der Seelsorge, in: Wilfried Engemann (Hg.): Handbuch der Seelsorge. Grundlagen und Profile, Leipzig ³2016 [2007], 40-55.

2 Vgl. Meyer-Blanck 2016, 52.

Mitte präsent. Sie bildet den gemeinsamen Horizont derer, die in der Gemeinde oder ihrem Umfeld miteinander sprechen.

Bei allen religiösen und milieubedingten Differenzen gibt es doch eine gemeinsame Grundüberzeugung. Diese lässt sich mit den folgenden Annahmen umschreiben: Gott kann gesucht und gefunden werden (Jer 29,13; Mt 7,8); Gott kann dem Menschen fern sein, aber auch nahe (Jer 23,23; Apg 17,27); das Schwache ist wertvoll und wird von Gott in besonderer Weise geschützt (Jes 42,3; 1 Kor 1,27). Vor allem aber ist das Ganze und Umgreifende, das die religiöse Sprache „Gott" nennt, nicht schlechthin fremd und unzugänglich, sondern es ist im Zusammensein der Menschen erfahrbar (Joh 1,14) und ansprechbar (Mt 6,5-13). Der von den biblischen Autoren geglaubte Gott hat einen Namen (Ex 3,1-14) und kann als Vater angeredet werden (Jes 63,16; Mt 6,9; Röm 8,15).

Das alles muss nicht ausgesprochen – und schon gar nicht wörtlich zitiert – werden. Aber das alles bildet den Horizont seelsorgerlichen Handelns in der christlichen Gemeinde und Kirche. Wer Seelsorge betreibt, lebt – mehr oder weniger stark und mehr oder weniger explizit – aus dieser Deutungstradition. Die Seelsorge im Horizont des biblischen Glaubens ist eine Selbstverständlichkeit: In der Seelsorge ist der Glaube, „auch wenn von ihm expressis verbis gar nicht gesprochen wird", immer im Spiel – und damit ist in der Seelsorge auch „*Gott* im Spiel"[3].

Soweit dürfte es einen nahezu unwidersprochenen Konsens geben. Was aber ist mit der wörtlichen Bezugnahme auf biblische Texte, wie diese für das pastorale Handeln lange Zeit charakteristisch war? Ist diese Art der Bibelverwendung nicht doch zur Marginalie und Ausnahme geworden? Kann man in Zeiten radikaler Individualisierung und Pluralisierung noch ernsthaft für das Verabreichen von Bibelsprüchen oder biblischen Geschichten plädieren?

---

3 *Jürgen Ziemer:* Seelsorgelehre, Göttingen 2000, 143 (Hervorhebung im Original).

1.2 Der historische Dissens

In Zeiten der Ausdifferenzierung von pfarramtlicher und gemeindlicher Seelsorge einerseits und psychologischer Beratung andererseits hat es immer wieder die ungute Alternative zwischen psychologisch-therapeutisch und biblisch bestimmter Seelsorge gegeben. Der Höhepunkt der Auseinandersetzung lag in den 1970er Jahren, als die US-amerikanische Seelsorgebewegung, z.t. über den Umweg in den Niederlanden, in Deutschland rezipiert wurde. Damals kam es zu problematischen Entgegensetzungen, als stritten hier „bibelfreundliche Menschenfeinde mit menschenfreundlichen Bibelfeinden"[4]. Vielfach wurde mit gegenseitigen Unterstellungen gearbeitet, als ignoriere die therapeutische Seelsorge ihren biblischen Horizont und die biblisch bestimmte Seelsorge die Notwendigkeit empathischer Einfühlung und Wertschätzung. Die radikale Opposition zwischen Bibel und „Gruppendynamik" ist das Kennzeichen der Epoche der 1970er Jahre. Damals trat die therapeutische Seelsorge ihren Siegeszug in den Evangelisch-Theologischen Fakultäten und in den kirchlichen Ausbildungsordnungen an.

1.3 Die Bibel als Teil pastoraler Professionalität

Das Konzept einer *Seelsorge im Horizont der Bibel* soll derart ungute Spannungen auflösen und durch eine sinnvolle Verhältnisbestimmung ersetzen. Zunächst plädiert dieser Ansatz für eine sachliche Selbstvergewisserung: Die christliche Seelsorge hat die Bibel als Gesamttext immer schon im Gepäck, unabhängig davon, ob sie diese tatsächlich auspackt und eine bestimmte Stelle aufschlägt, oder ob sie die biblische Deutungstradition nur untergründig ins Spiel kommen lässt. Mit diesem Umstand gilt es bewusst umzugehen. Es gehört zur seelsorgerlichen

---

4   So zugespitzt karikiert von *Peter Bukowski*: Die Bibel ins Gespräch bringen. Erwägungen zu einer Grundfrage der Seelsorge, Neukirchen-Vluyn ³1996 [1994], 11. Besonders „Selbsterfahrung" und „Gruppendynamik" wurden in den 1970er Jahren zu Negativbildern theologisch konservativer Kreise, vgl. etwa *Horst-Klaus Hofmann*: Psychonautik-Stop. Kritik an der „Gruppendynamik" in Kirche und Gemeinde, Wuppertal 1977. Seriöser und abwägend ist dagegen der Band von *Horst Reller/Adolf Sperl* (Hg.): Seelsorge im Spannungsfeld. Bibelorientierung – Gruppendynamik? (Zur Sache Bd. 16), Hamburg 1979.

Professionalität, sich mit diesem Erwartungshorizont produktiv aus-
einanderzusetzen: Evangelische Pfarrer*innen werden als bibelkundige
Menschen betrachtet – egal, ob die Klient*innen das als Chance oder als
Verengung ansehen.

In zweiter Linie geht es aber auch darum, ob, wie, in welchem
Umfang und in welcher Situation die Seelsorger*innen die Bibel explizit zur Sprache bringen wollen. Soll auf das biblische Zeugnis insgesamt
hingewiesen werden und sollen einzelne Bibelstellen tatsächlich zitiert
oder miteinander gelesen werden?

2. Theoretische Hintergründe: Von der „Orthotomie" zur Rezeptionsästhetik

2.1 Die „Orthotomie" bei Carl Immanuel Nitzsch und Ernst Christian Achelis

In der klassischen Terminologie des 19. Jahrhunderts ist damit die
Frage der „Orthotomie" angesprochen. Seit Carl Immanuel Nitzsch
(1787-1868) hat sich die Einteilung in die drei Grundsituationen des
leidenden, des sündigenden und des irrenden Menschen eingebürgert,
und die professionelle Differenzierungsleistung beim seelsorgerlichen
Bibelgebrauch, die situativ angemessene Umgangsweise mit Bibelwort
hat den Namen „Orthotomie" erhalten. Nitzsch folgt mit diesem poimenischen Neologismus dem Vorbild einer besonders wissenschaftlich
anmutenden Fachsprache in der jungen Disziplin Praktische Theologie.
Für Nitzsch kommt es „auf das Maaß von Schriftgedächtniß und Schrif-
terfahrung und auf das *divinatorische Mitgefühl* mit dem vorliegenden
Bedürfnisse, welches dem Seelsorger beiwohnt, an, um den *Incidenz-
punct* zu treffen, auf welchem jedesmal das Wort Gottes auf seinen Empfänger und dieser auf jenes wartet"[5].

Später definierte Ernst Christian Achelis die Orthotomie als „die
richtige Scheidung, Einteilung, Austeilung, Anwendung des *göttlichen Wor-*

---

5   *Carl Immanuel Nitzsch*: Praktische Theologie III, 1, Bonn 1857, 168-181, dort 169f.
   (Hervorhebungen im Original).

tes für die verschiedenen Zustände und Bedürfnisse des einzelnen"[6]. Es müsse ermittelt werden, welches die passende biblische Überlieferung in der konkreten Situation sei, „ob Abrahams Gehorsam, ob Davids Sünde, Buße, Gebet, ob Assaphs Missmut und Demut, ob Salomos Gebet oder Salomos Versuchung und Fall usw."[7]

Das Bibelwort sollte also nach dem Modell von Indikation und Medikamentierung möglichst passgenau „verabreicht" werden. Der Seelsorger sollte in Analogie zum Arzt die Arten des jeweiligen Leidens genau unterscheiden können und in der Wahl des jeweiligen Gegenmittels ebenso kundig sein, um dem Gegenüber helfen zu können. Gewiss wird dabei noch nach dem Muster einer in allgemeine Erfahrungsregeln zu fassenden „Anwendung" verfahren; aber das Prinzip der Schleiermacher'schen Kunstregeln soll zu einer möglichst persönlichen Einfühlung des Seelsorgers helfen und nicht zu einer mechanischen Anwendung nach dem Muster „Wenn-dann" verleiten. Explizit wies Achelis auf die Bedürfnisse des *Einzelnen* hin und schon Nitzsch hatte von dem „divinatorischen Mitgefühl" gesprochen, das man heute vielleicht mit dem Begriff einer situativen Empathie umschreiben würde. Der Bibelgebrauch in der Seelsorge sollte nach diesen beiden Klassikern nicht schematisch erfolgen, sondern psychologisch reflektiert sowie emotional, situativ und individuell passend. Die sorgfältige Orthotomie sollte auf die „Individualität des Pfleglings" ebenso achten wie auf die Individualität des Seelsorgers, so dass es „ein objektives Gesetz, das schablonenhaft anwendbar wäre, in der speziellen Seelsorge"[8] nicht geben sollte. Freilich: Der Seelsorger sollte aufgrund seiner professionellen theologischen Kompetenz wissen, was für die jeweiligen Klienten gut war. Er teilte das Bibelwort aus. Darin lag das erkennbare Gefälle

---

6   *Ernst Christian Achelis*: Lehrbuch der praktischen Theologie, Bd. 3, Leipzig [3]1911, 86, Hervorhebungen im Original. Weniger glücklich, nämlich detailliert allegorisierend bemerkt Achelis zur Etymologie: „Orthotomein" bedeute „gerade oder richtig schneiden entweder im Interesse der Empfänger so, dass jeder das richtige Stück bekommt (also tranchieren), oder im Interesse des Gegenstandes so, dass das Innere durch den Schnitt bloßgelegt wird (also sezieren)" (86, dort teilweise hervorgehoben).

7   A.a.O., 87.

8   Ebd.

zwischen Seelsorger und Gemeindeglied, während mit der differenzierten Wahrnehmung der Situation das subjektbezogene und empirische Moment gegeben war.

2.2 Die Engführung des Bibelgebrauchs in der kerygmatischen Seelsorge

Der bei Nitzsch und Achelis erreichte Grad an genauer Wahrnehmung wurde dann aber im Zuge der Wort-Gottes-Theologie des 20. Jahrhunderts nicht mehr erreicht. Das hing mit der soteriologischen, rechtfertigungstheologischen Zuspitzung zusammen. Im Blick der Seelsorgetheologie war fast ausschließlich das Sündersein des Menschen, so dass es im helfenden Gespräch – jedenfalls seiner Theorie nach – auf die grundlegende Konfrontation des Menschen mit seinem Leben im Widerspruch zu Gottes Wort ankam. Das bedeutete einerseits die Überwindung eines moralisch verengten Sündenverständnisses, denn im Mittelpunkt der poimenischen Theoriebildung stand der existenziell zerrissene Mensch. Andererseits wurde durch die Fokussierung auf die Rechtfertigung das Grundverständnis der Seelsorge überdehnt und dramatisiert (wie es für die Zeit der expressionistischen 1920er Jahre insgesamt charakteristisch war).[9] Die Konzentration auf den sündigen Menschen drohte den leidenden und den irrenden Menschen aus dem Blick zu verlieren. Das Alltägliche, bisweilen auch Banale des menschlichen Lebens und der Seelsorge wurde kaum mehr wahrgenommen und die Bibel wurde auf die Rechtfertigung und Erlösung reduziert. Die Begleiterscheinung der problematischen soteriologischen Konzentration war die Gleichsetzung des Bibelgebrauchs mit Beichte und Sündenvergebung. Damit war die Konzentration eine Engführung, die die meisten Seelsorger*innen überforderte (insofern sie ihre Praxis tatsächlich an diesem Modell ausrichteten) und die viele Klient*innen befremdete (insofern sie denn überhaupt Seelsorge in Anspruch nahmen).[10]

---

9 Klassisch dazu vgl. *Eduard Thurneysen*: Rechtfertigung und Seelsorge, in: Zwischen den Zeiten 6 (1928), 197-218.

10 Zu einer differenzierteren Beurteilung der Seelsorgekonzeptionen von Hans Asmussen (1898-1968) mit der Konzentration auf die Beichte und von Eduard

2.3 Neuentdeckung der Bibel in der spielerischen Begegnung seit den 1990er Jahren

Erst mit der Neuentdeckung spielerischer und kreativer Umgangsweisen mit biblischen Texten verloren diese etwas von ihrer bedrückenden Schwere. Nach der prinzipienbezogenen Auseinandersetzung der 1970er Jahre entdeckte man in den 1990er Jahren das Spielerische und Offene bei dem Rekurs auf biblische Texte. Das geschah zunächst in der Homiletik und Religionspädagogik und die theoretischen Bezüge waren Rezeptionsästhetik und Semiotik. Die Lektüre biblischer Texte verlor etwas von ihrem autoritativen und ernsten Modus. In der Zeit, die man „Postmoderne" nannte, nahm man ein wenig Abstand vom Prinzipiellen und Schwerwiegenden. Statt nach der wissenschaftlich und soteriologisch richtigen Auslegung suchte man eher nach der Möglichkeit, eine Partie Bibel zu spielen. Alternative Erschließungen des Textes wie „Bibliodrama" und „Bibliolog" machten Mut, die Texte von den alltäglichen, individuellen Erlebnissen her zu verstehen. Jetzt ergaben sich wieder differenziertere Möglichkeiten des seelsorgerlichen Bibelgebrauchs. Man musste nicht beichten und sich die Sünden vergeben lassen – man musste aber auch nicht psychologisch gegen die Bibel in der Seelsorge protestieren. Man suchte vielmehr nach Möglichkeiten, sich der Bibel auszusetzen.

3.   Konzept: Seelsorge im Horizont der Bibel – Konturen einer subjektorientierten Orthotomie

Die rezeptionsästhetische bzw. semiotische Wende in der Praktischen Theologie der 1990er Jahre[11] nahm den biblischen Texten nicht nur das mitunter bedrückende verkündigende und beichttheologische Schwergewicht, sondern die erneuerte Haltung stand vor allem für eine ver-

---

Thurneysen (1888-1974) mit der Leitmetapher des „Bruches" vgl. Meyer-Blanck 2008, 150-153.

11 Vgl. dazu ausführlich den Literaturbericht *Michael Meyer-Blanck*: Von der Identität zur Differenz. Neuere Aspekte der Seelsorgediskussion, in: ThLZ 123 (1998), 825-842.

stärkte Subjektorientierung. Es ist ein Unterschied, ob mir ein Bibeltext „orthotomisch" als situativ passend verabreicht wird oder ob er mir zur Entdeckung von eigenen Möglichkeiten angeboten und zugespielt wird. Grundsätzlich anders ist in diesem Zusammenhang besonders das Rollenverständnis der Seelsorger*innen im Hinblick auf ihre biblisch-theologische Expertise. Im einen Fall teilen sie das Richtige zu, im anderen Fall setzen sie die biblischen Impulse, mit welchen sie die Anleitung geben, damit die Klient*innen selbst etwas damit anfangen können. Wenn man möchte, kann man von einer eher passiven Subjektorientierung (Nitzsch/Achelis) und von einer aktiven Subjektorientierung im Umfeld der Rezeptionsästhetik sprechen. Die biblischen Texte sollen eine Gesprächssituation nicht abschließend klären, sondern sie sollen Neues erschließen und anregend wirken. Zusammengefasst und auf eine Formel gebracht: Es geht um das eigene Entdecken statt um das pastorale Verkündigen.

Die entscheidende Publikation in diesem zeitlichen und theoretischen Kontext war das bereits erwähnte Buch „Die Bibel ins Gespräch bringen" von Peter Bukowski (geb. 1950).[12] Ausgehend von den durch Bukowski gegebenen Anregungen lassen sich verschiedene methodisch-didaktische Möglichkeiten des seelsorgerlichen Bibelgebrauchs unterscheiden. Ein Text kann nicht nur orthotomisch, also verkündigend (kerygmatisch) zugesprochen werden, sondern er kann auch empathisch, auffordernd, alternativ oder diskursiv ins Spiel gebracht werden.[13] Das hat unmittelbare Konsequenzen.

4. Praxisrelevanz: Fünf Modi einer subjektorientierten Verwendung biblischer Texte im Seelsorgegespräch

Unter einer subjektorientierten Verwendung von Texten wird eine Gesprächspraxis verstanden, die den Ratsuchenden mehr Empfindungs-, Denk- und Entscheidungsmöglichkeiten anbietet, als ihnen zuvor

12 S.o. Anm. 4.
13 Vgl. dazu Meyer-Blanck 2008, 156f.

bewusst waren. Wer Seelsorge betreibt, soll die eigenen Überlegungen der Klient*innen nicht abschließen bzw. beenden, sondern erweitern und vermehren. Es hilft der eigenen seelsorgepraktischen Kreativität, dabei fünf Möglichkeiten zu unterscheiden.

4.1 Kerygmatische Verwendung

Kerygmatisch ist der klassische „orthotomische" Bibelgebrauch, der eine Gesprächssituation bündelt, auf eine neue Ebene hebt oder diese in der Hoffnung auf Einverständnis abschließt. Wenn diese predigende, zusprechende Variante auch in den letzten Jahrzehnten zu Recht kritisch hinterfragt wurde, so ist diese doch in keiner Weise als negativ anzusehen. Weniger predigen sollten die Seelsorger*innen im Gespräch! Aber sie müssen sich andererseits das Zusprechen von Bibelworten nicht völlig versagen. Phil 4,4 etwa in einer Situation besonderen Glücksempfindens, Joh 16,33 nach einem überstandenen Depressionsschub oder Apg 16,27 im Rahmen der getroffenen Vereinbarung, einen schweren Schritt endlich zu wagen – so etwas wird die erfahrene und einfühlsame Seelsorge niemals ausschließen. Die Regel bleibt aber immer: Die kerygmatische Wendung kann nur begleitend erfolgen und darf das individuelle und situative Erleben nicht zudecken.

4.2 Empathische Verwendung

Bei der *empathischen* Verwendung dient ein biblischer Text dazu, den Gefühlen des Gegenübers Sprache zu verleihen. Hier hat sich die Sprache der Psalmen, insbesondere der Klagepsalmen, besonders bewährt. Das Urbild der Klage in den Psalmen sind Jesu Worte am Kreuz „Mein Gott, mein Gott, warum hast du mich verlassen?" (Mt 27,46) Der „Klagepsalm des Einzelnen" gibt die Menschen- und Gottesverlassenheit wieder, für die sonst oft die Sprache und Ausdrucksweise fehlen.[14] Die Aussichtslosigkeit der eigenen Lage gegenüber anderen Menschen (Ps 3,2), die Unruhe des eigenen Inneren (Ps 42,6) und die völlige Gottlosigkeit des eigenen Empfindens (Ps 27,9) – diesen und anderen Emp-

---

14 Dazu ausführlich jetzt *ders.*: Das Gebet, Tübingen 2019, 213-223 (§ 21: Der Psalter als Modell christlichen Betens).

findungen können die Klagepsalmen des Einzelnen Sprache verleihen. Nicht zuletzt verdrängte oder abgespaltene Gefühle wie Wut, Aggression oder Rache (Ps 139,19) können mit einem Psalmvers als denkbar und aussprechbar ins Gespräch gebracht werden. Die biblischen Texte erweitern damit die Optionen des Gegenübers, anstatt diese einzuschränken. Dieser letzte, restriktive Missbrauch im Sinne der Deckelung oder des Verbots von Gefühlen war es, der die Verwendung von biblischen Texten im Seelsorgegespräch so in Verruf gebracht hat. Positiv gewendet: Biblische Texte sollen im empathischen Modus helfen, mehr Empfindungen zum Ausdruck zu bringen – nicht aber weniger.

4.3 Auffordernde Verwendung
Die *auffordernde* Verwendung eines Bibelwortes zielt darauf, das Experiment eines Perspektivenwechsels zu wagen. So kann die quälende Empfindung eigener Schwäche mit 2 Kor 12,10c versuchsweise in eine persönliche Herausforderung zum Widerstand in innerer Stärke umcodiert werden. Dadurch kann der Zwang, sich ständig die eigene Autonomie und Stärke zu beweisen, als spätmoderne Ideologie entlarvt werden. Wenn man sich schwach fühlt, muss man dazu nicht auch noch ein Defizitempfinden entwickeln. Die Alternative des christlichen Glaubens geht dahin, die eigene Schwäche zu akzeptieren und gerade so innere Kohärenz („Stärke") zu finden.

4.4 Verwendung als alternative Möglichkeiten des Selbstverstehens und Handelns
Biblische Geschichten oder Bibelworte können auch als *alternative* Möglichkeiten des Selbstverstehens und Handelns angeboten werden. Das nimmt ebenfalls den schwerwiegenden, das Nachdenken abschließenden Charakter von der biblischen Überlieferung. Es gibt bei denselben Menschen durchaus unterschiedliche Grundorientierungen in verschiedenen Situationen. Nicht immer dient die Freiheit mir selbst und den anderen (1 Kor 9,19) – manchmal aber muss man das Prinzip der Freiheit durchsetzen (Gal 5,1). In einer Ehe, Partnerschaft oder Freundschaft kann es zu der Frage kommen, ob man mehr dem Prinzip der

Freiheit oder der Orientierung am anderen folgen will – oder ob man es schafft, diese Alternative zu überwinden. Sätze wie 1 Kor 9,19 oder Gal 5,2 können vor Augen führen, dass Alternativen möglich sind und dass ihre Erwägung geboten ist. Auch das ist eine Erweiterung der für die Klient*innen möglichen Optionen.

4.5 Diskursive Verwendung

Nimmt man die Gemeindeglieder in der Seelsorge ernst, dann wird man sie schließlich nicht nur in jeglicher Form bestätigen, sondern mit ihnen auch um das angemessene Verständnis und um das entsprechende Verhalten ringen müssen. Die Bibel ins Gespräch bringen bedeutet dann auch, gegebenenfalls den geschwisterlichen Streit zu suchen. Denn es gibt gewisse Prinzipien, hinter die der Christusglaube nicht zurückfallen darf: Die Gewissheit der Zuwendung Gottes zur Welt, das Eintreten für die Schwachen und Armen und die grenzüberschreitende Orientierung des Evangeliums sind Prinzipien, die zwar bisweilen – in Situationen großer Not – in den Hintergrund geraten, aber nicht grundsätzlich außer Kraft gesetzt werden können. Die deutsche Kirchengeschichte des 20. Jahrhunderts bringt dies eindringlich ins Bewusstsein. Auch poimenische Empathie verlangt den Horizont von Gerechtigkeit und Frieden. Darum ist auch die *diskursive, lehrende* Verwendungsweise der Bibel in der Seelsorge möglich. Es handelt sich um eine Randbedingung, aber damit gleichwohl um eine Bedingung der Seelsorge.

5. Ein Praxisbeispiel: „...aber seid getrost, ich habe die Welt überwunden"

Es kommt zur Begegnung einer Pfarrerin mit einer Frau mittleren Alters am Rande einer Bildungsveranstaltung einer Gemeinde. Das Gespräch erfolgt „zwischen Tür und Angel", aber mit einer abgesonderten Ruhe und Ungestörtheit. Die der Pfarrerin flüchtig bekannte Frau hat eine schwere Erkrankung mit einer schwierigen Prognose. Sie kommt unvermittelt auf die Frage zu sprechen, ob sie selbst Christin sei oder nicht –

und ob sie wieder in die Kirche eintreten solle. Mit den kirchlichen Dogmen von Kreuz, Auferstehung, Taufe und Abendmahl kann sie wenig anfangen. Sie spricht selbst von ihrem eigenen Tod.

Die Seelsorgerin entgegnet nach einer Zeit des Zuhörens, dass die Dogmen der Kirche einen großen Reichtum des Empfindens bieten, dass diese aber sekundär seien gegenüber der Gewissheit, dass wir im Tode nicht in ein finsteres Loch fallen, sondern dass die Gottesbeziehung dauerhaft und unsterblich ist. Ein Bibelwort fällt der Seelsorgerin ein: „In der Welt habt ihr Angst, aber seid getrost, ich habe die Welt überwunden" (Joh 16,33). Aber sie spricht diesen Satz nicht aus, weil sie den Eindruck hat, dass der Gehalt davon in ihren eigenen Worten auch ohne das wörtliche Zitat angeklungen ist. Ohnehin geht die Veranstaltungspause zu Ende und das Gespräch bricht ab. Einige Wochen später meldet sich die Frau bei der Pfarrerin und bittet um ein Gespräch.

Michael Herbst

Seelsorge im Horizont der *missio Dei*

1. Ausgangspunkt: „Gehet hin…"

Als Seelsorger in einem Kinderkrankenhaus[1] arbeitete ich mit dem klinischen Psychologen eng zusammen. Häufig hatten wir es mit denselben Patient*innen zu tun und stimmten unsere Begleitung der kleinen Patienten*innen und ihrer Angehörigen miteinander ab. Auch in unserem Tun ähnelte sich vieles: Er führte z.B. ebenso viele Gespräche auf Station wie auch ich. Manche Intervention unterschied sich wiederum deutlich. In einem aber unterschieden sich sein und mein Einsatz grundsätzlich: Während er prinzipiell nur „auf Anforderung" und „mit Auftrag" agierte, gehörte es zu meinen Routinen, möglichst viele Kinder und ihre Angehörigen zu besuchen. Zu meiner „Mission" gehörte selbstverständlich das Angebot einer Begegnung und Begleitung an jeden und jede. Ob es angenommen oder abgewiesen wurde, stand auf einem anderen Blatt. Zunächst galt: „Gehet hin …" auf jede Station!

Christoph Morgenthaler verweist auf diese Differenz im Blick auf Kirchengemeinden, wenn er aus Sicht des systemischen Seelsorgers darüber nachdenkt, ob dieser nach einer ziemlich misslungenen Tauffeier unaufgefordert noch einmal Kontakt zur alleinerziehenden Mutter des Täuflings aufnehmen sollte: „Wann ist eine solche Kontaktaufnahme sinnvoll und legitim? Denkt er rein systemisch, ist eine solche Kontaktaufnahme problematisch. Ein Handeln ohne Auftrag […] ist zum Scheitern verurteilt. Denkt er von seinem kirchlichen Auftrag her, ist ein Besuch nach der Taufe durchaus sinnvoll und zu verantworten."[2]

---

1 Von 1992 bis 1996 arbeitete der Verfasser als Seelsorger im Kinderzentrum Gilead in Bethel (bei Bielefeld).
2 *Christoph Morgenthaler:* Systemische Seelsorge, Stuttgart ⁶2019, 155.

Der Auftrag kann also von hier oder dort kommen, von der Gesprächspartnerin oder von der Kirche bzw. dem Auftrag, den die Kirche empfing und an die weiterreicht, die in ihr tätig sind. Zur Besonderheit der
Seelsorge gehört diese Geh-Struktur, die zu einer „Teilhabe am Leben
anderer" führt.[3] Aber geschieht das im Horizont der „missio Dei"?

Es ist eine ungewöhnliche Verbindung: Seelsorge und Mission werden nicht oft in einem Atemzug genannt. Unabhängig von genereller
Zu- oder Abneigung beim Stichwort „Mission" wird man bei dieser Verbindung aufmerken. Verstehen wir Mission als werbendes, auf Überzeugung ausgelegtes Bezeugen des christlichen Glaubens,[4] dann stellt
sich sofort die Frage, ob die Seelsorge der richtige Ort für diesen Modus
der Kommunikation des Evangeliums ist. Menschen in seelsorglichen
Begegnungen sind besonders empfindsam und verletzlich. Sie spüren
Nebenabsichten des Menschen, der vorgibt, ihnen beizustehen. Ihre
Lebenslage ist häufig durch krisenhafte Übergänge, durch Konflikte,
durch Leiderfahrungen oder offene Entscheidungssituationen gekennzeichnet. Darum liegt der Einwand auf der Hand: Sollte man ernsthaft
diese Lebenslagen „ausnutzen", um für den Glauben zu werben?

Die Lehre von der Seelsorge geht auf diese Frage selten und meist
ablehnend ein. Ausführlich begründet Michael Klessmann seine Kritik
an Seelsorge und/als/mit Mission: „Seelsorge ist kein Mittel der Mission/der Evangelisation im traditionellen Sinn eines gezielten Versuchs,
Menschen für die Gemeinde zu gewinnen oder in ihrem Mitgliedschaftsverhalten zu stärken. Seelsorge arbeitet zweckfrei, ist Abbild der freien
Zuwendung Gottes zum Menschen. In diesem Sinn will Seelsorge Menschen nicht missionieren, nicht für irgendetwas gewinnen, nicht zu
etwas überreden, sondern will absichtslos da sein, Präsenz und Zeit
anbieten und mit dem Gegenüber den Weg gehen, den er/sie gehen
möchten."[5] Neben der Identifikation von „missionieren" und „überre-

---

3   Vgl. *Michael Klessmann*: Seelsorge. Begleitung, Begegnung, Lebensdeutung im
     Horizont des christlichen Glaubens, Neukirchen-Vluyn [2]2009, 167.
4   Vgl. *Eberhard Hauschildt*: Mission und Werbung – eine Bisoziation, in: ThLZ 134
     (2009), 1289-1302.
5   Klessmann 2009, 166.

den" ist es das Fehlen eines zweckfreien, aufrichtigen Interesses am anderen, das Klessmann an missionarischen (Neben-) Absichten kritisiert. Ähnlich sieht es Wilhelm Gräb, der den Subjektstatus aller an religiöser Kommunikation Beteiligter herausarbeitet und diesen kritisch dagegen abgrenzt, „das Gegenüber [..] zum Objekt von Verkündigungs-, Belehrungs- und Missionierungsansprüchen"[6] zu machen.

Klessmann macht die Tür allerdings einen Spalt auf, indem er feststellt: „Ich bin mir bewusst, dass ich damit ein traditionelles Verständnis von Mission voraussetze, das einem gegenwärtigen, dialogischen Missionsverständnis nicht gerecht wird. Mit dem traditionellen Begriff lässt sich jedoch eine bestimmte Gefahr in der Seelsorge benennen."[7]

Gibt es ein Verständnis von Mission, das die benannten Gefahren meidet und den Gewinn einer missionsorientierten Sorge um die Seele markiert?

2.   Theoretische Hintergründe: Die missionstheologische Wende

Mit der Weltmissionskonferenz von Willingen 1952 hebt eine „kopernikanische Wende"[8] im Verständnis der kirchlichen Mission an, deren Auswirkungen bis in die Gegenwart spürbar sind. Mit dem von Karl Hartenstein[9] geprägten Verständnis von Mission als missio Dei gehen zahlreiche Korrekturen am traditionellen Missionsverständnis einher, die vor allem auf eine Selbstbeschränkung der Kirche und eine Klärung ihrer Rolle in der Mission aus sind.[10]

---

6   *Wilhelm Gräb*: Ratsuchende als Subjekte der Seelsorge, in: *Wilfried Engemann* (Hg.): Handbuch der Seelsorge, Leipzig 2007, 128-142, 139.
7   Klessmann 2009, 166, Anm. 54.
8   *Dietrich Werner*: Mission für das Leben – Mission im Kontext, Rothenburg 1993, 66.
9   Vgl. *Karl Hartenstein*: Die Mission als theologisches Problem, Berlin 1933.
10 Vgl. zur Einführung *Wilhelm Richebächer*: „Missio Dei" – Kopernikanische Wende oder Irrweg?, in: ZMiss 29 (2003), 143-162.

Die Kirche ist demnach nicht das erste Subjekt von Mission. Mission wird nun in der Gotteslehre verankert.[11] Dabei setzen sich die inner-trinitarischen missiones in der Sendung der Kirche durch Gott selbst fort: Der Vater sendet den Sohn (Gal 4,4), Vater und Sohn senden den Heiligen Geist, der dreieinige Gott sendet die Apostel/die Kirche in die Welt (Joh 20,21).[12] Gott selbst hat sich auch nicht aus der Welt zurück-gezogen, sondern ist auf vielfältige Weise unterwegs, um zu heilen, zu erneuern und zu versöhnen. Die missiones ecclesiae sind so an die mis-sio Dei gebunden. Kirchliche Mission folgt, dient und entspricht der missio Dei. Das aber ist unaufgebbar ihr Wesen: Kirche folgt, dient und entspricht der missio Dei – oder ist nicht mehr Kirche.[13]

Ist die Kirche nicht Ursprung, so ist sie auch nicht der letzte Zweck der Mission. Nicht allein die Ausbreitung der Kirche und das eschato-logische Heil Einzelner sind Ziele der Mission, sondern die vielfältige Kommunikation des Evangeliums, die Menschen zu Gute kommt und Teil hat an der Ausbreitung des göttlichen Schalom, der Versöhnung der Menschen (mit Gott und miteinander) und der Erneuerung der Schöp-fung.

Darum ist Mission sicher auch Verkündigung und Evangelisierung, erschöpft sich darin aber nicht, sondern umfasst ebenso prophetische Kritik an ungerechten Zuständen, diakonische Hilfe, Seelsorge, Bildung, Heilung und vieles mehr. Strittig ist zwischen denen, die diesen Ansatz vertreten, die Gewichtung von „Wort" und „Tat", seltener aber findet sich heute eine einseitige Parteinahme für „Wort" oder „Tat". Ein inte-grativer oder ganzheitlicher Missionsbegriff wird zum missionstheo-

---

11 Vgl. *Theo Sundermeier*: Missio Dei heute. Zur Identität christlicher Mission, in: *Evangelisches Missionswerk in Deutschland* (Hg.): Missio Dei heute (Weltmission heute – Studienheft Bd. 52). Hamburg 2003, 147-171, 147.
12 Vgl. a.a.O., 150.
13 „Der christliche Glaube kann nicht anders als missionarisch sein. Die christliche Religion ist essentiell missionarische Religion" (a.a.O., 151).

logischen Standard.[14] Dessen „Herz"[15] ist das Evangelium, dass durch Christus der Zugang zu Gott allen offen steht.[16]

Selbst die Richtung der Mission ist entgegen früherem Paternalismus neu zu bewerten: Mission geschieht durch die alten und jungen Kirchen und nicht länger als Einbahnstraße aus dem reichen Westen in den globalen Süden. Sie ist Mission in weltweiter Partnerschaft auf allen sechs Kontinenten.[17]

Auch die missionarische Kultur durchläuft eine selbstkritische Evaluation: Das missionarische Zeugnis erfolgt mit Respekt vor denen, die uns begegnen. Es ist darum dialogbereit, hochgradig kontextualisiert, gewaltfrei und auf Überzeugung und nicht auf Überredung angelegt. Nicht nur der mögliche Konvertit, auch die Missionarin lernt und verändert sich in dieser Begegnung.[18] Mission erfolgt „aus Interesse am Interesse Gottes am Anderen".[19]

Dementsprechend wird Religionsfreiheit hoch geschätzt: Sie markiert die Freiwilligkeit aller religiösen Bindung, sie öffnet den Raum für den Wechsel religiöser Überzeugungen („Konversionsrecht"[20]) und markiert den Verzicht auf manipulative Vorgehensweisen als primäres ethisches Kriterium jeder Mission.[21] „Mission ist Einladung, sich dem Geheimnis Gottes zu öffnen und sich ihm anzuvertrauen. Sie ist Einladung zur Gottesfreundschaft und kennt deshalb keinen Zwang."[22]

Welche Bedeutung sollte das für die Seelsorge in Theorie und Praxis haben? Was wäre denn Seelsorge im Horizont der missio Dei?

---

14 Vgl. z.B. die anglikanischen „five marks of mission" bei *Cathy Ross*: An Exposition and Critique of the Five Marks of Mission, in: *Christoph Ernst* (Hg.): Ekklesiologie in missionarischer Perspektive, Leipzig 2012, 146-157.

15 Zitiert bei Sundermeier 2003, 148.

16 Vgl. a.a.O., 151.

17 Vgl. *Thomas Müller-Krüger*: In sechs Kontinenten. Dokumente der Weltmissionskonferenz, Mexiko 1963, Stuttgart 1964.

18 Vgl. Sundermeier 2003, 155.

19 Richebächer 2003, 188.

20 Sundermeier 2003, 154.

21 Vgl. *Andreas Feldtkeller*: Kontextuelle Missionstheologie?, in: *Martin Reppenhagen/Michael Herbst* (Hg.): Kirche in der Postmoderne (BEG 6), Neukirchen-Vluyn 2008, 35-50.

22 Sundermeier 2003, 165. Vgl. auch a.a.O., 151f.

3. Konzept: Aufsuchende Seelsorge

Immerhin finden sich auf den zweiten Blick Konzeptionen der Seelsorge, die einer missionarischen Dimension Raum geben.[23] Noch eher im Ringen mit monoton therapeutischen Seelsorgeansätzen plädiert Helmut Tacke dafür, dass sich in der Seelsorge „die Elemente des Dialogischen und des Missionarischen zusammenreimen"[24], obwohl dieser Gedanke von „viel theologischem Mißtrauen [sic!]"[25] umgeben ist. Dabei denkt Tacke vor allem an das Potenzial biblischer Lebens- und Glaubenserfahrung, das er dem seelsorglichen Kontakt nicht vorenthalten will, nicht als „Soll an seelsorglicher Bibelkunde"[26], sondern als „Sprachhilfe"[27] und wegen der „Verheißungen Gottes, die sich noch nicht erfüllt haben"[28].

Grundsätzlicher bearbeitete Jürgen Ziemer die missionarische Dimension der Seelsorge. Bei dem Leipziger Praktischen Theologen macht sich der ostdeutsche, durch besonders gravierende Säkularisierungsschübe gezeichnete Kontext bemerkbar. Nach der „üblichen" Einsicht, dass dieses Thema „riskant"[29] sei, schildert Ziemer Seelsorge als „Präsenz bei den Menschen im Horizont des Evangeliums"[30], die möglicherweise wieder ein „Band der Kommunikation zu knüpfen"[31] vermag, wo Kirche und konfessionslos-indifferente Zeitgenossen einander aus den Augen verloren haben. Im Anschluss an die missionstheologische

---

23 Vgl. ausführlicher *Michael Herbst:* Beziehungsweise, Neukirchen-Vluyn ²2013, 46-49, 151-216.
24 *Helmut Tacke:* Zur missionarischen Situation der Seelsorge, in: Ders.: Mit den Müden zur rechten Zeit zu reden, Neukirchen-Vluyn 1989, 52-67, 53.
25 A.a.O., 52.
26 A.a.O., 58.
27 Ebd.
28 A.a.O., 63.
29 *Jürgen Ziemer:* Seelsorge und Mission - Zur Orientierung in einem schwierigen Feld, in: *Kirchenamt der EKD* (Hg.): Seelsorge - Muttersprache der Kirche, Frankfurt a.M. 2010, 6-12 (epd-Dokumentationen 10/2010), 6-12, 6.
30 Ebd.
31 *Ders.:* Christliche Seelsorge im Kontext „forcierter" Säkularität, in: *Isabelle Noth/ Ralph Kunz* (Hg.): Nachdenkliche Seelsorge – Seelsorgliches Nachdenken. Festschrift für Christoph Morgenthaler zum 65. Geburtstag (Arbeiten zur Pastoraltheologie, Liturgik und Hymnologie Bd.62), Göttingen 2012, 86-104, 97.

Wende 1952 findet er das Missionarische der Seelsorge in sechs Aspekten:

(1) im Erlernen der Sprache des Anderen (wie Missionar*innen dies tun!)
(2) im Erwerb von kontextbezogenen Kompetenzen (z.B. im Krankenhaus)
(3) in der Stärkung der aufsuchenden Seelsorge der Gemeinde (als einer der „Wege zum Menschen", mit kritischem Seitenblick auf den Verlust des Hausbesuchs)
(4) in der Einübung von Gastfreundschaft
(5) im bleibenden Anderssein (in der Distanz zu den Institutionen und in der Freiheit zur fremden und doch notwendenden Kommunikation des Evangeliums)
(6) in der Arbeit an einer persönlichen, im eigenen Leben bewährten Theologie

Man könnte bei diesen sechs Aspekten fragen, ob es dazu nötig ist, den Begriff „Mission" zu bemühen. Dennoch kann an diese positive Rezeption missionstheologischer Einsichten angeknüpft werden, wenn nun die eigene Vorstellung von Seelsorge im Horizont der missio Dei skizziert werden soll:

(1) Wie beschrieben, ist die Geh-Struktur der christlichen Seelsorge kein Zufall und keine Nebensächlichkeit.[32] Seelsorge geschieht mit einem Auftrag, sie weiß sich an „alle Völker" (Mt 28,19) gewiesen, auch an die Ratsuchenden, Verzweifelten, Trauernden, Kranken, die nach Orientierung Fragenden, die religiös Verunsicherten und Suchenden, die Schuldigen, die Menschen in vielfältigen Übergängen, die Dankbaren, Stillen und Starken und viele andere „Völker". Sie zu besuchen und ihnen Geleit anzubieten, geschieht oftmals unaufgefordert. Das Geleit wird niemandem aufgedrängt, aber möglichst vielen angeboten. Ähn-

---

32 Vgl. auch *Gudrun Janowski*: Aufsuchende Seelsorge – Sendung Gottes in die Welt, in: *Birgit Grosche/Peter Scherle* (Hg.): In göttlicher Mission? (Herborner Beiträge), Wuppertal 2007, 155-169.

lich wie in der kirchlichen Parochialstruktur verbirgt sich in der aufsuchenden Seelsorge eine „Mission" oder auch das starke Empfinden, an
alle gewiesen zu sein, potenziell für möglichst viele zugänglich zu sein.
Wir fühlen uns zuständig. Wir stehen in der Geschichte der missiones,
der Sendungen Gottes.

(2) Wie in der Beschreibung der missionstheologischen Wende
deutlich wurde, ist das Spektrum dessen, was in dieser Begleitung auf
Zeit geschieht, außerordentlich breit. Das Thema kann religiös sein
bzw. religiös interpretiert werden, aber es muss nicht religiös zugehen.
Es kann praktische Hilfestellung ebenso geboten werden wie rituelle
Gestaltung von Übergängen. Es kann ein ruhiges Gespräch unter Zeitgenossen sein, eine Klärung eines Konflikts, ein Blick auf die Biographie,
ein Ausharren in großem Leid. Insofern eine „geistliche" Intervention
sinnvoll sein kann, wird sie angeboten: Gebet und Segen, Beichte und
Salbung, ein biblischer Zuspruch oder die Deutung einer Situation mit
einer biblischen Geschichte. Dies alles geschieht in der Nachfolge der
Mission Christi, der sich dienstbereit und unter Verzicht auf jegliche
Selbstdurchsetzung unter die Menschen begab (Phil 2,5-11).

(3) Was den hier vorgetragenen Ansatz darüber hinaus auszeichnet, ist ein besonderes Maß an Aufmerksamkeit für Türen, die sich öffnen (Kol 4,3), weil plötzlich ein menschliches Thema „im Horizont"
des Glaubens erscheint, als Frage nach Gott, als Sehnsucht nach der
Ewigkeit, nach Vergebung, Heilung oder Segen. Gleichermaßen nichts
zu wollen und ohne Nebenabsichten in eine Begegnung zu gehen und
zugleich höchst wach zu sein, aufmerksam und erwartungsvoll (durchaus betend), weil Gott selbst im Raum ist und dem Gespräch eine neue
Tiefe geben kann, das ist das Spezifische der Seelsorge im Horizont der
missio Dei. Ein solcher „Kairos" kommt oder kommt nicht. Erzwun-
gen wird nichts – bei Gott nicht und bei dem Menschen, der begleitet
wird, auch nicht. Wenn er aber kommt, geht es um Kommunikation des
Evangeliums, um den Zuspruch und Anspruch Gottes, den kein Mensch
bereits in sich trägt oder sich selbst sagen könnte. Die theologische
Frage, die hier zur Debatte steht, ist die von Wilhelm Gräb markierte
Konfliktlinie: Ist jedes von außen einem Ratsuchenden zugesprochene

und zugemutete Wort bereits ein Übergriff, der das Gegenüber zum Objekt macht und seinen Subjektstatus bedroht?[33] Oder ist das unsere Ausgangslage als Menschen, dass wir erst ein befreiendes Wort „extra nos" brauchen, bevor wir es auf originelle Weise pro nobis gelten lassen?

(4) Was den hier vertretenen Ansatz auszeichnet, ist die Hoffnung, dass unter Umständen genau die Lebenslage, die in der Seelsorge Thema wird, zu einer besonderen, vielleicht lebenswendenden Erfahrung mit Gott wird. Das geschieht nicht so, dass darüber das „Thema" einfach ausgetauscht würde und das Gespräch über das Lebensweltliche, das viel öfter als etwas unmittelbar Religiöses Gegenstand der Seelsorge ist, im (missverständlichen) Sinne der alten „Bruchlinie" abgebrochen wird. Vielmehr mag es geschehen, dass genau dieses Thema aus der Lebenswelt eines Menschen Anlass gibt, neu über Gott nachzudenken, im Verhältnis zu Gott neue Hoffnung zu schöpfen oder überhaupt erstmals mit Gott in Kontakt zu treten und ein anfängliches Vertrauen zu ihm im Blick auf das hier und jetzt Nötige zu riskieren. Dazu muss die Seelsorge wahrhaft anmutig und geduldig diese Möglichkeiten in den Raum stellen, sich aber auch dieser Herausforderung nicht schüchtern entziehen.

4.   Praxisrelevanz: Ein Band der Kommunikation

Das alles ließe sich mit verschiedenen Praxiserfahrungen verknüpfen (z.B. mit der interkulturellen Seelsorge[34]). Hier soll nur noch der ostdeutsche Hintergrund beleuchtet werden, der zunehmend auch, mit anderer Genese, in Westdeutschland spürbar wird: in der Begegnung mit Menschen, die in ihrer Biographie keinen relevanten Kontakt mit dem christlichen Glauben hatten. Der Bezug auf dieses Praxisfeld ist

---

33 Vgl. Gräb 2007, 139.
34 Vgl. *Gisela Groß*: Mission und interkulturelle Seelsorge, in: *Christoph Dahling-Sander* u.a. (Hg.): Leitfaden Ökumenische Missionstheologie, Gütersloh 2003, 384-403.

aus mehreren Gründen bedeutsam: Viele Voraussetzungen, von denen die christliche Seelsorge in satten volkskirchlichen Kontexten selbst bei kirchendistanzierten Menschen ausgehen kann, existieren in der Begegnung mit konfessionslosen und religiös indifferenten Menschen nicht. Und zugleich stoßen die, die Seelsorge üben, auf sie, vor allem in den besonderen Seelsorgefeldern wie Krankenhäusern und Altenheimen, aber auch in der Bundeswehrseelsorge oder bei Akademietagungen u.a. Das Evangelium gilt auch ihnen und soll ihnen wie „allen Völkern" ausgerichtet werden. Darin besteht aber doch „der missionarische Impuls, daß [sic!] die Kirche zu den Menschen kommen muß [sic!], wenn die Menschen nicht mehr zur Kirche kommen"[35].

In der Seelsorge aber kann es gelingen, „ein Band der Kommunikation zu knüpfen"[36], wenn die, die Seelsorge üben, beherzigen, wie geduldig, anmutig, zurückhaltend und doch einladend und werbend ihr Dienst aussehen kann, den sie im Horizont der missio Dei tun. Dann sind es oft wichtige Erstbegegnungen mit dem Glauben, kleine Schritte oder bewegende Anfänge, auch Ablehnung und Verschlossenheit, mit denen es die Seelsorge zu tun hat.

Werner Biskupski hat Situationen zusammengetragen, in denen Seelsorge von konfessionslosen Menschen in Anspruch genommen wurde.[37] Da gibt es einen dezidierten Atheisten, der den Pfarrer ruft, ihn aber gar nicht zu Wort kommen lässt, um sich schließlich für das gute Gespräch zu bedanken. Da ist eine ältere Frau mit einer infausten Diagnose, die auf das Kreuz an der Wand zeigt und fragt, ob denn dieser Gott noch etwas tun könne. Da ist eine jüngere Frau mit einem Hirntumor, der plötzlich die Frage nach dem ewigen Leben keine Ruhe mehr lässt. Oder da ist die Patientin, die mitbekommt, dass die Bettnachbarin betet – und nun den Seelsorger fragt, ob man das lernen kann, auch wenn man ohne Glauben groß geworden sei. Alle diese Menschen in prekären Lebenslagen lassen sich auf ein Glaubensgespräch ein – und auffällig

---

35 Tacke 1989, 52.
36 Ziemer 2012, 97.
37 Vgl. *Werner Biskupski:* „Vielleicht macht es doch Sinn…" Seelsorge mit nicht kirchlich gebundenen Menschen, in: PrTh 40 (2005), 276-283. Ähnliches erlebt man oft, wenn Konfessionslose Kasualien in Anspruch nehmen möchten.

sind die dezenten „Trigger", die das möglich machten: ein Kreuz, eine betende Bettnachbarin, der Besuch des Seelsorgers. Das kann ein vorübergehender Moment sein oder aber der Beginn einer wunderbaren Gottesfreundschaft.

5. Ein Praxisbeispiel: „Ich rede gerne mit Ihnen, auch wenn ich nicht in der Kirche bin"

In einer ostdeutschen Klinik[38] liegt Herr K., der nach einem Verkehrsunfall mehrere Operationen überstehen musste. Bei dem Unfall war Herr K. auf glatter Straße auf die falsche Straßenseite geraten und mit einem PKW zusammengestoßen. Die Insassen dieses PKW kamen mit dem Schrecken davon. Die Angehörigen geben sich redlich Mühe, dem Patienten jedes Gefühl von Verschuldung auszureden. Erzählt er, dass es ihn beschäftigt, wie er die Familie in dem PKW in Gefahr gebracht hat, beschwichtigen sie ihn, er habe nichts dafür gekonnt; es sei eben so geschehen. Die Seelsorgerin spürt, dass das nicht ausreicht. Sie bespricht mit Herrn K., der sich ihr gegenüber als „entschieden nichtgläubig" bezeichnete, die Tragik, gleichzeitig schuldlos und schuldig zu sein, ohne böse Absicht und ohne direktes Versagen doch Verursacher zu sein von Gefahr und Schaden. Der Patient ist dankbar, dass sein Empfinden ernst genommen wird und ihm sein Gefühl von Verantwortung nicht ausgeredet, er aber auch nicht moralisch verurteilt wird. Als sie gehen will, betont Herr K. noch einmal, dass er nicht zur Kirche gehört. Aber, so fügt er hinzu, irgendeiner habe anscheinend da oben gewollt, dass er noch ein bisschen hier unten mitspiele. Die Seelsorgerin entgegnet: „Das ganz sicher!", verabschiedet sich und verspricht, Herrn K. in ein paar Tagen noch einmal zu besuchen. Herr K.: „Tun Sie das. Sie wollen mich ja nicht missionieren oder so, aber ich rede gerne mit Ihnen, auch wenn ich nicht in der Kirche bin."

---

38 Das Beispiel ist authentisch, aber anonymisiert und verfremdet.

Aufschlussreich war die Besprechung dieser Situation in der Supervisionsgruppe. Die Seelsorgerin war nicht so recht mit sich zufrieden, weil sie dachte, sie hätte vielleicht offensiver über Gott reden sollen. In der Gruppe aber wird deutlich, was hier geschehen war. Im Verlaufe des Gesprächs hatte sich eine Tür geöffnet, die zuvor verschlossen war. Von explizitem „Glauben" sollte man hier nicht sprechen, aber von einer vielleicht einmal im Rückblick wesentlichen Wendung, denn Herr K. freundet sich mit einem für ihn ganz neuen Gedanken an: Es könnte da jemanden geben, der an ihm Interesse hat. Was da noch daraus werden kann! So unaufgeregt, geduldig und erwartungsvoll sähe Seelsorge aus, die im Horizont der missio Dei geschieht.

„Eine Seelsorgesituation ist [...] keine missionarisch ausnutzbare Gelegenheit. Gleichwohl kann auch von der Seelsorge in Institutionen eine missionarische Kraft ausgehen. Hingehen, wo andere fern bleiben, dableiben, wo andere gehen, aushalten, wo keine Worte zu finden sind, in Anfechtung ein Dennoch eröffnen, verschüttete Ressourcen des Lebens und des Glaubens entdecken, inmitten funktionaler Abläufe Räume öffnen für die Frage nach Sinn und die Sehnsucht nach Gott – all das lässt die seelsorglichen Dienste am andern Ort zu Ursprungs- und Entstehungsorten von Glaube und Kirche werden."[39]

---

39 *EKD-Konferenz der Seelsorge-Verantwortlichen in den Gliedkirchen*: Seelsorge – Muttersprache der Kirche. Gemeindliche Seelsorge und Seelsorge in Institutionen, in: epd-Dokumentation Heft 10 (2010), 43-56, 45.

II. Theoriegeleitete Ansätze

Christoph Morgenthaler

Systemische Seelsorge

1. Ausgangspunkt: Wie können Menschen in ihren Beziehungssystemen besser verstanden und begleitet werden?

In vielen Praxissituationen der Seelsorge geht es um Beziehungen: So sind in Gesprächen mit Einzelnen oft Beziehungen zu bedeutungsvollen Personen im Umfeld ein wichtiges Thema. Nicht selten kommen in der Seelsorge auch mehrere Menschen zusammen ins Spiel: ein Paar im Traugespräch, Eltern und ein Jugendlicher, der zu Hause abgehauen ist, 50-Jährige im Clinch von Arbeitsverhältnissen und Generationen oder ein schwerkrankes Kind auf der Akutstation eines Krankenhauses, dessen Pflege sich kompliziert gestaltet, weil die Beteiligten – Ärzt*innen, Pflegende und Eltern – überfordert sind, aneinander geraten und das schwer kranke Kind zusätzlich mit ihren Konflikten belasten.[1]

Lange wurden in der Seelsorge fast ausschließlich therapeutische Modelle rezipiert, in deren Fokus einzelne Menschen stehen. Dies machte es schwierig, solchen Situationen in ihrer Komplexität gerecht zu werden. Über diese Verengung von Wahrnehmungs- und Handlungsperspektiven führen Konzepte und Methoden aus der Familien- und Systemtherapie hinaus, die seit den 1980er Jahren in der Seelsorge aufgenommen werden. In solchen und vielen weiteren Situationen ist es nämlich hilfreich, systemische Wahrnehmungsperspektiven, Deutungsmodelle und Methoden zu kennen, mittels derer die Betroffenen in ihren Beziehungen präziser wahrgenommen, vertieft verstanden und methodisch reflektiert begleitet werden können. Systemische Zusammenhänge werden heute in vielen Richtungen der Seelsorge berück-

---

1 Vgl. ausführlicher das Praxisbeispiel im fünften Abschnitt dieses Beitrags.

sichtigt. In der systemischen Seelsorge sind sie Ausgangspunkt und Ziel
seelsorglicher Begleitung.

2. Theoretische Hintergründe:
   „Learning from many masters"

Familientherapie wurde fast zeitgleich von Therapeut*innen an unterschiedlichen Orten, in Kliniken und Privatpraxen, initiiert. Später erweiterte sie sich zur Systemtherapie. Entsprechend vielfältig sind die theoretischen Perspektiven, die in der Seelsorge rezipiert werden können.

Einige Stränge der Theoriebildung seien kurz genannt[2]: Virginia
Satir beginnt in den 1950er Jahren, statt Einzelpersonen ganze Familien
zu therapieren. In ihrer erlebnis- und wachstumsorientierten Familientherapie sucht sie Selbstwert und Wachstum in Familien durch kon-
gruente und klare Kommunikation zu fördern. Strukturelle Familientherapie – von Salvador Minuchin und seinem Team mit Familien aus
Slumgebieten Philadelphias entwickelt – richtet das Augenmerk auf die
Funktionalität der Familienorganisation und will in chaotischen Familien Veränderungen durch strukturelle Veränderung, etwa die Klärung
von Hierarchien oder das Herausnehmen eines Kindes aus dem Konflikt
der Eltern, in Gang bringen. Solche frühen Ansätze der Familientherapie werden später ergänzt durch Modelle, die therapeutisches Handeln
als strategische, manchmal auch paradoxe Intervention in gestörten
Systemen verstehen (Mailänder-Team um Maria Selvini Palazzoli, Jay
Haley, Steve de Shazer), und schließlich durch narrativ und konver-
sationell ausgerichtete Ansätze (Harlene Anderson, Michael White), in
denen sich das Augenmerk stärker darauf richtet, wie Wandel durch
Veränderung von Bedeutungszuschreibungen und Geschichten in Gang
kommen kann. Im Hintergrund stehen Einsichten der allgemeinen Sys-

---

2 Vgl. dazu *Arist von Schlippe/Jochen Schweitzer*: Lehrbuch der systemischen Therapie und Beratung I. Das Grundlagenwissen, Göttingen [2]2013, 29ff. Eine kompakte,
   praxisnahe Einführung bieten auch *Rainer Schwing/Andreas Fryszer*: Systemisches
   Handwerk. Werkzeug für die Praxis, Göttingen [5]2013.

temtheorie, seit den 1980er Jahren auch des Konstruktivismus, der den Blick dafür schärfte, dass es menschliche Systeme nicht „gibt", sondern menschliche Beziehungssysteme soziale Konstruktionen sind – und folglich nicht „geküsst" werden können.[3]

Das Wörtchen „systemisch" wird dabei zum projektiven Test. Je nach theoretischer Ausrichtung wird es inhaltlich anders gefüllt. Wurden unter „System" lange ein Satz von Beobachter*innen unabhängigen Elementen mit Merkmalen samt ihren Beziehungen zueinander verstanden, entwickelte sich später ein dynamischeres Verständnis lebender Systeme: Diese erhalten nicht nur ihr Gleichgewicht und pendeln, wenn bewegt, wieder zurück in einen Anfangszustand; sie können aus ihren Elementen und Beziehungen selbsttätig Neues kreieren. Dabei können sie nie neutral, sondern immer nur unter bestimmten Blickwinkeln betrachtet werden. Therapeutinnen und Berater werden, indem sie mit Menschen arbeiten, Teil eines Systems und müssen ihre Wahrnehmung und Selbstwahrnehmung entsprechend schärfen, um angemessen handeln zu können.[4]

Damit verschob sich auch das Verständnis therapeutischen Handelns: Konzipierte man lange Therapie als Intervention von außen, verlagerte sich das Interesse in den 1980er-Jahren stärker darauf zu verstehen, wie Therapeut*innen und Familien gemeinsam Wirklichkeit konstruieren und wie mit diesen Konstruktionen konstruktiv-kritisch gearbeitet werden kann. Der Wahrnehmungsfokus verschob sich weg von der Analyse von Problemen hin zur Frage, wie therapeutische Settings so gestaltet werden können, dass sich die selbstheilenden Kräfte eines Systems entfalten und Lösungen konstruiert werden können. Die Familientherapie erweiterte sich insgesamt zur systemischen Therapie, weg von der Reparatur klassischer Familienformen hin zum systemischen Arbeiten mit sehr unterschiedlich zusammengesetzten sozialen Systemen, zum Beispiel bi-fokalen Familien – Familien, die sich nach

---

3 So lässt sich die These zuspitzen, dass Systeme keine beobachterunabhängige Entitäten sind (von Schlippe/Schweitzer 2013, 89ff.).

4 Vgl. zum Ganzen auch *Günter Schiepek*: Die Grundlagen der Systemischen Therapie. Theorie, Praxis, Forschung, Göttingen 1999.

einer Scheidung mit zwei unterschiedlichen Lebensschwerpunkten wei-
terentwickeln – oder „Regenbogenfamilien" – homosexuellen Paaren
mit Kindern – oder auch Systemen, die sich ad hoc um eine Problematik formieren, beispielsweise das Problemsystem von Pflegenden,
Ärzt*innen und Angehörigen um ein akut erkranktes Kind.

„Learning from many masters", die Integration solcher Perspektiven in ein persönliches Konzept von Seelsorge, erlaubt es, systemische
Zusammenhänge zugleich präzise und „polyokular" wahrzunehmen,
sich flexibel darin zu bewegen und das eigene Verhalten in der Seelsorge situations- und personengerecht zu modifizieren. Systemische
Seelsorge dockt dabei mit unterschiedlichen Akzenten an diese höchst
lebendige Debatte an. Karin Tschanz Cooke nimmt in ihrem hoffnungs-
orientierten Konzept systemischer Seelsorge Konzepte und Methoden
Virginia Satirs auf.[5] Emlein setzt bei systemtheoretischen Vorstellungen Luhmanns und deren Weiterentwicklung bei Fuchs ein und versteht
Seelsorge in seinem grundlagentheoretischen Entwurf als Sinnsystem,
als „Amicalität *sub specie aeternitatis*" und „taktvolle Geselligkeit"[6]. Ich
selbst habe ein Modell psycho-systemischer Seelsorge entwickelt, in das
auch gesprächstherapeutische und psychoanalytische Perspektiven integriert sind und das sich zu einer ökosystemischen Sicht weiten kann.[7]

3.   Das Konzept: Systemisch sehen, deuten und handeln

Für systemische Seelsorge charakteristisch ist eine *systemische Epistemo-
logie*, eine systemische Art also, soziale Wirklichkeit wahrzunehmen,

---

5   *Karin Tschanz Cooke*: Hoffnungsorientierte systemische Seelsorgepraxis. Die
    Erschließung zentraler Ansätze der Familientherapie Virginia Satirs für die syste-
    mische Seelsorge, Stuttgart 2013.

6   *Günther Emlein*: Das Sinnsystem der Seelsorge. Eine Studie zur Frage: Wer tut was,
    wenn man sagt, dass man sich um die Seele sorgt, Göttingen 2017, 334. Vgl. dort
    auch den Überblick über Ansätze systemischer Seelsorge von Morgenthaler, Held,
    Tschanz Cooke, Hertneck, Ferel, Zillich-Limmer, Brennecke, Karle und Blömeke, S.
    29ff. und die Kritik an diesen.

7   *Christoph Morgenthaler*: Systemische Seelsorge. Impulse der Familien- und System-
    therapie für die kirchliche Praxis, Stuttgart u.a. [6]2019.

in ihren Dynamiken begrifflich nachzubilden und entsprechende Handlungsperspektiven zu entwickeln. Dabei geht es nicht lediglich darum, systemische Konzepte an eine von theologischen Prämissen zum Voraus bestimmte Seelsorge anzupassen. Systemik und Theologie schaffen im Dialog die Basis systemischer Seelsorge. Theologische Grundlagen der Seelsorge lassen sich einerseits anders und neu fassen, wenn sie unter systemischen Prämissen reflektiert werden. Systemische Grundlagen erhalten andererseits eine andere Konsistenz, wenn sie auch theologisch kritisch reflektiert werden.[8]

Damit verbunden ist das nächste Element dieser Seelsorge: *systemische Wahrnehmung*. Was wird sichtbar, wenn man Menschen von ihren Beziehungssystemen her und auf ihre Beziehungssysteme hin wahrnimmt: Welche Beziehungskonstellationen, welche Kommunikationsformen, welche Dynamiken von Beziehungssystemen lassen sich erkennen (und mitkonstruieren)? Hilfsmittel unterstützen dabei, ein Bild komplexer Systeme, ihrer Elemente, Merkmale und wechselseitigen Beziehungen zu entwerfen: beispielsweise Systemzeichnungen – mit Symbolen wie Pfeilen oder Zickzacklinien gestaltete Skizzen – oder Genogramme, welche die Abfolge der Generationen in einem Verwandtschaftssystem samt den Eigenarten einzelner Angehöriger, zeitgeschichtlichen Einflüssen u.a.m. übersichtlich zu ordnen erlauben. Ein Beziehungssystem lässt sich auch visualisieren, indem es mit Spielfiguren aufgestellt oder mit den betroffenen Personen inszeniert wird (das von Satir entwickelte „sculpting").[9] Alle diese Hilfsmittel helfen auch zu erhellen, welche Position die Seelsorgenden selbst in einem System einnehmen, und zu reflektieren, inwieweit dies für die Betroffenen hilfreich ist.

Eng verbunden mit systemischer Wahrnehmung sind *Methoden, Kommunikations- und Arbeitsformen,* mittels derer Menschen in ihren Beziehungssystemen passgenau und lebensdienlich begleitet werden können. Großes Gewicht wird auf das „Joining" gelegt, auf einen möglichst präzisen und sensiblen Anschluss an Beziehungskonstellatio-

---

8 Dieses Prinzip verfolgt Emlein in seinem Entwurf systemischer Seelsorge auf exemplarische Weise (Emlein 2017).
9 Ein eindrückliches Beispiel bei Tschanz Cooke 2013, 229ff.

nen und Vorstellungsformen, die ein System ausmachen. Wichtig ist die Auftragsklärung, das Unterscheiden von Anliegen und Aufträgen Betroffener, die in einem impliziten oder expliziten Beziehungskontrakt mit dem Auftrag der Seelsorge zu vermitteln sind. Charakteristisch für systemische Seelsorge sind zudem Fragetechniken. Zirkuläre Fragen (in einem Gespräch zu dritt beispielsweise: „Was denken Sie, C, zu dem was A zu B gerade gesagt hat?") dienen dazu, Perspektivenwechsel in Gang zu bringen und sonst verborgene Information ins Gespräch einzubeziehen. Ressourcen- und lösungsorientierte Fragen (z.b.: „Wie schaffen Sie es, diese Situation zu bewältigen?") mobilisieren Kräfte zur Problemlösung. Zum reich bestückten systemischen „Werkzeugkasten" gehören weiter das „Reframing" – das Umdeuten und wertschätzende Konnotieren von Verhalten –, die Arbeit mit Ritualen und Metaphern, das „Säen" von Ideen, der Umbau von Narrativen, das „Verschreiben von Aufgaben" und andere Methoden mehr.

Seelsorgende sind in vieler Weise davon geprägt, welche Rollen sie in ihrer Herkunftsfamilie übernehmen mussten, wie sie kommunizieren oder mit Konflikten umgehen lernten. Dies kann im Kontakt mit Beziehungssystemen förderlich sein, aber auch behindern. So ist wie in anderen Seelsorgerichtungen auch für systemische Seelsorge eine *systemisch ausgerichtete Selbstreflexion* grundlegend. Dem dient die Arbeit mit Genogrammen, die familiäre Verwicklungen und Verstrickungen von Seelsorgenden in der Abfolge der Generationen deutlich machen können. In ausführlichen Familienrekonstruktionen werden in einer Ausbildungsgruppe auch konfliktbelastete systemische Konstellationen aus der Biographie eines Seelsorgenden gespielt, vertieft verstanden und lösungsorientiert neu kreiert (z.B. hält der Sohn seinem Vater im Rollenspiel endlich die seit Jahrzehnten „ungehaltene Rede" und erfährt, dass dies andere Reaktionen auslöst, als er immer befürchtet hatte).[10]

Solche Selbstreflexion macht es Seelsorgenden leichter, in der Arbeit in Systemen bestimmte *Haltungen* einzunehmen, die für das Gelingen einer Begegnung ebenso wichtig sind wie einzelne Techniken:

---

10 Beispiele in Morgenthaler 2019, 97ff.

Mehrparteilichkeit (die Fähigkeit, in einem System unterschiedliche Meinungen und gegensätzliche Positionen wahrzunehmen, ohne selbst Partei zu werden), Interpathie (die Fähigkeit, sich nicht nur in einzelne Menschen, sondern auch in das, was zwischen Menschen geschieht, einfühlen zu können), „Geselligkeit" (eine alles tragende, liebevolle, aufmerksame Zuwendung), Ermächtigung und Kokreativität (die Fähigkeit, ergebnisoffen und in kreativer Zusammenarbeit mit den Betroffenen Lösungen zu finden).

Aus diesen Elementen lässt sich, unterstützt durch Weiterbildung und Supervision, im Lauf der Berufstätigkeit ein systemisch reflektiertes Gesamtkonzept von Seelsorge entwickeln.

4. Praxisrelevanz: Menschen in ihren Beziehungen sehen und begleiten

Systemische Seelsorge kann, bedingt durch den Kontext, die Persönlichkeit der Seelsorgenden und die spezifische Dynamik eines Systems, ganz unterschiedliche Formen annehmen:

In einer „systemischen Seelsorge ohne System" werden *Gespräche mit Einzelnen* mit einer erhöhten Sensibilität für die Bedeutung des Netzwerks solcher Personen geführt, mit Möglichkeiten, wichtige Akteur*innen methodisch ins Einzelgespräch einzubeziehen, auch wenn diese physisch nicht präsent sind (z.B. durch zirkuläre Fragen oder das Aufstellen eines Systems mit zufällig herumstehenden Gegenständen). Modelle systemischer Einzeltherapie lassen sich in ein Modell methodisch ausgebauter systemischer Einzelseelsorge überführen, in dem auch mit Aufgaben und kreativen Anregungen gearbeitet werden kann (wie dies beispielsweise in der religiös-existentiellen Beratung von Theologiestudierenden erprobt wurde[11]).

Besonders hilfreich sind systemische Arbeitsformen in der *Kasualseelsorge*. Kasualien sind an kritischen Stellen des Familienlebenszyklus

---

11 *Christoph Morgenthaler/Gina Schibler*: Religiös-existentielle Beratung. Eine Einführung, Stuttgart u.a. 2002.

angegliedert (Trauung bei der Paarbildung, Taufe bei der Familien-
gründung, Bestattung beim Verlust eines Menschen). So ergibt es sich
bei Kasualgesprächen meist ganz von selbst, dass Seelsorgende es mit
ganzen Familien oder doch Teilen einer Familie zu tun bekommen. Das
seelsorgliche Potenzial solcher Mehrpersonensettings – zum Beispiel die
Chance, in einem zerstrittenen Familiensystem bei der Vorbereitung
einer Bestattung Schritte der Versöhnung einzuleiten – kann mit einer
systemischen Perspektive differenzierter wahrgenommen und genutzt
werden. Systemische Gesichtspunkte sind auch für die Gestaltung von
Bestattungen – zum Beispiel durch das bewusste Einbeziehen unterschiedlicher familiärer Geschichten in Lebenslauf und Ansprache – und
die anschließende Trauerbegleitung hilfreich.[12] Oft reagieren Angehörige gegensätzlich auf einen Verlust, was das weitere Zusammenleben
belasten und die Trauerverarbeitung erschweren kann. Trauernde stehen zudem in bleibender Beziehung zur verstorbenen Person, die im
System einer Familie neu imaginativ verortet werden muss.

Systemische Konzepte sind auch in anderen Fällen seelsorglicher
Krisenintervention wichtig: Sie erlauben es, Schwierigkeiten in einem
krisengeschüttelten Beziehungssystem bewusster und differenzierter
wahrzunehmen, Ressourcen zur Krisenbewältigung zu aktivieren und
Seelsorge so zu gestalten, dass sie selbst zur Ressource für die Betroffenen wird.[13]

Hilfreich ist eine ökosystemische Sichtweise in der *Seelsorge in
Krankenhäusern, Pflegeheimen und Gefängnissen*[14]. Hier findet sich Seelsorge eingebunden in größere soziale Systeme, die das Leben Einzelner
prägen. Systemische Perspektiven helfen dabei, sich in solch komplexen systemischen Konstellationen zu positionieren, Systemdynamiken

---

12 Vgl. *Christoph Morgenthaler*: Zerbrochene Geschichten. Systemische Trauerseel-
    sorge in narrativer Perspektive, in: Familiendynamik 31 (2006), 280-293.
13 Das zeigt sich beispielsweise bei der seelsorglichen Begleitung von Menschen, die
    einen assistierten Suizid planen, und deren Angehörigen: *Christoph Morgenthaler/
    David Plüss/Matthias Zeindler*: Assistierter Suizid und kirchliches Handeln. Fallbei-
    spiele, Kommentare, Reflexionen, Zürich 2017.
14 Z.B. *Gyula Kaszó*: Gefängnisseelsorge in Ungarn. Historische, systemisch-pastoral-
    psychologische und theologische Perspektiven, Budapest 2007. Zum Krankenhaus
    vgl. Morgenthaler 2019, 283ff.

bewusst wahrzunehmen und sich in die Verhandlung von Krankheiten oder dissozialen Karrieren einzumischen. Systemische Perspektiven werden zudem in unterschiedlichen Brechungen auch bezugsgruppenspezifisch relevant, beispielsweise in der *Männerseelsorge*[15].

5. Ein Praxisbeispiel: Franco. Ein schwerkrankes Kind und seine Familie im Krankenhaus

Der 12-jährige Franco liegt wegen plötzlicher Lähmungserscheinungen in Beinen und Armen und Störungen seiner sprachlichen Ausdrucksfähigkeit in der Akutabteilung.[16] Die Eltern verbringen viele Stunden am Bett — die Mutter am Tag, der Vater bis spät in die Nacht. Der Vater reagiert enttäuscht und aggressiv, weil die Krankheit einen wellenförmigen Verlauf nimmt, und fordert bei den Ärzten eine bessere Behandlung ein. Das Ärzt*innenteam fühlt sich provoziert und rechtfertigt sich, was den Vater in seinem Verdacht bestätigt, Franco werde ungenügend behandelt, und ihn noch mehr insistieren lässt. Oft muss die Mutter Roberto, den 5-jährigen Bruder Francos, ins Krankenhaus mitnehmen, weil es an familienexternen Unterstützungsangeboten mangelt. Roberto rebelliert dagegen, was Franco aufregt und die Spannung der Mutter erhöht, worauf diese noch ärgerlicher auf Roberto reagiert, was diesen noch wütender werden lässt. Wenn der Vater nach der Arbeit auf direktem Weg ins Krankenhaus kommt, versucht er durchzugreifen, mit wenig Erfolg. Die Eltern können sich zudem kaum noch miteinander verständigen, weil sie so unterschiedlich reagieren. Auch im Pflegeteam ärgert man sich zunehmend über diese Eltern, die einfach unmöglich sind, und beginnt den Kontakt mit ihnen zu meiden. Und wer hört Franco sorgfältig zu?

Die Seelsorgerin nimmt die komplexen systemischen Prozesse wahr (z.B. gegenseitig sich aufschaukelnde Reaktionen in der Familie und

---

15 *David Kuratle/Christoph Morgenthaler*: Männerseelsorge. Impulse für eine gendersensible Beratungspraxis, Stuttgart etc. 2015.

16 Ausführliche Darstellung und Kommentar in: Morgenthaler 2019, 296ff.

zwischen Familie und Pflegeteam) und bewegt sich entsprechend auf verschiedenen Ebenen: Sie sucht bewusst den Kontakt mit den Eltern und gewinnt deren Vertrauen. Sie würdigt, was sie in ihrer extremen Verunsicherung leisten: „Sie machen dies gut, es ist keineswegs selbstverständlich, wie dies bei Ihnen läuft." Sie wirkt „en passant" beratend, auf dem Flur oder am Krankenbett, und stellt der Familie ihr Wissen zur Verfügung. Die Behandlung könnte länger dauern, als es zuerst aussieht, es sei folglich weise, wenn die Eltern nicht in den ersten Tagen alle Kräfte verpuffen ließen, sondern sich überlegten, wie sie längerfristig mit ihren Kräften haushalten und zusätzliche Unterstützung organisieren könnten. Sie wirkt der stressbedingten Verstärkung von Geschlechtsrollen entgegen: Die Mutter dürfe das Gespräch mit den Ärzten nicht einfach an ihren Mann delegieren. Ihr Wissen um Francos Bedürfnisse müsse ebenfalls zum Tragen kommen. Zudem hörten vier Ohren besser als zwei. Später wird die Rebellion Robertos zum Thema, noch später die Erschöpfung des Vaters, den die Seelsorgerin ermutigt, doch wenigstens dem Chef am Arbeitsplatz seine Situation offenzulegen, um das Risiko eines stressbedingten Unfalls zu senken.

Der Seelsorgerin entgeht auch nicht, was sich zwischen medizinischem Betreuungspersonal und der Familie abspielt. Sie weist in der Teambesprechung darauf hin, dass diese Eltern wohl aus Angst so aggressiv und gleichzeitig defensiv reagierten und zudem unzureichend informiert worden seien. Sie übernimmt einmal auch die Moderation eines Gesprächs zwischen Pflegeteam und Eltern.

Natürlich besucht die Seelsorgerin auch Franco. Sie signalisiert ihm Verständnis nicht nur für sein körperliches, sondern auch sein seelisches Leiden, für das sich sonst in dieser Hektik niemand Zeit nimmt, und leistet Sprachhilfe, wenn er sich kaum ausdrücken kann. Im Gegensatz zum Vater fordert sie Franco nicht auf, sich zusammenzureißen, dann werde alles wieder gut. Sie gibt ihm zu spüren: „Das Leben wird nie mehr so sein wie vorher." Als ihr Franco zu erzählen wagt, wie er sich wegen seiner Hilflosigkeit schämt, hält sie entgegen: „Du bist mehr als man sieht" und kann ihn überzeugen, dass gute Freunde das auch so sehen werden. Franco erleichtert dies sichtlich – und er beginnt, der Seelsorgerin seine wüsten Träume anzuvertrauen.

Systemisch wirkt diese Seelsorgerin dadurch, dass sie die verschiedenen Gruppen in Francos Umfeld im Blick hat und dass sie in der Familie, zwischen Familie und Helfenden und im Blick auf das weitere Umfeld beratend, stützend, informierend und entlastend wirkt, weil dies für Francos Wohlergehen ebenso wichtig ist wie das direkte Gespräch mit ihm. Aber auch ihr offenes Ohr für Franco bleibt unverzichtbar. Die Seelsorgerin ermächtigt ihn, sich zu entlasten, sich anders zu sehen und neue Lebensmöglichkeiten zu entdecken. So verbindet die Seelsorgerin bei ihrem professionellen Vorgehen öko- und psychosystemische Gesichtspunkte und weiß sich getragen von einer auch theologisch begründeten Zuversicht in die heilenden Potenziale authentischer Beziehungen.

Katja Dubiski

Seelsorge im Horizont Kognitiver Verhaltenstherapie

1. Ausgangspunkt: Seelsorge und Psychotherapie – eine Geschichte mit Leerstelle

Seelsorge ist Begleitung im Namen Gottes in allen Lebenslagen und kann ganz unterschiedliche Funktionen einnehmen: Sie kann schlicht wahrnehmen, was ist, und als solche interessierter Smalltalk oder Alltagsgespräch sein.[1] Sie kann auch Raum bieten für Dank, Bitte und Klage. Dabei können verschiedene rituelle oder liturgische Formen von Bedeutung sein. Und Seelsorge kann ein Ort der Ratsuche oder eines Wunsches nach Veränderung sein. In diesen Fällen können *psychotherapeutische Konzeptionen* hilfreiche Unterstützung für Seelsorger*innen sein.

Eine Bezugnahme auf die *Psychologie insgesamt* ist darüber hinaus für die (Praktische) Theologie insgesamt sinnvoll. Denn alle zwischenmenschlichen Interaktionen beruhen auf Annahmen darüber, wie Menschen funktionieren. Psychologie zielt genau darauf: Sie möchte menschliches Verhalten beschreiben, erklären, vorhersagen und in gewissem Maße beeinflussen. Die Psychologie und besonders ihr Teilbereich Psychotherapieforschung ist also für die Seelsorge eine hilfreiche Bezugswissenschaft.

Bereits mit der Seelsorgebewegung und der Entwicklung der beratenden Seelsorge und der Pastoralpsychologie seit den 1960er Jahren gewann die Bezugnahme auf psychotherapeutische Konzeptionen große

---

1 Zum Verständnis von Seelsorge als Begleitung in schweren *und* guten Zeiten vgl. auch *Isolde Karle*: Seelsorge in der modernen Gesellschaft, in: EvTh 59 (1999), 203-219, 217 und *Günther Emlein*: Das Sinnsystem Seelsorge, Eine Studie zur Frage: Wer tut was, wenn man sagt, dass man sich um die Seele sorgt?, Göttingen 2017, 306f.

Bedeutung – sowohl auf theoretischer Ebene als auch in der Praxis. Heute hat sich diese Fokussierung der Seelsorge auf die Psychotherapie zwar wieder stark relativiert, zugleich ist es inzwischen selbstverständlich, sich auf die Psychologie zu beziehen.[2]

Es fällt jedoch auf, dass Seelsorge bislang zwar auf verschiedene Konzeptionen von Psychotherapie und auf unterschiedliche Ansätze der Psychologie ausführlich Bezug nimmt, nicht jedoch auf Kognitive Verhaltenstherapie. Dabei ist diese – zumindest in der akademischen Psychologie in Deutschland – die dominante Psychotherapieform. Während Vor- und Nachteile einer Rezeption von tiefenpsychologischen, humanistischen und systemischen Ansätzen in der Seelsorge ausführlich diskutiert wurden, klaffte im Hinblick auf Kognitive Verhaltenstherapie eine Lücke.[3] Selbst in den Überblickswerken von Jürgen Ziemer und Michael Klessmann, die im Rahmen der „Pastoralpsychologie" explizit verschiedene psychologische und psychotherapeutische Konzeptionen vorstellen, wird Kognitive Verhaltenstherapie nur sehr knapp und der Verhaltenstherapie untergeordnet erwähnt.[4] Verhaltenstherapie wird dabei eher problematisiert, da ihr Menschenbild „mechanistisch" sei und vor allem betone, wie „manipulierbar" Menschen seien.[5] Beides trifft für die frühe Verhaltenstherapie zu. Allerdings wird diese seit langem nicht mehr in dieser Weise praktiziert, sondern hat sich weiterentwickelt – zur Kognitiven Verhaltenstherapie.

Dies bedarf der Erklärung: Die frühe Verhaltenstherapie entwickelte sich in den 1950er Jahren auf Basis des Behaviorismus. Dieser versuchte, rein naturwissenschaftlich vorzugehen und menschliches Verhalten ausschließlich auf Basis beobachtbarer Faktoren zu beschreiben und Verhaltensweisen konsequent lerntheoretisch zu erklären. Die entsprechende Psychotherapieform – die frühe Verhaltenstherapie – basierte

---

2   Vgl. z.B. *Wilfried Engemann* (Hg.): Handbuch der Seelsorge, 3. völlig neu bearb. u. erw. Aufl., Leipzig 2016.

3   Ausführlich dazu vgl. *Katja Dubiski*: Seelsorge und Kognitive Verhaltenstherapie (APrTh 69), Leipzig 2017, 56-82.

4   *Jürgen Ziemer*: Seelsorgelehre, 4. neu bearb. u. erw. Aufl., Göttingen 2015; *Michael Klessmann*: Pastoralpsychologie. Ein Lehrbuch, Neukirchen-Vluyn [5]2014.

5   Klessmann 2014, 191.

also auf schlichten Konditionierungsprozessen. Von theologischer Seite aus wurde das damit verbundene Menschenbild mit Recht kritisiert, für zu simpel gehalten und damit die Verhaltenstherapie für die Seelsorge abgelehnt. Eben diese Kritik wurde jedoch auch innerhalb der Psychologie bereits in den 1960er Jahren vorgebracht. Dadurch kam es zur „Kognitiven Wende". Seitdem wird in der psychologischen Forschung dem Denken und Urteilen von Menschen deutlich mehr Raum gegeben und in der Praxis hat sich dementsprechend die Kognitive Verhaltenstherapie durchgesetzt. Diese hat sich für die unterschiedlichsten Störungsbilder als äußerst *wirksam* erwiesen und dominiert in Deutschland inzwischen die psychologische Psychotherapieforschung. Diese empirisch nachgewiesene Wirksamkeit ist es auch, die inzwischen das *Hauptmerkmal* von Verhaltenstherapie ausmacht. Denn theoretisch und methodisch lassen sich aktuelle Konzeptionen von Verhaltenstherapie kaum mehr auf einen Nenner bringen. Mit dem Kriterium der nachgewiesenen Wirksamkeit werden also ganz unterschiedliche Konzeptionen unter dem Dachbegriff „Verhaltenstherapie" zusammengefasst – wobei in den meisten Fällen „Kognitive Verhaltenstherapie" praktiziert wird.

Eine Auseinandersetzung der Seelsorge mit Kognitiver Verhaltenstherapie ergänzt also ihr Spektrum psychotherapeutischer Bezugskonzeptionen entscheidend: Die Ergebnisse jahrzehntelanger psychologischer Forschung werden so endlich auch in der Seelsorge wahrgenommen und gewürdigt. Für die konkrete Praxis von Seelsorger*innen führt dies zu einer äußerst hilfreichen Horizonterweiterung im Hinblick darauf, was sich in der Seelsorge ereignet und wie „Hilfe" gelingen kann.

2. Theoretische Hintergründe: (Kognitive) Verhaltenstherapie

Während die frühe Verhaltenstherapie auf einfachen Reiz-Reaktions-Mechanismen beruhte, kommen mit der Kognitiven Wende zunehmend auch andere Faktoren, insbesondere kognitive, in den Blick. Die Konzeptionen von Albert Ellis und Aaron T. Beck machen dies deutlich.

Albert Ellis (1913-2007) nahm an, dass ein direktiv-edukatives Vorgehen nötig sei, damit Menschen tatsächlich eine Verbesserung ihrer Probleme erfahren. Er entwickelte deshalb die *Rational-Emotive Verhaltenstherapie* auf Basis des „ABC-Modells", anhand dessen er mit Patient*innen eine Veränderung ihres Denkens erarbeitete.[6] Dabei geht er davon aus, dass aus einer Ausgangssituation A nicht automatisch – wie häufig von Patient*innen angenommen – eine Konsequenz C resultiert (A → C). Wer z. B. einen Bus verpasst, *kann* daraus Rückschlüsse auf den Selbstwert ziehen und die eigene Lebenstauglichkeit grundsätzlich in Frage stellen. Das ist aber nicht die einzige Möglichkeit. Entscheidend ist also die Überzeugung B, die in einer Situation bestimmte Gefühle und/oder Verhaltensweisen bewirkt (A → B → C). Während *irrationale* Überzeugungen problematische Konsequenzen haben (z. B. Selbstzweifel), helfen *rationale* Überzeugungen dabei, auch in unangenehmen Situationen hilfreiche Reaktionen zu zeigen (z. B. demnächst früher aus dem Haus zu gehen). In der Therapie arbeitet Ellis dementsprechend an der Veränderung irrationaler Überzeugungen zu rationalen (z. B. „das passiert immer nur mir" zu „es ist ärgerlich, dass ich den Bus verpasst habe, morgen gehe ich früher los") und beobachtet, dass sich dadurch viele psychische Probleme mindern lassen.

Aaron T. Beck (*1921) hingegen ging bei der Entwicklung seiner *Kognitiven Therapie* strikt empirisch vor.[7] Er beobachtete bei Menschen mit Depression stets ähnliche negative Denk-Schemata, was ihre Selbstsicht, ihre Weltsicht und ihre Zukunftssicht betrifft. Wenn man diese in der Therapie durch einen Abgleich mit der Realität als negativ verzerrt herausarbeitet und neue Kognitionen entwickelt, zeigt sich auch eine Verringerung der depressiven Symptomatik. Auch wenn sich bis heute nicht nachweisen lässt, ob die negativen Schemata tatsächlich die Auslöser von Depressionen sind, so ist doch umgekehrt inzwischen bestens belegt, dass es durch eine Änderung der Denk-Schemata in Kombination

---

6 *Albert Ellis*: Grundlagen und Methoden der Rational-Emotiven Verhaltenstherapie, München 1997.

7 *Aaron T. Beck./John A. Rush/Brian F. Shaw/Gary Emery*: Kognitive Therapie der Depression, hg. v. *Martin Hautzinger*, Weinheim ³1992.

mit verhaltensbasierten Verfahren zu einer Besserung der psychischen Probleme kommt.[8]

Aus theologischer Perspektive fällt auf, dass Kognitive Verhaltenstherapie vor allem die großen Möglichkeiten von Menschen zur Verbesserung ihrer psychischen Lage betont. Psychotherapie wird dementsprechend als „Hilfe zur Selbsthilfe" verstanden. Im interdisziplinären Dialog muss Seelsorge sich fragen, inwieweit sie diesen anthropologischen Optimismus mittragen kann und wo sie Einspruch zu erheben hat, weil Menschen im Hinblick auf ihre Selbststeuerungskompetenz überschätzt und damit letztlich überfordert werden. Letzteres ist besonders bei Albert Ellis der Fall, wenn er betont, dass Menschen von nichts und niemanden abhängig sein sollten. Demgegenüber beschreibt theologische Anthropologie menschliches Leben realistischer als ein Leben zwischen Freiheit *und* Abhängigkeit.

Insgesamt zeigt sich, dass Kognitive Verhaltenstherapie auf einer äußerst schlichten Theoriebildung beruht. Dennoch scheint – nimmt man die Kriterien zur Hand, die Jürgen Ziemer für die Rezeption psychologischer Modelle in der Seelsorge entwickelt hat[9] – eine Auseinandersetzung mit Kognitiver Verhaltenstherapie für die Seelsorge möglich zu sein: So erweist Kognitive Verhaltenstherapie ihre *Solidität* zwar weniger durch ausführliche Theoriebildung, aber umso mehr durch empirische Wirksamkeitsnachweise. Diese beruhen auf ausgearbeiteten methodischen Kriterien, was die praktische Konzeption, Durchführung und Auswertung von Wirksamkeitsnachweisen angeht. Auch im Hinblick auf Fragen der *Anthropologie* Kognitiver Verhaltenstherapie, werden Seelsorger*innen vergeblich nach ausgearbeiteten Konzeptionen suchen. Anthropologische Annahmen sind den Beschreibungen konkreten Vorgehens zu entnehmen. Dabei zeigt sich eine Akzentuierung menschlicher Möglichkeiten zur Veränderung, in der aus theologischer

---

8   Dies betrifft die unterschiedlichsten Störungsbilder, vgl. *Renate de Jong-Meyer*: Kognitive Verfahren nach Beck, in: *Jürgen Margraf/Silvia Schneider* (Hg.): Lehrbuch der Verhaltenstherapie Bd. 1, Berlin/Heidelberg 2018, 499-513, 511. Einen Überblick zur aktuellen Wirksamkeitsforschung liefert *Jürgen Margraf*: Hintergründe und Entwicklung, in: Margraf/Schneider 2018, 3-35, 19-30.

9   Ziemer 2015, 166-169.

Perspektive eine biblische Anthropologie der Freiheit und die Hoffnung auf eine bessere Zukunft gesehen werden kann. Drittens scheint eine *weltanschauliche Offenheit* Kognitiver Verhaltenstherapie gegeben, da sie ohne grundsätzliche Aussagen über Religion auskommt. Insgesamt zeigten sich die Pioniere Kognitiver Verhaltenstherapie ebenso wie heutige Psychotherapeut*innen Religionen und Weltanschauungen gegenüber zwar eher ablehnend wie Albert Ellis oder indifferent wie Aaron T. Beck. In einzelnen Konzeptionen wie der von Harlich H. Stavemann wird aber die Bedeutung von grundlegenden Glaubensüberzeugungen für die Therapie betont und mit der Forderung verbunden, diesen von therapeutischer Seite aus zunächst neutral zu begegnen, so lange sie in sich stimmig sind und nicht zu negativen psychischen Konsequenzen führen.[10] Was schließlich die *methodische Übertragbarkeit* betrifft, geht es vor allem darum, wie Seelsorge und Psychotherapie voneinander abzugrenzen und zugleich in Beziehung zu setzen sind. Hierfür ist das Konzept „psychologisch informierte Seelsorge" hilfreich.

3. Konzept: Psychologisch informierte Seelsorge

Psychologisch informierte Seelsorge umfasst drei Aspekte, die Seelsorge im Horizont Kognitiver Verhaltenstherapie näher beschreiben.

Zum einen ist Seelsorge zuallererst *Begleitung im Namen Gottes*. Damit umfasst sie ein deutlich breiteres Spektrum an Situationen und Anliegen und damit auch ein breiteres Spektrum an Gesprächsformen als Psychotherapie, die ihrerseits definiert ist als „soziale Interaktion, bei der eine Fachperson versucht, einem Klienten oder Patienten zu helfen, sich anders zu verhalten und anders zu fühlen"[11]. Psychologisch informierte Seelsorge ist bewusst keine Psychotherapie. Sie ist Teil des Religions- und nicht des Gesundheitssystems.[12] Eine Bezugnahme auf

---

10 *Harlich H. Stavemann*: Lebenszielanalyse, Weinheim/Basel 2008.
11 *Gerald C. Davison/John M. Neale/Martin Hautzinger*: Klinische Psychologie. Ein Lehrbuch, 7. vollst. überarb. u. erw. Aufl., Weinheim 2007, 30.
12 Zur systemtheoretischen Deutung des interdisziplinären Dialogs vgl. *Isolde Karle*:

psychotherapeutische Konzeptionen ist jedoch in den seelsorgerlichen Situationen hilfreich, wo der Auftrag des Gegenübers eine Bitte um Hilfe impliziert, also in den Fällen, in denen durch das Anliegen des Gegenübers eine Gesprächsstruktur entsteht, die der psychotherapeutischen in gewisser Hinsicht analog ist. In beiden Fällen geht es darum, mit Mitteln der Kommunikation hilfreich zu sein. Dabei gibt Seelsorge ihr Selbstverständnis als Begleitung nicht auf, psychotherapeutische Theorien und Methoden können ihr in diesen Fällen aber zu wertvollen Orientierungspunkten werden.

Zum anderen umfasst psychologisch informierte Seelsorge, dass Seelsorger*innen ihre eigene *implizite Psychologie* reflektieren. Eine solche Reflexion ist umso ertragreicher, je mehr man dabei auf Basiswissen über unterschiedliche psychologische Grundkonzeptionen zurückgreifen kann, denn unterschiedliche psychologische Vorannahmen führen zu jeweils unterschiedlichen Wahrnehmungs-, Deutungs- und Verhaltensweisen und damit zu gänzlich unterschiedlichen Gesprächen. Der Vergleich verschiedener Konzeptionen ermöglicht je nach Situation einen bewussten Zugriff auf spezifische Theorien und Methoden. Dieser Bereich scheint vor allem für die Seelsorge, aber auch darüber hinaus insgesamt für die Theologie und Praktische Theologie überall da von Bedeutung zu sein, wo es darum geht, wie Menschen denken, fühlen und handeln und was dies mit ihrem Glauben zu tun hat.

Und schließlich bedeutet psychologisch informierte Seelsorge – neben allem anderen, das die Pastoralpsychologie in Auseinandersetzung mit den unterschiedlichen psychologischen Grundkonzeptionen bereits mit Gewinn für die Seelsorge aufgearbeitet und in die Praxis umgesetzt hat – auch Auseinandersetzung mit *Kognitiver Verhaltenstherapie*. Denn dann handelt es sich tatsächlich um „psychologisch" informierte Seelsorge, da Kognitive Verhaltenstherapie die Psychotherapieforschung in Deutschland dominiert. In Seelsorge-Gesprächen mit beratender Funktion können deren Theorie und Methodik eine Bereicherung der Wahrnehmung sowie des Vorgehens sein.

Seelsorge im Horizont der Hoffnung. Eduard Thurneysens Seelsorgelehre in systemtheoretischer Perspektive, in: EvTh 63 (2003), 165-181, 176f.

4. Praxisrelevanz: Selbst-bewusst und hilfreich Seelsorge gestalten

Der Ausgangspunkt psychologisch informierter Seelsorge liegt in einer bewussten *Selbstverortung* und einer möglichst exakten Standortbeschreibung des eigenen Vorgehens im Verhältnis zur Psychotherapie. Es gilt also zuallererst und immer wieder, sich klar zu machen, was man selbst unter „Seelsorge" versteht.

Auf dieser Basis hören Seelsorger*innen im Gespräch von Anfang an genau hin, worin jeweils der *Auftrag* des Gegenübers besteht und ob und auf welche Weise sie damit umgehen können.

Darüber hinaus bewegt sich psychologisch informierte Seelsorge auf den Ebenen der Wahrnehmung und der Gesprächsführung:

Auf der Ebene der *Wahrnehmung* gilt es zunächst, die eigene Wahrnehmung ebenso wie die des Gegenübers auf deren implizite Psychologie hin zu beobachten und beide auf deren Konsequenzen hin zu befragen. Die folgenden Beispiele machen deutlich, was das konkret bedeuten kann:

- Stehen biographische Erklärungsmuster im Vordergrund (Tiefenpsychologie), werden vor allem eigene Ressourcen betont (Humanistische Psychologie) oder die Vernetztheit mit der Umwelt (systemische Ansätze)? Mit Blick auf Kognitive Verhaltenstherapie können darüber hinaus möglicherweise spezifische (irrationale oder dysfunktionale) Überzeugungen wahrgenommen werden, die einen negativen Einfluss auf Emotion und Verhalten nehmen. Zu erkennen sind diese z.B. an Generalisierungen wie „immer", „nichts", „total" usw.[13]
- Welche Fragen, Akzente oder Begründungen werden dadurch jeweils akzentuiert? Wie viel Raum wird einem *Problem* in der Seelsorge eingeräumt? Steht es im Zentrum des Vorgehens wie in

---

13 Zu Kennzeichen dysfunktionaler Denkstile vgl. *Harlich H. Stavemann*: Integrative KVT. Die Therapie emotionaler Turbulenzen, 5. vollst. überarb. Auflage, Weinheim/Basel 2014, 134-170.

der Tiefenpsychologie, spielt es eine gewisse Rolle wie in person-
zentrierten und kognitiv-verhaltenstherapeutischen Ansätzen oder
sollte es zugunsten einer Fokussierung auf Lösungsmöglichkeiten
gar nicht mehr in den Blick genommen werden wie in manchen
systemischen Ansätzen?

• Damit verbunden ist die Frage nach *Veränderung*: Wird diese im Hinblick auf die benötigte Zeitspanne als unmittelbar möglich wie in
systemischem Denken oder als langer und aufwändiger Prozess wie
in vielen tiefenpsychologischen Konzeptionen oder als mittelfristig
erreichbar wie in kognitiv-verhaltenstherapeutischen Konzeptionen
beschrieben?

Auf der Ebene der *Gesprächsführung* kann psychologisch informiertes
Vorgehen bedeuten, auf Gesprächsmethoden Kognitiver Verhaltenstherapie zurückzugreifen.

• Dazu gehört zentral, auf die Aktivierung von Ratsuchenden zu
achten. Dazu können Berater*innen „*W-Fragen*" stellen (z. B. „Was
würde Ihnen helfen?" oder „Wie schaffen andere das?"[14]) oder
scheinbar unveränderliche Aussagen *hinterfragen* (z. B. „Ich bedau-
ere meine Entscheidung" durch „Was hindert Sie daran, Ihre Entscheidung zu überdenken?"[15]).
• Außerdem ist die Unterscheidung zweier Arten von Direktivität aus
der Kognitiven Beratung hilfreich. So beschreibt Rolf Winiarski,
dass Berater*innen zwar im Gespräch direktiv vorgehen, was die
Methoden und die Zielerreichung angeht.[16] Das Ziel selbst legen
allerdings die Klient*innen fest. Für die Seelsorge bedeutet diese
Unterscheidung einen großen Erkenntnisgewinn, da man sich hier
lange gescheut hat, ein Gespräch direktiv zu führen. Denn auch in
der Seelsorge können sich *Methodendirektivität* und *Zieldirektivität*

---

14 A. a. O., 28.
15 A. a. O., 37.
16 Vgl. *Rolf Winiarski*: KVT in Beratung und Kurztherapie, 2. vollst. überarb. u. erw.
Auflage, Weinheim/Basel 2012, 53.

in einer Weise ergänzen, die Ratsuchenden ihre Freiheit lässt und sie zugleich gerade durch direktives Vorgehen zu einem Leben in größerer Freiheit führt.

- Schließlich kann das *ABC-Modell* Kognitiver Verhaltenstherapie hilfreich sein, wenn Seelsorger*innen es mit relativ abstrakten Idealen zu tun haben, die in der individuellen Konkretion möglicherweise problematische Auswirkungen haben. So könnte z. B. im Gespräch erarbeitet werden, was eine Ratsuchende darunter versteht „eine perfekte Mutter" zu sein und was ihre Definition mit ihren konkreten Schwierigkeiten im Alltag zu tun hat.[17] Ähnliches wäre auch für die Themenbereiche Liebe und Schuld denkbar.

Auf dieser Basis geht es in seelsorgerlichen Situationen der Ratsuche darum, möglichst konkrete Handlungsmöglichkeiten zu erarbeiten – und zwar im sokratischen Dialog, d. h. durch Rückfragen, nicht durch Vorschläge. Ein solches Vorgehen gibt dem Leid Raum, ist grundsätzlich aber zukunftsgewandt und hoffnungsorientiert.

5. Ein Praxisbeispiel: Ärgerlich – und nun?

Zur Konkretisierung übernehme ich einen Gesprächsausschnitt von Hans-Christoph Piper. Piper schildert, wie ein Seelsorger das Krankenzimmer betritt. Dort steht ein junger Mann am Fenster, der nach einem Arbeitsunfall bereits mehrfach operiert wurde. Der Seelsorger besucht ihn bereits zum zweiten Mal und fragt gleich nach dem Ergehen des Patienten nach der letzten Operation. Er erfährt, dass eine weitere Operation am Arm ansteht. Und er spürt: Der junge Mann wird im Verlauf des Gesprächs immer ärgerlicher.

---

17 Eine ausführliche Darstellung dieses und anderer Beispiele von Timm H. Lohse (*Timm H. Lohse*: Das Kurzgespräch in Seelsorge und Beratung. Eine methodische Anleitung, Göttingen [4]2013) im Vergleich zu Kognitiver Verhaltenstherapie bei Dubiski 2017, 286-294.

„*P:* Daß [mein Arm; erg.: K.D.] im Ellbogen steif bleibt, weiß ich. Hab ich mich ja auch abgefunden. Aber nun ist es doch genug! […] Ich kann doch nicht den Invaliden spielen! Mann! Mit 33 Jahren vielleicht auf Rente…! Nee, will ich nicht.

S: Sie sind in Sorge, nicht mehr arbeiten zu können?

P: Nicht mehr ist zu viel gesagt. Aber rumhocken im Büro und Rechnungen zählen… Nee, das ist nix! Da grault's mich schon jetzt!

S: Ihre Firma hat sicher für Sie einen Außenposten, bei dem Sie nicht immer drin sein müssen.

P: Ach, dann dauernd mit *einem* Arm so rumkrebsen! *(Lauter, und einen Schritt auf den Pfarrer zutretend:)* Na, dann sagen Sie doch mal, womit ich das verdient habe, mit 33 Jahren schon Invalide zu sein!"[18]

Der Seelsorger nimmt in Lautstärke und Anrede bei seinem Gegenüber eine Aggressivität wahr, die er in jedem Fall deuten wird, um damit umgehen zu können.[19] Er könnte sich nun im Sinne *tiefenpsychologischer* Konzeptionen fragen, welche Frustration dem gezeigten Verhalten vorausging. In der konkreten Gesprächsführung würde er dann darauf abzielen, die Frustration *hinter* der Aggression aufzudecken. Im Anschluss an *humanistische* Konzeptionen würde eine Seelsorgerin sich fragen, welche sozialen Bedingungen und persönlichen Werte den jungen Mann daran hindern, sich wachstumsfördernd zu verhalten. Sie würde deshalb vor allem darauf abzielen, seine Gefühle differenziert wahrzunehmen und diesen mit Echtheit, Empathie und Akzeptanz zu begegnen, um eine Atmosphäre zu schaffen, in der der junge Mann sein Selbstkonzept überdenken und seinem „eigentlichen" Selbst mehr Raum geben kann. Im Anschluss an *kognitive* Konzeptionen würde hingegen im Vordergrund stehen, welche Überzeugungen der aggressiven Haltung zugrunde liegen. Die Seelsorgerin würde dabei offene Fragen stellen: Was bedeutet für den jungen Mann „Invalide mit 33"? Welche (religiöse) Überzeugung steckt hinter der Formulierung „etwas verdient haben"? In Anlehnung an das ABC-Modell Kognitiver Verhaltensthera-

---

18 *Hans Christoph Piper:* Gesprächsanalysen, Göttingen [6]1994, 108f.
19 Zum Vergleich der Deutungen von „Aggression" vgl. *Richard J. Gerrig:* Psychologie, 20. aktual. u. erw. Auflage, Hallbergmoos 2016, 17.

pie könnte die Seelsorgerin gemeinsam mit ihrem Gegenüber versuchen herauszufinden, welche Überzeugungen die Ursache des aggressiven Verhaltens sind und ob und inwiefern diese Überzeugungen angemessen und für den jungen Mann hilfreich sind. Dabei würden ihre Fragen insgesamt darauf zielen, ihn zu aktivieren („Was ,grault' Sie am Rumhocken?" „Was würde Ihnen helfen?"). Die Seelsorgerin würde mit ihren Rückfragen darauf abzielen, zu möglichst konkreten und handhabbaren ersten Schritten zu kommen, die den jungen Mann in Richtung einer guten Zukunft führen.

Das Beispiel macht zweierlei deutlich: Zum einen zeigt sich, dass die psychologischen Grundkonzeptionen in ihrer Herangehensweise unterschiedliche Akzentsetzungen aufweisen. Die Mehrzahl an Wahrnehmungs-, Deutungs- und Vorgehensmöglichkeiten erfordert von Seelsorger*innen eine Reflexion ihrer eigenen impliziten Psychologie. So können Seelsorger*innen sich bewusst für die eine oder andere Gesprächsführung und deren Konsequenzen entscheiden. Zum anderen kann es in der Seelsorge nicht darum gehen, das Leiden des jungen Mannes durch ein zu rasches Bemühen um Veränderung zu übergehen. Vielmehr sollte gerade die Seelsorge einen Raum eröffnen, in dem Klage und Anklage möglich sind.

Handeln Seelsorger*innen im Horizont Kognitiver Verhaltenstherapie, dann liegt ihrem Vorgehen eine Psychotherapieform zugrunde, die in die Zukunft gewandt, handlungsorientiert und optimistisch ist, die Ratsuchende in ihrem Erleben und Erzählen ernst nimmt und sie durch Rückfragen dabei unterstützt, die für sie richtigen nächsten Schritte zu wählen und zu gehen. So ist Seelsorge selbst-bewusst und hilfreich.

Gina Schibler

Kreativ-emanzipierende Seelsorge

1. Ausgangspunkt: Berücksichtigung von Kreativität und Emanzipation

Die meisten psychotherapeutisch orientierten Seelsorgekonzepte gehen von einer hierarchischen Beziehung Seelsorger*in - Klient*in aus und berücksichtigen nur spärlich spezifisch weibliche Lebensentwürfe. Kreativ-emanzipierende Seelsorge begegnet diesen Mängeln: Sie orientiert sich an den intermedialen Kunsttherapien, welche die Klientin mit ihrer Kreativität ins Zentrum stellen und die explizit die Vielfalt der künstlerischen Medien anwenden. Zusätzlich integriert sie mittels der feministischen Hermeneutik des Verdachtes die kritische Befragung des ,Textes des eigenen Lebens' – der eigenen Lebensgeschichte. Diese Seelsorge ist *kreativ*, weil sie Verkündigung als Kreation begreift, die sich in unhierarchischer, individuell einmaliger Weise ereignet. Sie ist ebenso *emanzipatorisch*, weil sie von einer Ebenbürtigkeit der Geschlechter ausgeht. Sie erforscht die Bedeutung der Kreativität im Seelsorgeprozess und produziert eine Fülle kreativer Anregungen und Beispiele. Kreativ-emanzipierende Seelsorge geht von der Gleichwertigkeit der Geschlechter aus und hinterfragt Ungleichheit kritisch. Das Fehlen von weiblichen Glaubenszeugnissen beklagt sie nicht nur, sondern hebt sie im kreativen Entwurf auf.

2. Theoretische Hintergründe: Hermeneutik des Verdachts und intermediale Kunsttherapie

Kreativ-emanzipierende Seelsorge nimmt auf zwei Theorien besonders Bezug: Die Hermeneutik des Verdachtes von Elisabeth Schüssler Fiorenza[1] und die intermediale Kunsttherapie[2]. Davon ausgehend, forscht sie nach kreativen Elementen und Geschlechterrollendefinitionen in ausgewählten repräsentativen Seelsorgeentwürfen des 20. Jahrhunderts. Das Ergebnis: Kreative Prozesse und Fragestellungen sind darin zwar omnipräsent, stellen also keineswegs Fremdkörper dar, erlangen jedoch keine explizite Beachtung. Kreativität ist damit ein vernachlässigtes Potenzial, das paradoxerweise in der Praxis oft zum Einsatz kommt. Die biblische Botschaft wird in jeder Seelsorgepraxis umgeformt, kreativ verwandelt und für die ratsuchende Person individualisiert. Allein in einer auf die Ratsuchende ausgerichteten kreativen Form ist Verkündigung möglich, wünschenswert und wirksam. Nur wird in modernen Seelsorgeentwürfen das Potenzial von Kreativität für beide Partner*innen vernachlässigt. Zudem basieren die untersuchten Seelsorgeentwürfe größtenteils auf unzeitgemäßen Geschlechterrollendefinitionen. Die Aufforderung zur Emanzipation von einseitigen, hierarchisch geprägten Geschlechterrollen erfolgt dabei für *beide* Geschlechter, natürlich mit unterschiedlichen Konsequenzen.

3. Konzept: Kreativität als Schlüssel seelsorglichen Arbeitens

In der Seelsorge gelingt die *Formulierung des religiösen Wortes* dank eines kreativen Aktes, was eine immens kreative Leistung darstellt. Wie und unter welchen Bedingungen gelingt dieser kreative sinndeutende Akt, wann misslingt und entgleist er, welches Potenzial für die Einzelne und die christliche Gemeinschaft beinhaltet er? Was passiert, wenn Seelsorger*innen Trost und Lebensdeutung geben? Ein (zu) einfaches Frage-Antwort-Schema bei religiösen Fragestellungen (der/die

---

1   Vgl. *Elisabeth Schüssler Fiorenza*: Zu ihrem Gedächtnis. Eine feministisch-theologische Rekonstruktion der christlichen Ursprünge. München/Mainz 1988 und dies.: Brot statt Steine. Die Herausforderung einer feministischen Interpretation der Bibel, Freiburg/Schweiz 1988.

2   Vgl. *Paolo Knill/Barba Helen Nienham/Margo N. Fuchs*: Minstrels of soul. Intermodal Expressive Therapy, Toronto 1993.

Ratsuchende fragt, der/die Pfarrer*in antwortet) wird überwunden: In kreativen Prozessen tauchen Sinndeutungen in Klient*innen selber auf resp. werden von ihnen selbst vorgenommen. Es geht weniger darum, dass der/die Seelsorger*in *das persönliche religiöse Wort* (Trost, Gebet, Bibelvers usw.) in eine Lebenssituation spricht, die von einer Sinnkrise geprägt ist, sondern darum, es dem/der Klient*in zu ermöglichen, eigene Sinndeutung vorzunehmen. Dadurch werden Hierarchien auch in religiöser Hinsicht abgebaut und Menschen zu eigenen Quellen von Sinnfindung geführt.

Zwei essentielle Leerstellen herkömmlicher Seelsorge – ungenügende Beachtung des Phänomens Kreativität wie auch der geschlechtsspezifischen Dimension in der seelsorglichen Beratung – werden damit aufgehoben:

(1) Einerseits vergrößert sich die Kompetenz der Seelsorgerin, indem kreativ-heilende Prozesse ins Blickfeld rücken und dem Training und der Ausbildung zugänglich gemacht werden. Um einem Missverständnis vorzubeugen: Kreative Prozesse werden nicht entmythologisiert, sie würden dadurch ihre Individualität, ihre Unverfügbarkeit verlieren und zu Techniken werden, die Erfolg garantieren. Kreativität bleibt etwas Unverfügbares, Drittes, ein Geschenk. Dennoch wird klarer, unter welchen Bedingungen sie gedeiht und welche Methoden sie begünstigen.

(2) Sich von Prägungen durch patriarchale Geschlechterrollen zu befreien führt zu einer Praxis, die Frauen *und* Männer emanzipiert. Beide Ziele wirken synergetisch zusammen: Das Verhältnis zwischen Klient*in und Seelsorger*in verändert sich strukturell auf ähnliche Weise, indem sowohl das eigenen Potenzial der Klientin wie auch das kreative Potenzial der Seelsorgerin zum Zuge kommt. Die ‚Lösung im Werk‘ (eine überraschende, heilsame Antwort im kreativen Produkt, welche die eigene Lebenserfahrung übersteigt) gerät ins Blickfeld; *Verkündigung als Kreation* führt zum Ernstnehmen von Kreativität im Bereich der Seelsorge.

Doch damit ist das Potenzial kreativer Seelsorge längst nicht ausge-schöpft. Weitere Methoden sind: Die *kreative Hausaufgabe* und die *kreative Resonanz* der Seelsorgerin. *Kreative Hausaufgabe*: Am Ende einer Seelsorgeeinheit entwickelt die Seelsorgerin individuell angepasste, im weitesten Sinne schöpferische Aufgaben zur Erledigung in der Zwischenzeit. Im Rahmen einer Kreativgruppe werden solche Aufgaben auch ad hoc erledigt und Ergebnisse ausgetauscht, was anregend wirkt und zu Standpunktwechseln einlädt: Es gelingt Menschen, ihr Thema von anderen Gesichtswinkeln aus zu betrachten. Vielfältige Themen von literarischer Kreativität im religiösen Bereich tauchen auf:

- Die persönlich-literarische Form des Credos ermöglicht es, den eigenen Glauben auszudrücken, zu klären oder in Frage zu stellen.
- Die Liturgie eines Gottesdienstes wird als schöpferischer Wandlungsprozess verstanden und führt zu kreativen Messetexten resp. zu einem kreativen Umgang mit Bausteinen der Liturgie.
- Bibliodrama in mündlicher und schriftlicher Form erzeugt innerpsychisches oder auch gesellschaftkritisches Drama auf Grundlage biblischer Stoffe und Motive.
- Die Wiederentdeckung der mythischen Struktur religiöser Wahrheit gelingt mittels Schöpfungsmythen resp. religiöser Mythen.
- Die Erforschung der Kraft von Symbolen führt zu einem kreativen Umgang mit Symbolen, Symbolgeschichten und Symbolhandlungen.

Kurz: Seelsorge als schöpferisches und heilendes Sprachgeschehen äußert sich auf der Ebene der Gesprächsführung als Empathie, auf der Ebene der literarischen Form als kreativer Sprachgebrauch mittels Mythen, Symbolen, Geschichten, Gebeten, Visionen, Dialogen mit historischen (Jesus, Maria, Jünger*innen, der Fantasie sind keine Grenzen gesetzt) wie symbolhaften (Gott, Teufel, Engel) Figuren. Kreative Seelsorge stellt nicht nur kreative Techniken bereit, sondern reagiert mit einer *Hermeneutik der schöpferischen Resonanz*. Indem sie nicht über das Andere spekuliert, es nicht deutet und in theoretischen Konzepten vereinnahmt, verzichtet sie darauf, *für* das Andere zu sprechen, sondern lässt es selber sprechen – genau das geschieht mittels ‚schöpferischer Resonanz'. Verstehen durch (theologisches) Deuten wird ersetzt durch Verstehen durch schöpferische Resonanz als grundlegendes Prinzip in Kommunikationsprozessen. Kreative Formen übernehmen dabei eine Schutz- und Ermutigungsfunktion.

Eine Hermeneutik der schöpferischen Resonanz wirkt hilfreich beim Verstehen von sich selbst, beim Verstehen von anderen Menschen und von Texten insgesamt. Sie ermöglicht Synergien zwischen den Verstehensprozessen. Geisterfahrungen, erlebt im kreativen Umgang mit Bibeltexten, biblischen Themen und Stoffen und im eigenen Schöpfungs- und Schaffensprozess, sind in Verbindung zu bringen mit Dimensionen des Heiligen Geistes. Erst wenn dies geschieht, kann die Bedeutung von Kreativität für das Verständnis und den Vollzug des Glaubens gebührend gewürdigt werden. Ich sehe Parallelen zwischen der Vorstellung des göttlichen Schöpfergeistes und der Vorstellung der schöpferischen Inspiration der Menschen im kreativen Prozess.

Der Mensch wird (auch physisch) krank, wenn er diesen schöpferischen Wandlungsprozess nicht (mehr) erlebt, er erstarrt zu Leblosigkeit, in spiritueller Hinsicht zu verkrusteter Rechtgläubigkeit. Kreative Seelsorge fördert die Achtung vor diesem geheimnisvollen Ort der kreativen Wandlung, flößt den Klient*innen Vertrauen ein auf die Existenz dieses heilsamen und heiligen *Reiches* auch innerhalb des eigenen Lebens und begleitet und ermutigt Prozesse in Eigenständigkeit und Unabhängigkeit durch Höhen und Tiefen hindurch. Dabei bezieht sie sich auf die Bibel: Nach der Bibel ist der Mensch Geschöpf Gottes in Eigenständigkeit.[3] Ebenbild Gottes ist der Mensch nicht als Kopie, als Maschine oder als gehorsamer Empfänger von Befehlen, sondern als eigenständiger, schöpferischer Mensch.

Seelsorgerinnen erhalten mit Hilfe kreativer Anregungen und literarischer Gattungen aus Bibel und Weltliteratur keine Gefäße für autoritative Verkündigung, sondern erinnern mit einer *Haltung der Beschei-*

---

3   Vgl. Gen 3,28.

denheit daran, dass Gott den Schatz seiner Botschaft in ganz und gar irdene Gefäße gibt. Kreative Deutungsmodelle nehmen dies vorweg: Sie erklären nicht die Welt (das Leid etc.) per se, sondern leisten Hilfestellung im Einzelfall. Kreative Formen gelingt es jedoch auch, der Größe des Anspruches Genüge zu tun. In ihrem Freiraum bringen imaginierte Figuren Inhalte zum Ausdruck, welche sonst überhaupt nicht oder nur unter der Gefahr eines autoritativen Deutungsgefälles zur Sprache kommen: Schuld, Hartherzigkeit, Klage, Abwehr, Gleichgültigkeit, Gewissenlosigkeit, Egozentrik, Hass und vieles mehr. Kreative Verkündigungsformen vom Einzelnen für den Einzelnen – was Gruppen nicht ausschließt, solche Formen sind auch in Gruppen praktizierbar – sind für Menschen der Gegenwart verträglicher und vom Vorwurf der autoritären Verkündigung befreit. Das Potenzial des Überraschenden und Heilsamen, das in Marginalisiertem, Verdrängtem, Abgespaltenem schlummert, wird mit Hilfe kreativer Formen erschlossen, die Frage nach dem Heilenden erfährt eine konkrete Antwort. Heilend ist nicht die empathische Begleitung, das Verständnis, das der Seelsorger und die Seelsorgerin aufbringen. Heilend ist auch nicht die Botschaft, die die Seelsorgerin kreativ in Worte fasst. Heilend sind auch nicht die kreativen Methoden oder die kreativen Produkte. Dies alles trägt dazu bei, wirkt hilfreich, verweist jedoch auf etwas Größeres. Menschen und ihre Geschichten werden in eine neue Ordnung, in einen neuen Raum gestellt. Dieser bietet einen Freiraum, einen Rahmen und damit Orte, Zeiten und Bezugspunkte der Auseinandersetzung (Bibel) an, worin sich kreative Fülle entfalten kann.

Dabei ist Folgendes wichtig: Nicht wir als Seelsorgerinnen wirken heilend, es hängt auch nicht an unserem treffenden, kreativen Tun. Gott allein heilt, durch uns, mit uns, jenseits von uns. Manchmal mit einer einfachen Geste, mit einem Wort, mit einer Berührung, von mir formuliert oder vorgenommen ohne jede Absicht, kreativ zu sein. Manchmal aber auch durch einen treffenden Brief, einen von uns formulierten Segen, durch ein berührendes Gebet. Gottes Heilkraft beinhaltet *immer* eine kreative Dimension. Gott ist als paradoxe Kraft zu begreifen, welche heilsame Neuordnung stiftet und Standpunktwechsel ermöglicht.

Kreativ-emanzipierende Seelsorge ist vor 20 Jahren[4] erschienen. Hat sich das Seelsorgemodell in der Praxis bewährt?

- Es stieß auf großes Echo in der Spezialseelsorge: Im Spital und in Altersheimen, als Burnout-Prophylaxe für Pfarrer*innen und in der Ausbildung von Vikar*innen.
- Bei Einzelseelsorge, im kirchlichen Alltag von Kirchgemeinden, war das Interesse weniger groß. Es braucht Zeit und Einsatz, sich auf einen kreativ-emanzipierenden Prozess einzuladen. Kreative Methoden wecken manchmal (unberechtigte) Ängste: Kann ich das? Bin ich gut genug? Zudem verloren die feministischen Aspekte in den letzten Jahren an Aufmerksamkeit, Feminismus galt als veraltet. Das hat sich in jüngster Zeit geändert.
- Die Erwachsenenbildungsstätte Boldern als Ort, an dem ich in Kreativwerkstätten und Sommerakademien all diese Themen und Methoden entwickelte, gibt es nicht mehr. Vielleicht ermuntert durch das Schwächeln der Bewegung der feministischen Theologie, strich die reformierte Kirche ihre jährlichen Beiträge, das Haus existiert nur noch als Hotel.

Nichts desto trotz erscheinen mir die Anliegen und Methoden der kreativen und emanzipierenden Seelsorge aktueller denn je: In einer dem Diktat des (finanziellen) Nutzens unterworfenen Zeit eröffnet kreative Seelsorge unverzweckte Freiräume der Seele, schafft Wege zur Wahrheit im Plural und ermuntert zu eigenschöpferischem Tun anstelle von Konsum – lebenswichtige Elemente nachhaltigen Lebens. Emanzipierende Seelsorge befreit beide (resp. alle) Geschlechter. Die Symbolik des Fallbeispiels (Verschleierung) lässt zusätzliche Themen aufleuchten, die in den 20 Jahren an Brisanz gewannen. Die interreligiöse Weiterentwicklung der kreativ-emanzipierenden Seelsorge in Zusammenar-

---

4 *Gina Schibler*: Kreativ-emanzipierende Seelsorge. Konzepte der intermedialen Kunsttherapien und der feministischen Hermeneutik als Herausforderung an die kirchliche Praxis, Stuttgart 1999. Der Verlag Kohlhammer hat das Buch aus dem Verlagsprogramm entfernt. Exemplare können jedoch weiterhin unter folgenden Adresse bestellt werden: gina.schibler@zh.ref.ch.

beit mit feministischen muslimischen und jüdischen Theolog*innen ist wünschenswert.

4. Praxisrelevanz: Heilung und Befreiung

Die Praxisrelevanz der kreativen Seelsorge lässt sich kurz mit zwei Worten benennen: *Heilung* und *Befreiung*. Historisch-kritische Bibelexegese hat hinreichend aufgedeckt, wo überall biblische Dokumente Irrtümer beinhalten. Diese Erkenntnis führt bekanntlich oft dazu, die Bibel als religiöses Dokument enttäuscht wegzulegen. Nicht so in der kreativen Seelsorge: Ihrer Überzeugung nach ist die Bibel ein Buch von Heils- und Heilungsgeschichte, kein Lehrbuch von Geschichte oder Wissenschaft. Das in vielen Teilen frauenfeindliche, androzentrische Gedankengut der Bibel macht es jedoch notwendig, Bibeltexten mit einer Haltung des Verdachtes zu begegnen. Religiöse Wahrheiten stellen offensichtlich nicht unfehlbare Gewissheiten dar, sondern kreative Gestaltungen mit Wahrheitscharakter, was nicht ausschließt, dass sie in anderer Hinsicht auch zu kritisierende Inhalte transportieren. Offenbarung ist also situativ, d.h. in einer bestimmten Situation für bestimmte Menschen geäußert. Selbst die Bibel bietet uns nicht ewige, unumstößliche Wahrheiten. Zudem bleibt jeder Versuch, hinter den (androzentrisch geprägten) Bibeltexten auf die Existenz einer *reinen*, nicht patriarchal verformten Gemeinschaft von Christ*innen zu stoßen, illusionär. Die Erkenntnis, dass es ideale, gleichberechtigte Gemeinschaftsformen im Rahmen der Kirche in dieser von uns erträumten Form nie gegeben hat, entlastet und desillusioniert aus seelsorglicher Sicht heilsam und hilft, heutige Gemeinschaftsformen in ihrer Ambivalenz kritisch auszuhalten.

Die Aussagen von biblischen Texten normativ zu verallgemeinern, ist und bleibt problematisch, jedoch ist es möglich, ihre Kraft in schöpferischer Resonanz neu zu mobilisieren, wiederzuentdecken. Als Offenbarung wird erlebt, was befreiend wirkt. Was befreiend wirkt, ist in unterschiedlichen historischen Kontexten jeweils etwas anderes, jedoch nichts Beliebiges. Befreiung ist historisch in den Diskurs der Menschenrechte eingebunden. Die Hermeneutik der schöpferischen Resonanz, die die kreative Praxis, die kreative Gestaltung als Ort der Erkenntnis würdigt, sieht die Bibel als pluriforme und offene Autorität: Die Bibel selbst ist vielgestaltig und historisch geprägt, die in der Bibel tradierten Offenbarungen müssen auch heute erfahren und gestaltet werden. Offenbarung wirkt befreiend, sonst ist sie nicht Offenbarung. Offenbarende Prozesse sind nicht abgeschlossen, sie ereignen sich weiterhin. Sie dokumentieren sich auch in schöpferischen Gestaltungen der Gegenwart, nicht nur ein für alle Mal in schöpferischen Gestaltungen im Rahmen des biblischen Kanons. Folgerichtig sind auch kreative Dokumente von Offenbarungsprozessen wahlweise offen, kritisierbar, relativ, vielgestaltig, wandelbar, auf die Gemeinschaft bezogen und im ständigen Wachstum begriffen. Kreative Dokumente mit Offenbarungscharakter entstanden und entstehen im Laufe der Zeit und innerhalb einer lebendigen Tradition.

Kreativ-emanzipierende Seelsorge rückt dazu Bibeltexte und Themenbereiche der christlichen Überlieferung in den Mittelpunkt, die den inneren Reichtum der Menschen betonen:

- Kinder als Vorbilder für religiös Suchende[5]
- die Gleichnisse Jesu[6]
- Texte, die Jesus als sinnlichen Menschenfreund und nicht als lebensfeindlichen Asketen zeigen[7]
- Segnungen, Seligpreisungen
- Sabbatvorstellungen, die dem Wachstum des Menschen dienen; die Heilung und Reifung und nicht lebensfeindliche Gesetzeserfüllung bedeuten[8]
- Abendmahlsinterpretationen, welche sich nicht allein an der Vorstellung von Sterben und Tod, Schuld und Sündenvergebung ori-

---

5   Vgl. Mt.18,1-6; Mt 19,13-15 parr.
6   Vgl. z.B. Mt 13,31f.; Mt 13,33.44-46 parr.
7   Vgl. z.B. Mt 11,19.
8   Vgl. Mt 12,12; Mk 2,27; Lk 13,10-15 und weitere.

entieren, sondern an schöpferischer Umwandlung, Wachstum und Auferstehung

Zusammenfassend lässt sich sagen: Es geht nicht darum, in der Seelsorge den Mangel des Menschen gegen seine schöpferische, spielerische Fülle auszuspielen. Auch andere herkömmliche Gegensätze greifen zu wenig tief: Es geht nicht darum, in der Seelsorge *an das Gute im Menschen zu glauben* – ausgehend von einem Menschenbild der humanistischen Psychologie – oder den Menschen als Sünder zu begreifen. In diese traditionellen Gegensätze lässt sich eine kreative Seelsorge nicht eingliedern. Es geht vielmehr darum, der Situationsbedingtheit von theologischen Aussagen im Rahmen der Seelsorge Rechnung zu tragen, um Einseitigkeit zu vermeiden. Der Mensch ist beides gerade dank und in seinem kreativen Potenzial: Schöpferischer, spielerischer Mensch und Macht missbrauchender, zur Schuld fähiger, defizienter Mensch. Bei der einen Klientin drängt sich möglicherweise ein Hinweis auf ihre Verantwortlichkeit, bei einer anderen Klientin die Relativierung von starken Über-Ich-Normen auf.

5.   Ein Praxisbeispiel: Schleier in Frauen – Menschen in Tempeln

Frau B. ist eine etwa 32-jährige, ausgesprochen attraktive Frau. Beruflich ist sie Assistenzärztin im Fachbereich Gynäkologie. Sie ist Teilnehmerin einer von mir geleiteten Schreibwerkstatt, in der das Potenzial der Liturgie eines Gottesdienstes Thema ist. Am ersten Tag, am Tag des *Glorias*, tanzt Frau B. uns in der Kleingruppe als Gloria einen wunderschönen Tanz vor, zu dem sie selber die Choreographie entwirft. Zunächst verschleiert, verliert sie während des Tanzes den Schleier und wird schutzlos und sichtbar. Danach erzählt sie uns die Geschichte ihres Tanzens: Sie war einige Jahre in ihrem Leben Tänzerin und Modell, Tätigkeiten, die sie selbst liebte, die jedoch ihre Eltern verabscheuten (sie galten im christlichen Milieu als unmoralisch). Deshalb gab sie diese auf und begann, Medizin zu studieren.

Am Tag des *Kyrie* kommt es zum Eklat. Die junge Ärztin bricht in Weinen aus. So berate ich sie in einem persönlichen Gespräch, in dem sie mir ihre Situation schildert. Obwohl äußerlich gesehen erfolgreich, angesehen und kompetent, spüre sie, dass sie im Falle einer weiteren Berufsausübung *,ihre Seele verkaufen würde'*, wie sie es ausdrückt, dass sie innerlich zugrunde gehe. Das Gespräch kreist um das Dilemma *Frau-sein, Karriere machen, in einer Beziehung leben und Kinder haben.* Sie kann dabei die Stressfaktoren einer weiblichen Existenz in einem extrem männlich geprägten Beruf präzise benennen. Im Anschluss an dieses Gespräch entstehen als Erfüllung der Schreibaufgabe mehrere Texte:

Begräbnis der ungelebten Kindheit
Trauerschwaden, Myrrheduft
klagend die lila-schwarzen Weiber
tragen das leblose Kind zu Grab.
Schreie, Schluchzen, Wimmern
verpasste Liebeschancen kommen nie mehr zurück.
Der Verstand steht hilflos daneben,
unfähig zu echtem Trost.
Keine Zeit, wann ist Zeit? -
Jetzt ist die Zeit zu klagen.
Unwiederbringlich verloren ist
ungelebtes Glück.
Die starke Frau weint
um das Kind,
das sie selbst einst war.

Der Text bringt ein Doppeltes zur Sprache: Die Existenz einer Frau, welche seit ihrer Kindheit nie klein, nie wirklich Kind sein durfte. So wurde sie stark, unangreifbar, emanzipiert, aber auch gleichzeitig einsam. Gleichzeitig steht in unserer Kleingruppe der Text auch für die Existenz von jungen Frauen. Die Ärztin, tätig in einer christlichen Frauenorganisation, galt und gilt vielen Frauen als ermutigendes Vorbild, nicht zuletzt auch in ihrem Berufsziel. Sie ist imposant, wird bewundert, von Frauen in Übergröße vor sich hergeschoben – und trägt gleichzeitig innerlich das Bild der Zerstörung in sich, weil das kleine Mädchen in ihr zu kurz kommt. Und so bleibt nur die Spaltung: *Der Verstand steht hilflos daneben.*

Mein kleines Kind wurde geopfert, wird Frau B. klar. Von dieser Einsicht her kann sie erstmals in ihrem Leben Partei für ihr inneres kleines Mädchen ergreifen. Sie lässt es nicht im Stich, sondern weint um es, trauert um Verlorenes.

Getrieben von der Einsicht, falsche Opfer zu bringen, schreibt Frau B. am Tag, an dem wir uns liturgisch mit dem Offertorium befassten, folgenden Text:

Opfer
Auf dem Pflichtaltar geopfert –
Generationen von Generationen von Frauen
eine endlose Prozession von sinnlosen Opfern
eine endlose Litanei von selbstgemachtem Leid.
Schuld und Opfer und Pflicht
von Mutter und Tochter und mir
vermischen sich zum konturlosen Einerlei.
In diesem grauen Sumpf
von erzwungenem Opfer und Selbstmitleid
erstickt jedes wirkliche Opfer im Keim.
Jeder Aufruf zum Opfern verkommt zur Farce
und die wirkliche Schuld bleibt ungesühnt.
Inmitten der selbstgemachten Kreuze
haben wir keine Zeit
nach Gottes Kreuz für uns zu fragen.
Kyrie eleison – Herr, erbarme Dich!

Wiederum kann Frau B. mit anderen Frauen in der Kleingruppe ihre Tränen, ihre Überforderung und ihre Schwäche teilen – und schafft es,

sich nicht selbst zu opfern. Sie erlebt durch die Anteilnahme vieler haut-
nah, wie gut dies tut.

Am nächsten Tag schreibt Frau B. zum Thema Wandlung/Abend-
mahl folgenden Text:

Verwandlung
Nicht durch Heer und Gewalt
sondern durch Deinen Heiligen Geist

nie von außen
immer nur von innen heraus

Geheimnis des Lebens
wo Geist mit Geist zu tanzen beginnt
mein Körper ein Ausdruck des Friedens

Sümpfe in Wege
Steine in Brot
Wegkreuz in Weinstock
Blut in Wein
Menschen in Tempel
Masten in Harfen
Reisig in Rosen
Schleier in Frauen
Gelobt sei der Name des Herrn
Halleluja.

Das Echo der Gruppe setzt den Text in Bezug zum ersten Beitrag der
Ärztin, des getanzten Glorias und nennt ihn Schleiertanz. Er dokumentiert für uns Befreiung im Leben von Frau B. in vielfacher Hinsicht:

- Befreiung von engführenden christlichen Moralvorstellungen,
- Verwandlung von zerstörerischen Erfahrungen des Abendmahls als alleiniges Schuld- und Sündenbekenntnis und Opferung des eigenen Selbst zu einem Ritual der Rückeroberung von Lebendigkeit,
- Befreiung zur Schönheit und Ausdruckskraft des eigenen Körpers,
- Befreiung zu kreativem, schöpferischem Ausdruck in den künstlerischen Medien des Tanzes und der Sprache.

Als nächsten Schritt rege ich die Frauen an, aus ihren kreativen Gestaltungen eine Auswahl zu treffen. Unser Ziel: eine *missa delle donne*, Frauenmesse zu feiern und dabei auf Texte, Tänze, Bilder und Lieder, die in der Woche entstanden sind, zurückzugreifen. Dazu wenden wir die Technik des *intermedialen Transfers* an. Unter intermedialem Transfer verstehen die Kunsttherapien die Technik, von einer künstlerischen Ausdrucksform in eine andere zu wechseln, wobei sich der Ausdruck nicht verflacht, sondern im Gegenteil intensiviert. Inspiriert ist diese Methode von der genuinen kindlichen Kreativität, in der das Kind spontan und natürlich von einem Medium ins andere wechselt: Im freien Spiel singt es beispielsweise, tanzt dazu, gestaltet etwas in Lehm oder Sand oder vertieft den Ausdruck im Rollenspiel. Der Ausdruck erfolgt spontan, intuitiv, von innen heraus und wirkt heilsam – damit verarbeitet das Kind interessante oder verstörende Erlebnisse, ja bisweilen sogar seelische Erschütterungen und Traumata und schafft sich seine eigene schöpferische Welt.

Wir Erwachsenen wechseln in der Kreativwerkstatt zu weiteren künstlerischen Ausdrucksmedien: Wir improvisieren zu Texten Melodien und verwandeln sie in Lieder, gestalten Dialoge zu Theaterszenen und verwandeln Gedichte in Tänze. Plötzlich fügen sich die Einzeldokumente zu einem größeren Ganzen, in dem jede Frau ihren Platz bekommt. Und wir wählen bewusst ein weiteres Gefäß, das des Gottesdienstes. Es führt uns vor Augen, dass wir uns explizit auf eine weitere Dimension ausrichten – auf Gott über, unter und in uns. Die Texte, Lieder, Tänze, Handlungen und Segnungen fügen sich wie fast von selbst zu einem eindrucksvollen Ganzen zusammen – Symbol dafür, dass wir nicht grandiose schöpferische Einzelkämpferinnen sind, sondern dass unsere schöpferischen Gestaltungen einen sinnvollen Beitrag zur religiösen Gemeinschaft bilden, in der wir alle wir selber sein können. Der Beitrag von Frau B. in der Frauenmesse ist ihr *Schleiertanz*, den sie für alle tanzt – wir improvisieren musikalisch dazu und lesen ihren Wandlungstext. Die Zeilen *Schleier in Frauen* sprechen von einer Wandlung, welche nun nicht nur Frau B. betrifft, sondern unsere Gemeinschaft als Ganze erfasst: Aus *verschleierten Frauen* (Frauen, die sich nicht kennen, voller Erwartungen, Ängste und Vorurteile), wird innerhalb einer Woche ein gemeinsames Wir.

Frau B. kehrt gestärkt in den Alltag zurück, der sich in keiner Weise verändert hat (hohe Arbeitsbelastung, frauenfeindliche Ansprüche in Bezug auf Qualifizierung, Schwierigkeiten, einen ebenbürtigen Partner zu finden). Biographisch wichtige, bis anhin ausgeklammerte Lebensphasen (christliche Erziehung in einer engen Gemeinschaft, Tänzerin, Mannequin und Model) erfahren eine Integration und Aufwertung. Durch die Einbettung in die Frauenmesse erhalten Text und Tanz eine Aktualisierung und Symbolkraft für alle anwesenden Frauen. Aus einem Einzelfall wird eine Bewegung in Verbundenheit mit der jahrhundertealten emanzipatorischen Gottesdienstgemeinschaft des Christentums.

Schöpferische Wandlungen geschehen meist langsam und unsichtbar, entziehen sich unserer Einflussnahme, können ersehnt, jedoch nicht gemacht werden. Wir können uns ihnen bestenfalls überlassen, sie mit uns geschehen lassen. Wandlungsprozesse geschehen ansatzweise, momenthaft und symbolhaft in Ritualen, im geheimnisvollen Ort der schöpferischen Wandlung und (manchmal) in Feiern des Abendmahles, indem in gut kunsttherapeutischem Sinne Gottesdienstordnungen als ‚Geschäftsordnungen' eines von Wandlungsprozessen erfassten Lebens begriffen werden. In diesem Sinne ereignet sich in dieser seelsorglichen Begleitung gewiss nicht die ultimative Wandlung (gewissermaßen als feministische oder kreative Bekehrung), es kündigen sich jedoch unübersehbare Wandlungsprozesse an: Geburtswehen des Neuen, das machtvoll auf die Welt zu kommen drängt.

Lydia Kossatz

Ästhetische Seelsorge

1. Ausgangspunkt: Ästhetische Theoriebildung

Während sich die Praktische Theologie seit den 1990er Jahren nach ästhetischen[1] Gesichtspunkten um- und neu gestaltete, blieb die Poimenik weitgehend von einem therapeutischen Paradigma bestimmt. Zwar zeichnete sich auch in der jüngeren Poimenik eine allmähliche Öffnung für einen „dritten Weg"[2] jenseits der Frontstellung zwischen kerygmatischer und therapeutischer Orientierung ab, ein theoretisch fundierter ästhetischer Zugang fehlte jedoch in der Theorielandschaft der Seelsorgelehre.

Grözinger bringt die zentrale These des ästhetischen Paradigmas auf den Punkt: Die „ästhetische Dimension [...] ist dort erreicht, wo sich die Inhalts-Problematik als Problem der Form entfaltet"[3]. Es sind Deutungs- und Darstellungsprozesse, die in das Zentrum der Aufmerksamkeit rücken. Praktische Theologie wird zur „Wahrnehmungswissenschaft".[4]

Mit der Öffnung für einen ästhetischen Zugang gelingt der Poimenik nicht nur der Wechsel ihres therapeutischen Paradigmas, sondern sie wird nach ihrer jahrzehntelangen konzeptionellen Ausrichtung an

---

1   Dabei ist Ästhetik nicht verstanden im Sinne von *das Schöne*, sondern analog zu αἴσθησις (Sinneswahrnehmung), als Wissenschaft der Wahrnehmung und Deutung (αἰσθητικὴ τέχνη – Wissenschaft vom sinnlich Wahrnehmbaren).
2   Vgl. *Michael Meyer-Blanck/Birgit Weyel*: Studien- und Arbeitsbuch Praktische Theologie, Göttingen 2008, 47: Nach ihrer Orientierung erst an der kerygmatischen Theologie, dann an den Human- und Sozialwissenschaften beschreitet die Praktische Theologie derzeit einen „dritte[n] Weg jenseits der Alternative von Empirie und Systematischer Theologie".
3   *Albrecht Grözinger*: Praktische Theologie und Ästhetik. Ein Beitrag zur Grundlegung der Praktischen Theologie, München ²1991, 209.
4   Vgl. Meyer-Blanck/Weyel 2008, 47.

Psychologie und Therapie auch wieder in den Gesamtzusammenhang der Praktischen Theologie integriert.

Der Ansatz versteht sich als Beitrag zur poimenischen Grundlagenforschung. Er setzt fundamentalpoimenisch an und entwirft ein Modell, das auf möglichst *jede* seelsorgliche Kommunikationssituation bezogen werden kann. Dies bietet einer sich immer weiter ausdifferenzierenden Poimenik in Spezialseelsorgekonzepte[5] einen einheitlichen Theoriehorizont an.

Dieser Ansatz erfordert, die *Seelsorge* als den von der Poimenik reflektierten Gegenstand terminologisch und theologisch zu präzisieren. Ästhetische Poimenik profiliert die Seelsorge religiös-christlich.

2. Theoretische Hintergründe: Die Systemtheorie Niklas Luhmanns und die Semiotik Umberto Ecos im lutherischen Kontext

Im Rückgriff auf Martin Luthers prägnante Formulierung *per mutuum colloquium et consolationem fratrum* aus den Schmalkaldischen Artikeln[6] wird sowohl der Gegenstandsbereich der Poimenik näher bestimmt als auch ihr theologischer Rahmen abgesteckt. Wirkungsgeschichtlich längst zu einer klassischen Formel der Seelsorge geworden,[7] bietet sich

---

5 Zu der Vielzahl an Konzepten, die diverse sog. seelsorgliche Handlungsfelder abdecken vgl. *Ralph Kunz* (Hg.): Seelsorge. Grundlagen – Handlungsfelder – Dimensionen (elementar 4), Göttingen 2016; *Wilfried Engemann* (Hg.): Handbuch der Seelsorge. Grundlagen und Profile, Leipzig [3]2016. Während es der Ästhetischen Poimenik in erster Linie um das „Ordinarium" der Seelsorge geht, zielen Spezialseelsorgekonzepte auf deren „Proprium" und damit auf die Spezifika bestimmter seelsorglicher Kommunikationssituationen bzw. auf poimenische *frames* (Hausbesuch, Krankhausseelsorge etc.).

6 *Die Bekenntnisschriften der Evangelisch-Lutherischen Kirche (BSLK)*: hg. im Gedenkjahr der Augsburgischen Konfession 1930, Göttingen [12]1998, 405-468, 449.12f.

7 Vgl. *Jürgen Henkys*: Seelsorge und Bruderschaft. Luthers Formel „per mutuum colloquium et consolationem fratrum" in ihrer gegenwärtigen Verwendung und ursprünglichen Bedeutung (Aufsätze und Vorträge zur Theologie und Religionswissenschaft 45), Stuttgart 1970. Zum Gebrauch der Formel in der neueren Seelsorgeliteratur vgl. *Lydia Kossatz*: Zeichen im System. Eine ästhetische Poimenik

Luthers Diktum für die Poimenik als ästhetische Leitkategorie an, da in ihr Form (*colloquium*), Inhalt (*evangelium*) und Rezeption (*consolatio*) verschränkt sind. Christliche Seelsorge wird verstanden als ein Modus der Vergegenwärtigung des Evangeliums, näherhin als *wechselseitiges Gespräch anwesender Glaubensgeschwister zum Zwecke des Trosts untereinander*, das sich in einem religiös-christlichen Deutungshorizont ereignet.

Dieses Verständnis wird durch die Systemtheorie Niklas Luhmanns[8] und die Semiotik (Zeichentheorie) Umberto Ecos[9] kommunikationstheoretisch erweitert. Beides sind Theoriezugänge, die sich in der Praktischen Theologie etabliert haben[10] und im ästhetischen Paradigma zu verorten sind. Mit der pragmatischen Kombination von Elementen beider Theorien wird das vieldimensionale Kommunikationsgeschehen der Seelsorge theoretisch fundiert in den Blick genommen. Aus einer im weitesten Sinne konstruktivistischen Perspektive ist Seelsorge als *religiös codierte Kommunikation unter Anwesenden* zu beschreiben.

3. Konzept: Seelsorge als „Gespräch" im Angesicht Christi

Noch immer gilt das „Gespräch" als die klassische Form von Seelsorge. Doch was geschieht, wenn bestimmte Menschen an einem bestimmten Ort zu einer bestimmten Zeit aufeinandertreffen? Ist es notwen-

---

in systemtheoretischer und semiotischer Perspektive (PThW 20), Berlin/Boston 2017, 179.

8 Vgl. *Niklas Luhmann*: Soziale Systeme. Grundriß einer allgemeinen Theorie, Frankfurt a.M. 1984; ders.: Die Gesellschaft der Gesellschaft, Frankfurt a.M. 1997. Zur Einleitung in die Luhmannsche Theorie vgl. *Margot Berghaus*: Luhmann leicht gemacht. Eine Einführung in die Systemtheorie, Köln/Weimar/Wien ²2004 und Kossatz 2017, 3ff.

9 Vgl. *Umberto Eco*: Semiotik. Entwurf einer Theorie der Zeichen, München ²1991; ders.: Semiotik und Philosophie der Sprache, München 1985; ders.: Kant und das Schnabeltier, München/Wien 2000. Zur Einleitung in die Ecosche Theorie vgl. *Dieter Mersch*: Umberto Eco zur Einführung (Zur Einführung 90), Hamburg 1993 und Kossatz 2017, 113ff.

10 Zur Rezeption von Ecoscher Semiotik, Luhmannscher Systemtheorie und systemischem Denken in der Praktischen Theologie vgl. Kossatz 2017, 1ff; besondere Aufmerksamkeit gilt hier der systemischen Seelsorge (a.a.O., 63ff).

dig, dass Seelsorgepartner*innen während eines „Gesprächs" körperlich anwesend sind und miteinander reden? Wie ereignet sich in diesem Geschehen das, was als Seelsorge bezeichnet wird? Die kleinste und „einfachste" Kommunikationsform ist zugleich hochkomplex: Am seelsorglichen Zeitort sind leib-räumliche Formen zu einer Partitur verflochten, deren je neu zu bestimmende Inhalte Deutungsräume schaffen, die jede seelsorgliche Begegnung zu einem einmaligen Ereignis performieren. Dieses komplexe Kommunikationsgeschehen fasst die Ästhetische Poimenik mittels einer konsistenten Theorie.

In den Schmalkaldischen Artikeln zählt Martin Luther verschiedene Modi des Evangeliums auf. Neben Predigt, Taufe, Abendmahl und Beichte führt der Reformator zuletzt an: „und auch *per mutuum colloquium et consolationem fratrum*, Matth. 18.: ,*Ubi duo fuerint congregati*' etc."[11] Das wechselseitige Gespräch, in dem sich die Brüder – die Glaubensgeschwister – wechselseitig trösten, stellt einen Modus des Evangeliums dar. Seelsorge ist als Vergegenwärtigung des Evangeliums *ad personam* zu verstehen – anders formuliert: als ein Geschehen, in dem etwas für jemanden zur guten Nachricht wird.

Ein semiotisch orientierter Performanz- und Inszenierungsbegriff[12] präzisiert dies weiter. *Performanz* meint ein leib-räumliches Zeigen: In der Seelsorge ist der Inhalt des Evangeliums an konkrete Formen gebunden. *Inszenierung* bezieht sich auf den konkreten Formgebungsprozess und zielt auf das „Ineinander von Gottes Verheißung und menschlicher Gestaltungskunst"[13]. Da Performanz nicht an *ein* bestimmtes Inszenierungsmuster gebunden ist, geht es wie in der Liturgie auch in der Seelsorge darum, „das *eine* Evangelium *vielfältig*, angemessen in Szene zu setzen, damit es wahrgenommen und für wahr genommen wird, um neu wahr zu werden"[14].

---

11 BSLK [12]1998, 449.5ff.
12 Vgl. Kossatz 2017, 197ff.
13 *Michael Meyer-Blanck*: Inszenierung des Evangeliums. Ein kurzer Gang durch den Sonntagsgottesdienst nach der Erneuerten Agende, Göttingen 1997, 12.
14 Ders.: Inszenierung und Präsenz. Zwei Kategorien des Studiums Praktischer Theologie, in: WzM 49 (1996), 2-16, 5; Hervorhebungen L.K.

Folgt man der lutherischen Formel, wird das Evangelium in der Seelsorge vergegenwärtigt, um zu trösten. Mit der *consolatio* (Trost) bietet die Formel eine konkrete Gestalt des Evangeliums an, die im Spannungsfeld zwischen unverfügbarer Zueignungsform und subjektiver Deutung steht: Das, was als Trost erfahren wird, ist unmittelbar von der Rezeptionsleistung einer Deutungsinstanz abhängig. Als eine für den Menschen unverfügbare Form der Heilszueignung bezeichnet *consolatio* ein Geschehen *extra nos*, das sich *per formam* sowie *pro me* erweist. Damit verschränken sich in Luthers Formel Form (*colloquium*), Inhalt (*evangelium*) und Rezeption (*consolatio*) – die ästhetische Perspektive ist eingeholt.

Die seelsorgliche Vergegenwärtigung des Evangeliums findet unter Glaubensgeschwistern statt und ist damit in einer christlichen Trost- und Deutungsgemeinschaft verortet. Seelsorge geschieht wechselseitig und schließt sog. „Laienseelsorge" explizit ein.

Das der Formel zur näheren Erläuterung angefügte Zitat aus Mt 18,20 markiert, dass die seelsorgliche Begegnung unter der promissionalen Zusage Christi „da bin ich mitten unter ihnen" steht. Seelsorge ereignet sich in einem explizit christlichen Deutungshorizont.

Damit ist der Gegenstandsbereich der Poimenik bestimmt: Christliche Seelsorge ist zu beschreiben als *wechselseitiges Gespräch anwesender Glaubensgeschwister zum Zwecke des Trosts untereinander*. Der seelsorgliche Ort, an dem sich das Evangelium performiert, ist das *colloquium* (Gespräch). Dies ist sowohl kommunikationstheoretisch als auch praktisch-theologisch weiter zu präzisieren.

Die performativen Vollzüge am Ort des seelsorglichen *colloquiums* stellen sich als semiosische Prozesse (Zeichenprozesse) im System dar. Systemtheoretisch ist das *colloquium* als *Interaktion*, als „*Kommunikation unter Anwesenden*"[15] zu beschreiben. Damit ist sowohl die klassische *face-to-face*-Konstellation eines „Gesprächs" bei leib-räumlicher Kopräsenz gemeint, aber z.B. auch Telefon- oder Chat-Seelsorge, die die unmittelbare Anwesenheit der Kommunikanten in zeitlicher Hinsicht

---

15 *André Kieserling*: Kommunikation unter Anwesenden. Studien über Interaktionssysteme, Frankfurt a.M. 1999.

voraussetzt. Diese Theorie kann auch auf *Kommunikation unter Abwe-senden* (z.B. Brief- oder Mail-Seelsorge) bezogen werden, da in diesen Situationen Kommunikation lediglich zeitlich entzerrt ist. Es geht dabei also nicht um ein anderes Verständnis von Kommunikation, sondern lediglich um andere Kommunikations*medien*.

Interaktion bezeichnet ein Sozialsystem, das sich als Kommunikation unter Anwesenden unter der Voraussetzung reflexiver Wahrnehmung bildet. Damit spielen in der Interaktion *Kommunikation, Anwesenheit* und *reflexive Wahrnehmung* zusammen.

Die Grenze der Interaktion ist durch *Anwesenheit* markiert. Da jedoch die Kommunikation selbst entscheidet, wer oder was als anwesend behandelt wird, ist Anwesenheit nicht mit physischer Präsenz gleichzusetzen. Deutlich wird dies bei der Telefonseelsorge: Die Seelsorgepartner*innen sind zeitgleich, jedoch nicht unmittelbar leiblich anwesend. Auf der anderen Seite impliziert physische Präsenz nicht soziale Anwesenheit. Bei einem Gespräch „unter vier Augen" werden z.B. im Mehrbettzimmer eines Krankenhauses die anderen im Raum physisch Anwesenden von der Kommunikation als abwesend behandelt. Kommunikationstheoretisch kann so auch die promissionale Anwesenheit des immanent Abwesenden (Mt 18,20) eingeholt werden.

Aus semiotischer Sicht ist *Wahrnehmung* zu beschreiben als ein rezeptionsästhetischer, selektiv-kontingenter Prozess, bei dem eine Wahrnehmungsinstanz etwas In-der-Welt-Vorfindliches in bestimmter Hinsicht als wirklich deutet und in einem bestimmten kulturellen Horizont für-wahr-nimmt. Wahrnehmung ist zu verstehen als ein semiosischer, abgleichender Deutungsprozess im Kontext des privaten und kulturellen Erinnerungs- und Erfahrungsraums.

Reflexive Wahrnehmung zwingt Interaktionssysteme zur Kommunikation. Das heißt: Wer wahrnimmt, dass er*sie wahrgenommen wird und dass das Wahrnehmen des Wahrgenommenwerdens wahrgenommen wird, kann nicht vermeiden, dass das eigene Verhalten als Kommunikation aufgefasst wird. Damit wird in der Interaktion nicht nur verbalsprachlich, sondern auch leib-räumlich kommuniziert. Mit Watzlawick formuliert: „Man kann nicht *nicht* kommunizieren."[16] Relevant sind für die Seelsorge deshalb wirkliche und mögliche Körperinszenierungen (Körpergestalt, Körpergestaltung und Körperverhalten), wirkliche und mögliche Orte sowie wirkliche und mögliche Gegenstände. Dies gilt auch für Seelsorgesituationen, in denen die Partner*innen nicht leiblich anwesend sind.

In der Interaktion sind Wahrnehmungs- und Kommunikationsprozesse so eng aufeinander bezogen, dass sie zu einem vieldimensionalen Kommunikationsgeschehen verflochten sind. Es entsteht eine regelrechte *Partitur* raum-zeitlicher Ausdrucksformen.[17] In diesem seelsorglichen Wahrnehmungsraum ist es möglich, Wirklichkeit zu bilden bzw. umzubilden. Zentral ist hier die aus der systemischen Therapie bekannte Aussage, dass *alles auch ganz anders sein könnte.*[18]

Im Rekurs auf den systemtheoretischen *Sinn*-Begriff[19] sowie das semiotische *Enzyklopädie*-Modell[20] wird dies theoretisch darstellbar: Interaktionelle Deuteprozesse generieren im enzyklopädischen Universalmedium des Sinns konkrete Formen und konstruieren auf diese Weise Wirklichkeit als aktuelle Möglichkeit. Anders formuliert: In einem Möglichkeitsraum mit prinzipiell unendlichen Interpretationen wird mittels kontingenter Unterscheidungen Komplexität reduziert und *ein* möglicher Deutungspfad aktualisiert.

Nun geht es in der Seelsorge jedoch nicht nur darum, Wirklichkeit zu bilden, sondern auch *coram Christo* umzubilden, erstarrte Deutungsmuster aufzubrechen, Möglichkeitsräume zu erzeugen und neuen Handlungsspielraum zu eröffnen.

Aus systemtheoretischer Sicht ist Seelsorge als *religiös codierte Kommunikation* zu beschreiben: Seelsorge hat religiöse Deutungsangebote zu

---

16 *Paul Watzlawick/Janet H. Beavin/Don D. Jackson*: Menschliche Kommunikation. Formen, Störungen, Paradoxien, Bern/Göttingen/Toronto/Seattle ⁹1996, 53.

17 Für die Liturgik vgl. *Karl-Heinrich Bieritz*: Liturgik, Berlin/New York 2004, 37 u.ö.

18 Vgl. *Arist von Schlippe/Jochen Schweitzer*: Lehrbuch der systemischen Therapie und Beratung, Göttingen/Zürich ⁶1999, 273.

19 Die Zwei-Seiten-Form *Sinn* bezeichnet die Einheit der Differenz von Wirklichkeit und Möglichkeit; vgl. Kossatz 2017, 360ff.

20 Mit *Enzyklopädie* ist das Gesamt des kulturellen Wissens, das den Möglichkeitsraum sinnhafter Deutungen eröffnet, bezeichnet; vgl. Kossatz 2017, 363ff.

machen, andernfalls enthebt sie sich ihrer gesellschaftlichen Funktion. In der Seelsorge ist das Evangelium mittels leib-räumlicher Formen deshalb so zu inszenieren, dass religiös-christliche Codierungen in die seelsorgliche Kommunikation eingebracht werden.

Praktisch-theologisch kann dies als *Bruch* beschrieben werden. Diese auf Thurneysen[21] zurückgehende Kategorie ist aus ästhetischer Perspektive reformuliert: Semiotisch verstanden als *Umcodierung*,[22] systemtheoretisch als *Irritation* von Erwartungsstrukturen oder semiotisch schlicht als *Perspektivenwechsel*[23] stellt der *Bruch* eingefahrene, dysfunktional gewordene Deutungsmuster in Frage und zielt damit auf Ähnliches wie die aus der systemischen Therapie bekannte Methode des *Reframings*.[24] Der Bruch reizt zur Umbildung von Wirklichkeit, indem er christliche Deutungsangebote in die Kommunikation einbringt.

Die Funktion der Umdeutung übernehmen in der Seelsorge v.a. geprägte Kommunikationsformen des christlichen Glaubens wie biblische Texte, Lieder, Gebete oder Segenshandlungen. Diese werden in der Seelsorge analog zum Predigtgeschehen als „offene Kunstwerke"[25] rezipiert und schließen das Gespräch nicht ab, sondern eröffnen es[26].

---

21 *Eduard Thurneysen*: Die Lehre von der Seelsorge, Zürich [7]1994, 114ff.
22 Vgl. *Thomas Klie*: Zeichen und Spiel. Semiotische und spieltheoretische Rekonstruktion der Pastoraltheologie (PThK 11), Gütersloh 2003, 392ff.
23 Vgl. *Michael Meyer-Blanck*: Entdecken statt Verkündigen. Neue Chancen für die Bibel im Seelsorgegespräch, in: *Uta Pohl-Patalong/Frank Muchlinsky* (Hg.): Seelsorge im Plural. Perspektiven für ein neues Jahrhundert, Hamburg 1999, 27-35, 30.
24 Vgl. von Schlippe/Schweitzer [6]1999, 177ff.
25 *Umberto Eco*: Das offene Kunstwerk, Frankfurt a.M. [7]1996.
26 Vgl. *Peter Bukowski*: Die Bibel ins Gespräch bringen. Erwägungen einer Grundfrage der Seelsorge, Neukirchen-Vluyn [2]1995, 55ff.

4. Praxisrelevanz: Seelsorgliche Präsenz in fundamentalpoimenischen Kategorien – Kommunikationsmedium, Zeit, Raum, Leib

Leitend für die seelsorgliche Praxis ist die Frage, wie das Evangelium im vieldimensionalen Kommunikationsgeschehen sinnenhaft inszeniert werden kann. Dies erfordert eine *seelsorgliche Präsenz*. Präsenz stellt die persönliche Komponente der Inszenierung des Evangeliums dar: „‚Präsenz' meint das Dasein in der liturgischen [und seelsorglichen; L.K.] Rolle, welches mit dem eigenen Glauben ebenso viel zu tun hat wie mit darstellerischer Sorgfalt. Es geht in Liturgie [und Seelsorge; L.K.] wie Theater insgesamt nicht darum, eine ‚Show' abzuziehen, sondern sich mit den anderen in eine andere Wirklichkeit hineinzuspielen.“[27] Es geht also um die konkrete Gestaltung christlich codierter Formen, um die Konstruktion von Wirklichkeit *coram Christo*.

Eine Besonderheit der Seelsorge liegt darin, dass das Kommunikationsgeschehen durch eine hohe performative Dynamik und ein prinzipiell offenes Setting geprägt ist. Für ein Seelsorgegespräch gibt es keine Agende. Das verlangt von Seelsorger*innen ein hohes Maß an Flexibilität, Spontanität und orthotomischem Geschick, Inszenierungsformen des Evangeliums kairologisch angemessen einzubringen.

Insofern bezeichnet *seelsorgliche Präsenz die durch die Sensibilität für die prinzipielle Offenheit und dynamische Performanz der Interaktion gebrochene Präsenz. Sie zielt darauf, die Wirklichkeit einer konkreten Lebenssituation als Wirklichkeit* coram Christo *zu deuten.*

In der Seelsorge spielen diverse Darstellungsformen kairologisch zur „günstigen Gelegenheit“[28] zusammen. Diese Partitur kann anhand der vier Kategorien *Kommunikationsmedium, Zeit, Raum* und *Leib* aufgeordnet werden. Diesen Kategorien sind verschiedene, als Deutungsmuster verstandene Codes zugeordnet.[29] Die Codes strukturieren zum einen

---

27 *Michael Meyer-Blanck*: Geleitwort, in: *Thomas Kabel*: Handbuch Liturgische Präsenz. Bd.2: Zur praktischen Inszenierung der Kasualien, Gütersloh 2007, 9-10, 9.

28 *Timm H. Lohse*: Das Kurzgespräch in Seelsorge und Beratung. Eine methodische Anleitung, Göttingen ²2006, 21ff.

29 Vgl. Kossatz 2017, 479ff.

die Wahrnehmung einer konkreten Seelsorgesituation und tragen so zu
einer differenzierten Beschreibung des vieldimensionalen Kommunika-
tionsgeschehens bei. Zum anderen regen sie in der Praxis zum Experi-
mentieren mit verschiedenen, auch religiös-christlichen Formen an.

Um kommunizieren und Sinnformen prägen zu können, greift
Seelsorge auf verschiedene *Kommunikationsmedien* zu: Verbalsprache
(*Sprach- und Sprechcodes*), Musik, Schrift, Bilder, Filme, Telefon oder
das Internet. Welches Medium faktisch gewählt wird, ist abhängig von
der jeweiligen Kommunikationssituation und mit keiner normativen
Präferenz – z.B. für Verbalsprache – verbunden.

Seelsorge bietet an, individuelle *Zeit*erfahrungen von Lebenszeit im
Horizont kultureller Zeitkonstruktionen und der im biblischen Zeugnis
kommunizierten Heilsgeschichte zu deuten. Seelsorge wird zum Zeitort,
zur „günstige Gelegenheit" (T. Lohse) an dem Lebensgeschichten konstruiert werden, an dem *immanent-zeitliche Codes* auf *transzendent-escha-
tologische Codes* treffen.

Raum umfasst den konkreten seelsorglichen Ort sowie die konkreten Gegenstände, mit welchen ein Ort gestaltet wird. Kommunikativ
relevant werden kann, was jemand sinnlich wahrnimmt und mit einer
Bedeutung verbindet.

Das *Setting* setzt die nicht weiter gestaltbaren Formen (*architektoni-
sche Codes*). Innerhalb dieses vorfindlichen architektonischen Rahmens
eröffnet sich ein Raum, der intentional gestaltet werden kann. Durch
Möblierung und Platzierung mobiler Gegenstände wird ein Raum ein-
geteilt und eingerichtet. Neben *visuellen Codes* spielen auch *taktile, akustische, olfaktorische* und *gustatorische Codes* eine Rolle.

Für die Seelsorge ist es von Bedeutung, an welchem konkreten Ort
sie stattfindet, wie der Raum eingerichtet ist bzw. wie er im Verlauf der
Kommunikation (um-)gestaltet wird. Es geht darum, einen „günstigen"
Kontext für religiös-christlich codierte Kommunikation zu schaffen –
wie etwa mit christlich deutbaren Gegenständen.

Bei leiblicher Anwesenheit spielen immer *sexuelle* und *hierarchische
Codes* eine Rolle. *Leib* steht für den Raum, den ein Mensch mit seinem
Körper einnimmt, ihn somatisch beansprucht und gestaltet (*Körperge-*

stalt, Körpergestaltung: z.B. textile Codes, Körperverhalten: kinetische, gestische, szenische, proxemische,[30] *taktile, hodologische,*[31] *akustische Codes).* Der Körper ermöglicht die simultane Rezeption und Produktion von Ausdrucksformen: Zum einen stellt der Körper die Voraussetzung der sinnenhaften Wahrnehmung des seelsorglichen Zeitraums, zum anderen werden Menschen selbst zu leib-räumlichen Formen und damit zum Kontext der Kommunikation.

In der Seelsorge ist zum einen auf die Körperinszenierung der Seelsorger*innen zu achten. Seelsorger*innen müssen sich bewusst machen, dass Menschen „nicht nur verbal kommunizieren, sondern als leibliche Wesen. Eine [...] dem Trost widersprechende leibliche Ausdrücklichkeit ist [...] unangemessen."[32] Deshalb ist es nicht gleichgültig, wie Seelsorger*innen auftreten, was sie anziehen, wie sie sich im Raum bewegen oder wo sie Platz nehmen. Zum anderen ist die leibliche Dimension der Seelsorgepartner*innen zu bedenken. Leibliche Ausdrucksformen werden wahrgenommen, gedeutet und mit Erwartungen verbunden, die im Verlauf der Kommunikation erfüllt, enttäuscht oder revidiert werden.

In dem sinnenhaften Sinnspiel der Seelsorge, in dem nicht *nicht* kommuniziert werden kann, können also nahezu unendlich viele Sinnpfade beschritten werden. Je nach poimenischem *frame*, der sich über sinnlich wahrnehmbare Gestalten verwirklicht, werden in einer bestimmten Situation jeweils bestimmte Codes aktualisiert oder narkotisiert.

Die Codes verweisen die Seelsorge auf die Gestaltungsaufgabe, das Evangelium mittels leib-räumlicher Formen so zu inszenieren, dass es für jemanden zur guten Nachricht werden kann und die Lebenswirklichkeit der Seelsorgepartner*innen *coram Deo* Ausdruck findet. Dabei verweist aktuell Verwirklichtes (Anwesendes) auf potenziell Mögliches (Abwesendes), das als Deutungsangebot eingebracht werden, Wirklichkeit umbilden und eine neue Sichtweise eröffnen kann. Dies geschieht

---

30 Körperverhalten in Bezug auf Nähe und Distanz sowie Blickkontakt.
31 Körperverhalten als Bewegung im Raum und Positionierung von Körpern.
32 Meyer-Blanck 1997, 27 bzgl. der*s Liturg*in.

in der seelsorglichen Praxis mit religiösen Sinnangeboten des christlichen Glaubens.

5.   Praxisbeispiel: Ein Engel für Frau B.[33]

Montagnachmittag in der Karwoche. Die Pfarrerin der örtlichen Kirchengemeinde macht Besuche im Hospiz. Unter ihnen ist Frau B., die soeben von ihrer Tochter und ihrer Schwester besucht wird.

Das Eintreten der Seelsorgerin in das Zimmer eröffnet die *face-to-face* Kommunikation. Gleich einer Partitur sind diverse raum-zeitliche Formen miteinander verflochten, Kommunikations- und Wahrnehmungsprozesse finden zeitgleich statt: Im Abgleich mit spezifischem Wissen (*frame*: Hospizseelsorge) deutet die Seelsorgerin das Erscheinungsbild von Frau B. – Haarflaum (*Leib: Körpergestalt*), Schlafanzugoberteil (*Körpergestaltung: textiler Code*), geschlossene Augen (*Körperverhalten: Blicke, Mimik*) – auf eine bettlägerige Krebspatienten in der „Finalphase" hin. Die Vorstellung als „Pfarrerin" eröffnet den Raum für Religion und macht die Seelsorgerin dahingehend ansprechbar. Mit stilisierten Kommunikationsformen aktualisiert die Begrüßungssequenz verbalsprachliche („Grüß Gott!") und taktile Codes (Hand geben).

Obwohl von Frau B. keine intentionale Produktion von Ausdrucksformen (mehr) zu erwarten ist, wird sie als physisch präsenter Mensch in die Interaktion inkludiert: Durch Berührung (*taktil*), Blickrichtung (*proxemisch*) und Anrede (*verbalsprachlich*) wendet sich die Seelsorgerin Frau B. zu. Auch die (Um-)Gestaltung der Sitzordnung (*proxemischer Code*) – Sitzen im offenen Halbkreis vor dem Bett – markiert die Inklusion von Frau B. in die Interaktion.

Zu Beginn der Begegnung erhält die Seelsorgerin einen religiös codierten Auftrag: Eine Engelfigur soll „geweiht" werden. Die kleine Figur ist an einem Band befestigt und soll Frau B. später, wenn sie gestorben ist, als Halskette mit ins Grab gegeben werden. Die Seelsor-

---

33 Zum ausführlich kommentierten Seelsorgeprotokoll vgl. Kossatz 2017, 534ff.

gerin bittet, die über dem Bett hängende Figur herunterzunehmen und legt sie in ihre offene Hand. Damit rückt diese nicht nur verbalsprachlich, sondern auch visuell und – für die Seelsorgerin – taktil in das Zentrum der Aufmerksamkeit.

Kommunikativ wird die Bedeutung des Engels für die Seelsorgepartnerinnen ausgelotet: „Ich nehme an, dieser Engel hat eine besondere Bedeutung für Ihre Mutter. Erzählen Sie mir etwas davon." Als Zeichen für einen „Sterbebegleiter" wird die Engelfigur zum Kristallisationspunkt für Sterbensdeutungen und Vorstellungen von einem möglichen Leben nach dem Tod.

Im weiteren Verlauf bietet die Seelsorgerin mit Gebet und Segnung von Frau B. eine christliche Kommunikationsform an, die von den Angehörigen angenommen wird. Die Abschiedsliturgie ergibt sich aus der Kommunikationssituation *in actu* und nimmt den Auftrag der „Weihe des Engels" auf.

Die veränderten Körperhaltungen (Falten der Hände, gesengte Blicke) sowie die liturgische Sprache und Sprechweise des Gebets markieren einen rituellen „Bruch" in der Kommunikation. Die Perspektive öffnet sich auf den Gott hin, dessen promissionale Anwesenheit (Mt 18,20) kommunikativ eingeholt und verbalsprachlich versichert wird: „Du bist da". Es performiert sich eine kleine christliche Gemeinde, die sich mit dem Sprechen des Vaterunsers in eine zeitübergreifende christliche Trost- und Deutungsgemeinschaft einschreibt.

Indem die Seelsorgerin aufsteht und sich Frau B. zuwendet, ändert sich die Kommunikationsrichtung. Auch die räumliche Position der Engelfigur wird verändert, indem sie Frau B. in die Hand gegeben und damit in eine taktil-proxemische Beziehung zu der Sterbenden gebracht wird (Fühlen der Engelfigur in der Hand). Proxemisch-taktil (Blickrichtung, Berührung an der Schulter) setzt sich die Seelsorgerin in Beziehung zu Frau B. Die Segensgeste spielt mit dem verbalsprachlichen Ausdruck der Segenshandlung zusammen. Die Segensworte lehnen sich an den Valetsegen an, in dessen Deutung die Engelfigur eingespielt wird: „Und es segne dich Gott, der Heilige Geist, der dein Lebensatem ist [...] [und] bleibt. Als Zeichen hierfür hast du diesen Engel in deiner

Hand. Ihn sollst du mitnehmen aus diesem Leben hier durch den Tod in dein neues Leben. Er steht dafür, dass dein Leben nach dem Tod nicht endet." Mit dem Kreuzeszeichen auf der Stirn wird Frau B. der Segen als berührende Nähe Gottes (*taktil*) zugesprochen.

Am Ende der Begegnung wird die Engelfigur wieder an den Ort platziert, an dem sie zu Beginn der Kommunikation hing.

Sechs Tage später, am Ostersonntag stirbt Frau B. Zur Aussegnung wird ihr die Kette mit der Engelfigur um den Hals gelegt.

Sabine Bobert

Achtsamkeitsbasierte Seelsorge

1. Ausgangspunkt: Ein Seelsorgekonzept für die multireligiöse Gesellschaft

Die spätmoderne Gesellschaft ist multikulturell und damit zugleich multireligiös. Religion spielt wieder in vielen gesellschaftlichen Bereichen eine wichtige Rolle – im Unterschied zur modernen Gesellschaft, die Religion im Aussterben sah.

Die evangelische Seelsorge war seit den 1970er Jahren hauptsächlich pastoralpsychologisch ausgerichtet (Joachim Scharfenberg, Dietrich Stollberg, Klaus Winkler). Hierbei legte sie vorrangig psychologische Konzepte zu Grunde, vor allem Sigmund Freuds Psychoanalyse und Elemente aus Carl Rogers´ Gesprächspsychotherapie. Auf letzterer basiert bis heute die „Klinische Seelsorge-Ausbildung" (KSA). Derzeit findet sich die pastoralpsychologische Seelsorge in der kuriosen Situation wieder, dass therapeutische Verfahren spirituelle Elemente integrieren oder sogar grundlegend nutzen.[1] Vor allem achtsamkeitsbasierte Verfahren wie Mindfulness Based Stress Reduction (MBSR nach Jon Kabat-Zinn, s.u.) finden großen Zuspruch. MBSR ist im Dialog mit fernöstlichen Religionen wie Zen und Yoga entwickelt worden.

Der Trend zur Therapie mit spirituellen Elementen wurde durch die neurowissenschaftliche Meditationsforschung stark gefördert. Diese hat die kurz-, mittel- und langfristige Wirksamkeit von Meditationspraktiken zur Persönlichkeitsbildung bis hin zur therapeutischen Wirkung erwiesen.[2] Evangelische Spiritualität steht vor der Frage: Gibt es in der evangelischen bzw. umfassender in der ökumenisch-christlichen Tradi-

---

1 Vgl. *Renaud van Quekelberghe*: Grundzüge der Spirituellen Psychotherapie, Eschborn bei Frankfurt a.M. 2007.
2 Vgl. *Sharon Begley*: Neue Gedanken und neues Gehirn, München 2007.

tion Meditationspraktiken, die eine ähnliche Wirkung entfalten könnten wie die Meditationspraktiken, die in achtsamkeitsbasierten Therapien eingesetzt werden?

Im postmodernen Crossover von Moderne und Respiritualisierung[3] wirken herkömmliche Kampflinien zwischen Seelsorgekonzepten überholt. Seit den 1930er Jahren standen sich eine biblisch-christologisch fundierte Seelsorge (wie beispielsweise in der „kerygmatischen Seelsorge" von Eduard Thurneysen oder Dietrich Bonhoeffer) und eine psychologisch fundierte Seelsorge gegenüber.

Im Folgenden stelle ich den von mir seit 2010 in Theorie und Praxis entwickelten Seelsorgeansatz der „Achtsamkeitsbasierten Seelsorge" oder auch „Mystik und Coaching" vor. Er bildet ein postmodernes Crossover aus (1) moderner und (2) spätmodern erweiterter pastoralpsychologischer Seelsorge, indem er auch transpersonale Konzepte wie die von Abraham Maslow und Roberto Assagioli integriert. Zugleich ist er spirituell (3) „retro" fundiert: Er orientiert sich an klassischen Meditationsübungen und dem Menschenbild aus der bildlosen christlichen Mystik des 4.-6. Jahrhunderts.

2. Theoretische Hintergründe: Achtsamkeitsbasierte Psychotherapie und neurowissenschaftliche Meditationsforschung in Verbindung mit der Mystik der Wüstenväter

2.1 Meditationsforschung: Neuroplastizität –
Du wirst, was du denkst, fühlst und tust!

Nach Erkenntnissen der neurowissenschaftlichen Forschung[4] wird das menschliche Gehirn nicht bleibend durch einen Lebensabschnitt wie die Kindheit programmiert. Es wird durch die Aufmerksamkeit der Nutzenden ständig verändert. Etwas scheinbar Nebensächliches wie Gedanken,

---

3 „Respiritualisierung" (Matthias Horx), Desecularization (Peter L. Berger) oder als Wiederverzauberung der Welt (Ulrich Beck).

4 Vgl. Begley 2007.

Alltagsroutinen und unbewusste Gefühle prägen permanent die Struktu-ren und Funktionsweisen des Gehirns. Mit diesen Erkenntnissen korri-gierte der Psychologe Daniel Goleman Grundannahmen der Neurowis-senschaft seit 1900 und verwarf damit auch das Menschenbild Sigmund Freuds: „Ein Jahrhundert lang lautete das herrschende Dogma der Neurowissenschaft, dass das Gehirn sich in der frühen Kindheit bildet und später nicht mehr verändert."[5] Nach diesem Abschied vom Maschi-nenparadigma des Gehirns sind hoffnungsvolle neue Therapieansätze entstanden: die achtsamkeitsbasierten Therapien. Sie heilen, indem sie gezielt neuroplastische (das Gehirn umbauende) Prozesse einleiten.

Durch Meditationsübungen kann ein Mensch sogar Stoffwechsel-prozesse für seelisch und körperlich krankmachende Prozesse in seinem Gehirn stilllegen. Je nachdem, was ein Mensch oft denkt, intensiv fühlt oder häufig tut, vergrößert oder verkleinert er damit bestimmte Gehir-nareale. „Identität" verwandelt sich damit von einer biographischen Determinante (wie noch zu Zeiten Sigmund Freuds) in ein freiheitliches Projekt.

2.2 Respiritualisierte Psychotherapie: Achtsamkeitsbasierte Psychotherapie und Therapeut*innen als Meditationslehrer*innen

Die achtsamkeitsbasierten Therapien wurden im engen Dialog mit der eben skizzierten neurowissenschaftlichen Forschung entwickelt. Diese Therapien arbeiten vorwiegend mit fernöstlichen Meditationsübun-gen wie Zen-Meditation, Yoga-Haltungen, Achtsamkeit im Alltag und Bodyscan (die Aufmerksamkeit wandert im Scan durch den Körper, ohne dabei zu etwas zu bewerten). Therapeut*innen sind damit zu säkularen Meditationslehrer*innen geworden.

Das bahnbrechende Verfahren der achtsamkeitsbasierten Therapien war die Mindfulness Based Stress Reduction (MBSR). Der US-ameri-kanische Molekularbiologe und Professor an der University of Massa-chusetts Jon Kabat-Zinn entwickelte in den späten 1970er Jahren ein

---

5 Daniel Goleman: Vorwort, in: Begley 2007, XiV.

Übungsprogramm für chronische Schmerzpatient*innen, die als austherapiert galten. Sein Ziel war es, sie zu einem stressärmeren Umgang mit ihren Schmerzen zu führen. Nachdem Kabat-Zinn mit seinem Übungsprogramm erfolgreich war, setzte er es auch bei Menschen mit Hauterkrankungen ein. Auch hier stieg der Behandlungserfolg durch die stresssenkenden Übungen stark an. Im Buch „Gesund durch Meditation" hat Kabat-Zinn MBSR öffentlich zugänglich gemacht.[6]

Inzwischen wurden für seelische Erkrankungen MBSR-Varianten entwickelt. Die wichtigsten davon sind die Achtsamkeitsbasierte Kognitive Therapie (MBCT) zur Behandlung von Depression, die von Jeffrey M. Schwartz entwickelte Therapie von Zwangserkrankungen[7] und die Dialektisch-behavoriale Therapie (DBT) von Marsha M. Linehan zur Behandlung der Borderline-Erkrankung.

2.3 Evangelische Spiritualität und die bildlose Mystik der Wüstenväter

Im Mittelpunkt meines Achtsamkeitsbasierten Seelsorge-Ansatzes „Mystik und Coaching" steht die Selbstwahrnehmung im göttlichen Licht der Liebe. Dies geschieht durch die Aufmerksamkeitslenkung auf die liebende Gegenwart Gottes mitten im Alltag. Der bzw. die Seelsorge Übende als auch der oder die Ratsuchende gehen hierbei den Übungsweg mit dem sogenannten „immerwährenden Gebet", auch „Jesusgebet" oder „Herzensgebet" genannt, wie einst die Wüstenväter.[8] Die Wüstenväter wiederholten hierzu lebenslang ein und denselben Psalmvers halblaut gesprochen. Ab dem 6. Jahrhundert wurde die Wiederholung des Jesusnamens zum Standard im orthodox-christlichen Mönchtum, meist in der Form „Herr Jesus Christus, erbarme Dich meiner."

---

6   *Jon Kabat-Zin*: Gesund durch Meditation, Frankfurt a.M. 2006. Vgl. auch die Vorträge von Kabat-Zinn auf You Tube.
7   Vgl. *Jeffrey Schwartz/Beverly Beyette*: Brain Lock, New York 1997; *Jeffrey Schwartz*: You Are Not Your Brain, New York 2011.
8   Vgl. *Sabine Bobert*: Mystik und Coaching, Münsterschwarzach 2011; dies.: Seelsorge in der Postmoderne: Coaching, Heilung und Mystagogie, in: Wege zum Menschen 63 (2011), 258-272.

Johannes Cassian lernte diese Gebets- bzw. Meditationsform beim „frühen Meister Eckart", dem Wüsteneinsiedler Evagrius Ponticus (345-399 n. Chr.). Cassian beschreibt diesen Mystikweg seinen Mönchen so: „Auch euch soll eine Gebetsform für das Schauen im Geist anvertraut werden. Richtet euren Blick immer und ohne Unterlass darauf; dann lernt ihr, sie Tag und Nacht zu wiederholen, so dass sie für euch zum Heilmittel wird, und durch ihre Anwendung und euer Nachsinnen darüber zu erhabenerem Schauen emporzusteigen."[9] „Unaufhörlich sollen wir das Gebet dieses kleinen Verses strömen lassen; im Unglück, damit wir ihm entrinnen; im Glück [...]. Höre nicht auf, ihn bei jeder Arbeit [...] vor dich hin zu singen, sogar wenn du schläfst."[10]

Eine wunderbare Beschreibung dieser Meditationspraxis findet sich in den „Aufrichtigen Erzählungen eines russischen Pilgers".[11] Hier beschreibt ein späterer Athos-Mönch um 1870, wie er diese mystische Gebetsform bei einem Meister lernte und selbst zum Meister wurde. Er schildert auch mystische Zustände mit überaus klarer Wahrnehmung („die Sprache der Schöpfung verstehen"), Fernwahrnehmung und mystischer Heilung.

Der Ansatz der Achtsamkeitsbasierten Seelsorge verbindet Anliegen evangelischer Spiritualität (Ausrichtung auf Jesus Christus, Gnadencharakter, Alltagsbezug, Allgemeines Priestertum, Autonomie) mit der Kraft der bildlosen Mystik des „frühen Meister Eckhart" Evagrius Ponticus.[12]

---

9 *Johannes Cassian*, Unterredungen mit den Vätern, Münsterschwarzach 2011, Coll. X,10, S. 310f.
10 A.a.O., 315.
11 *Emmanuel Jungclaussen* (Hg.): Aufrichtige Erzählungen eines russischen Pilgers, Freiburg [17]2010.
12 Zur theoretischen Grundlegung kann ich an dieser Stelle auf mein Grundlagenbuch „Jesusgebet und neue Mystik", Münsterschwarzach [2]2012 verweisen. Für lebenspraktische Anregungen und Themen rund um urbane Mystiker*innen heute gibt es den Youtube-Kanal „Mystik und Coaching Prof. Bobert". Vgl. dazu auch die Beiträge in *Peter Zimmerling* (Hg.), Handbuch Evangelische Spiritualität Bd. 3, Göttingen 2019.

3. Konzept: Kopf, Herz und Hand – klären, heilen, mit göttlicher Liebe vereinigen

Für die Achtsamkeitsbasierte Seelsorge stand ich vor einer ähnlichen Aufgabe wie einst Luther mit dem „Kleinen Katechismus": Ich musste die umfangreiche klassische christliche Mystik auf eine alltagstaugliche „Mystik to Go" schrumpfen bzw. eine „Mystik im iPhone-Format" entstehen lassen. Im Menschenbild folge ich der antiken Philosophie, wie sie Platon und Aristoteles vertraten: Sie sehen den Menschen als Leib, Seele und Geist. Für jede dieser drei Existenzebenen gibt es in „Mystik und Coaching" eine alltagstaugliche Achtsamkeits-Miniübung. Sie hilft dabei, vom Funktionieren ins liebende Sein zu gelangen: eine Mini-Übung für den Kopf (Denken - Geist), für das Herz (Fühlen - Seele) und für die Hand (Wollen - Leib).

Mit den drei Mini-Übungen kann der bzw. die Übende den klassischen Stufenweg der christlichen Mystik im Trubel der urbanen Lebensbedingungen gehen: purificatio („Reinigung") – illuminatio („Erleuchtung" durch anfängliches Erleben des liebenden wahren Seins, mit stark heilender Wirkung), unio („Vereinigung", zunehmendes Verschmelzen mit dem liebenden Wesenslicht). Neudeutsch nenne ich diese drei klassischen Etappen: Coaching – Heilung – Mystik.

Die drei Übungen dienen dazu, die ins Außen verstreute Aufmerksamkeit in sich selbst bündeln und schließlich ruhen lassen zu können (griechisch: „Hesychia"). Bildlich spreche ich vom: „Strudel Dich ein (statt Dich zu zerstreuen)! Werde zum Auge des Sturms!"

Aufmerksamkeit ist die Lebenskraft des Menschen. Der Mensch ist im Wesen ein Bewusstseins-Wesen. Sein Bewusstsein lässt sich mit Licht vergleichen, daher auch die Rede von „Erleuchtung", „Licht werden" als antiker Metapher für „Bewusstsein". Diffus nach außen gestreutes Licht (Bewusstsein) wird gebündelt zu einem Laserstrahl. Zerstreutes Licht bzw. Bewusstsein kann gebündelt quasi magische Qualitäten entfalten. Diese werden in den Mystiken der Welt (Christentum, Yoga, Sufis) als scheinbar übernatürlich, „paranormal" oder „PSI" bezeichnet. Faktisch handelt es sich aber um gesunde Anlagen in der Wesensentfaltung jedes

Menschen. In „Mystik und Coaching" kann der bzw. die Übende selbst entscheiden, ob er oder sie „lediglich" Stress reduzieren, Krankheitssymptome lindern möchte, oder ob er oder sie sich für die Kernerfahrung des liebenden Wesenslichtes öffnen möchte. In diesen – kulturell gesehen – „transzendenten" Bereichen (sie sind lediglich „transkulturell") – kann es zu intensiven seelischen und auch leiblichen Heilungserfahrungen kommen. Bereits anfängliche Übungserfolge zeichnen sich durch geschärfte Selbstwahrnehmung und sehr gute Selbststeuerung mitten im Alltagstrubel aus.

Dadurch, dass der oder die Seelsorge Suchende viel eigenständig übt und die Selbstwahrnehmung schult, verändert sich das Rollengefüge in der Seelsorge. Die Abhängigkeit von dem*der Seelsorger*in als Lebens- oder Krisenexpert*in verringert sich schon nach kurzer Zeit stark. Autonomieerfahrungen (empowerment) und das Gefühl von Expertise für das eigene Leben treten durch vertiefte Selbsterkenntnis rasch auf, wenn die drei Grundübungen zunehmend beherrscht werden. Diese Seelsorge steht in der antiken Tradition des „Gnothi seauton" (griechisch: Erkenne Dich selbst!) und der Mönchstradition des „Habitare secum" (Latein: in sich ruhen, bei sich zu Hause sein). Seelsorge wird zur einübenden Praxis des In-sich-Ruhens bzw. des Im-liebenden-Licht-Ruhens (auf klareren Wahrnehmungsstufen).

4. Praxisrelevanz: Kopf, Herz und Hand zurückerobern und bewusst steuern

In der Achtsamkeitsbasierten Seelsorge leitet der bzw. die Seelsorger*in den oder die Ratsuchende*n auf einem Übungsweg zu radikal klarer Selbstwahrnehmung und freier Selbststeuerung an. Das Rückgrat dieses Weges sind die drei Achtsamkeits-Grundübungen für Kopf, Herz und Hand.

4.1 Hand (Wille): Glückshandlung

Ohne dass es vielen bewusst ist, richten sich die meisten Handlungen im Alltag an Normen oder an den Polen „erwünscht"/ „gut"/ „richtig" vs. „unerwünscht"/ „schlecht"/ „falsch" aus. Dies bedeutet eine massive Außensteuerung. Mystik will Menschen zur Selbststeuerung durch die eigene Wesens- und Lichterfahrung zurückführen. Auf dieser Basis erbrachten Mystiker*innen evolutionäre Kulturimpulse. Der kulturelle „Autopilot" weicht der freien ethischen Entscheidung mit liebendem Bewusstsein.

Die Willensübung führt zu einer Entfunktionalisierung bzw. Deprogrammierung. Sie hat einen starken Anti-Burnout-Effekt. Sie leitet zu folgenden Fragestellungen an:

- Welche Handlung machst Du nur, weil Du sie liebst und weil sie Dich glücklich macht? So dass Du Dich vergisst bis zum Flow-Zustand, in dem Du nicht mehr zerrissen bist (Leib hier, Seele eng, Gedanken wandern fort) sondern ganz eins mit Dir selbst (Leib, Seele und Geist im Hier und Jetzt ganz da)? (Beispiele: surfen, Gartenarbeit, im Chor singen, kochen, tanzen, angeln…)
- Welches Körpergefühl erfüllt Dich dabei? Spüre es!
- Kürze die Handlung zu einer alltagstauglichen Minihandlung ab! Verbinde die Minihandlung (z.B. eine kleine Fußbewegung) mit dem weiten Körpergefühl!
- Mache ab jetzt stündlich diese Bewegung! Gehe dabei in Dein freies Körpergefühl! Du hast plus minus 15 Minuten Zeit, also insgesamt 30 Minuten! Erinnere Dich so den ganzen Alltag über an Dein freies Sein!
- Achte auf Deine Ablenker, die Dich die Übung wieder und wieder vergessen lassen! Liste zumindest Deine drei Hauptablenker auf (z.B. immer am Computer, immer in der Familie…).
- Nimm Deine Ablenkbarkeit liebevoll wahr! Höre auf, Dich für irgendetwas zu tadeln! Lerne an diesem Beispiel, wahrzunehmen ohne zu urteilen!

- Achte zunehmend auf Deine Handlungsmotive: Handle ich aus Freiheit und Liebe, oder aus Angst z.B. vor Verlust an Anerkennung oder Tadel...?

4.2 Herz (Seele): Erinnertes Körpergefühl der Glückshandlung

Der Charakter eines Menschen oder sogar seelische „Störungen" lassen sich durch Meditationsübungen stark positiv beeinflussen. Das Gehirn verarbeitet erinnerte oder vorgestellte Gefühle fast genauso wie „real erlebte" Gefühle. Wer oft über Belastendes oder Ängstigendes grübelt, erhält „noch mehr" davon. Evagrius Ponticus rät in solchen Fällen: „agere contra" – konzentriere Dich auf das positive Gegenteil. Das am stärksten heilende Gefühl ist Liebe. In der christlichen Mystik gibt es viele Strömungen zur inneren Kultivierung von Liebe: die Liebesmystik.

Diese Übung kann ein Lebensgrundgefühl von z.B. Schmerz oder Angst in Richtung Glück, Geborgensein oder Liebe ändern. Sie basiert auf der Erkenntnis, dass der Neocortex unser denkendes Gehirn ist. Die meisten seelischen Störungen oder charakterlichen Grenzen sitzen jedoch in unserem fühlenden Gehirn (limbisches System). Während ein Darüber-Sprechen kaum etwas verändert, führen positive Gefühle und vor allem Körpergefühle im fühlenden Gehirn leicht zu Veränderungen, wenn sie wiederholt wachgerufen werden.

Die Fragestellungen zu dieser Dimension lauten:

- Rufe Dir im Alltag oft Dein Körpergefühl aus Deiner Lieblingstätigkeit wach. Dein Hirn wird sofort die passenden Neurotransmitter aussenden und Deinen Zellen das Signal geben, dass Du mitten bei dieser Tätigkeit seist.
- Steigerung: Rufe Dir mitten im Alltag so oft wie möglich Erfahrungen von Liebe wach, möglichst als Körpergefühl.
- Weitere Steigerung: Konzentriere Dich mit diesem Gefühl gut 30 Sekunden auf Dein Herz.

4.3 Kopf (Denken): „Immerwährendes" bzw. „Jesusgebet"

Unsere Gedanken sind unser Museum. Wichtiger als zu denken ist die
Fähigkeit, eine Situation frisch und klar wahrzunehmen. So kann es
zu ganz anderen Ergebnissen führen, einen Menschen direkt wahrzunehmen als über ihn nachzudenken. Während die meisten Menschen
heute vorwiegend in Gedankenwelten leben, war es für die Wüstenväter
grundlegend, die frische Wahrnehmungsfähigkeit wiederherzustellen.

Hierfür konzentrierten sie sich auf heilige Wörter oder den Got-
tesnamen. In der heutigen Situation rate ich – neben dem klassischen
„Jesus Christus" – zu gedanklichen Hinwendungen ins eigene Wesenslicht wie: "Mein Wesen ist Liebe", „Geborgen in Liebe", „Licht und
Liebe", „Ich bin der ich bin", „Ich bin reines Licht", „Gott, Du in mir, ich
in Dir". Durch die häufige innerliche Wiederholung entsteht so etwas
wie ein persönlicher, automatisierter Jingle. Nach einiger Zeit klingt er
mit Leichtigkeit von selbst mitten im Alltag in einem weiter. Das Gehirn
leistet anfangs harte Konzentrationsarbeit, um mitten im Alltag solch
einen verbalen Fokus zu halten. Dadurch erzeugt es schließlich – wie im
Zen – eine Superklarheit. Sie geht mit Metakognition („Zeugenbewusst-
sein") einher: Der oder die Übende überblickt mit Leichtigkeit eigene
Gedanken- und Gefühlsmuster. Er oder sie kann dadurch Negativmuster
leicht aussortieren.

In der Seelsorgesituation können die drei Übungen auf Kärtchen zusammengefasst werden und beispielsweise im Krankenhaus oder nach
einem Gespräch mitgegeben werden. Es empfiehlt sich dabei, in einem
Gespräch jeweils nur eine Übung zu vermitteln. Bei ihrer Auswahl ist es
sinnvoll, an die Stärken (Ressourcen) der Person anzuknüpfen. Bei hoch
konzentrierten Menschen liegt das Mantra (Kopf) nahe, bei eher emotionalen Menschen die Gefühlsübung (Herz) und bei handlungsfreudigen
bzw. willensorientierten Menschen die Willensübung.

5. Ein Praxisbeispiel: „Anna"

Anna, wie ich sie hier anonymisiert nenne, arbeitet in einem helfenden Beruf. Sie befand sich anfangs in einem akuten Burnout-Zustand, nachdem sie ihre eigenen Bedürfnisse seit Jahren vernachlässigt hatte. Im Folgenden lasse ich Anna ihren Weg mit den drei Grundübungen „Kopf, Herz & Hand" selbst beschreiben. Die Zitate stammen aus Annas Mails aus zwei Jahren, in denen sie ihre „Zwischendurcherkenntnisse" beschrieb. Zusätzliche Telefonate dienten der besseren Anpassung der Übungen an Annas Alltag, der Vergewisserung und einem klareren Selbstverständnis. Sonst übte Anna sehr selbständig.

Mich bewegt bei Annas Entwicklungsweg die Öffnung hin zum liebenden wahren Wesen. Sie spielte eine tragende Rolle für Annas seelische Heilung.

Denken: Die Konzentration im innerlich im Alltag viel gesprochenen Mantra bewirkte in Anna eine zunehmend vertiefte Selbstwahrnehmung: „Es ist ein Gefühl, als ob mit einem Scheinwerfer verschiedene Ecken und Winkel meines Lebens ausgeleuchtet werden." Hierzu zählte auch das Wahrnehmen unangenehmer Gedanken und Gefühle. „Ich habe irgendwie das Gefühl, als ob sich ein Schleusentor geöffnet hat." Teils war Anna sogar über sich selbst verwundert bis erschrocken über diese Entdeckungen, da ihr sehr an harmonischen, liebevollen Beziehungen lag: „Mir kamen zum Teil so viele Sachen hoch, auch Kleinigkeiten, die mich richtig wütend machten oder Begebenheiten, die ewig lang zurückliegen."

Wille: Der Versuch, stündlich aus dem Alltag in eine eigene freie Glückhandlung einzukehren, offenbarte Anna zunächst, wie pflichtorientiert und selbstvergessen sie quasi automatisch funktionierte. Immer wieder wurde der Vorsatz, stündlich eine Handlung, bei der sie ein glückliches Körpergefühl spürte, vom stundenlangen Abarbeiten von Pflichten durchkreuzt. Anna wurde nach Monaten dieser wiederholten Wahrnehmung deutlich, dass diese Außenorientierung an Pflichten, Leistung und Beliebtsein – statt am eigenen Glück – sich bis in ihre Kindheit zurück erstreckte. „Im Lauf der letzten Tage ist mir immer deutlicher geworden, wie sehr ich aus meinen Pflichten heraus lebe. Ich würde sogar fast sagen, ich habe mir Handlungen, die mich glücklich machen, regelrecht ‚abtrainiert'."

Mit zunehmender Übungsdauer wurde ihr auch ihre Tendenz zur Selbstbestrafung bei ‚mangelhafter Leistung' deutlich: „Es ist mir doch tatsächlich gelungen, die Willensübung einen ganzen Tag stündlich zu machen. Ich war abends richtig perplex. Aber das Unglaubliche ist, dass ich die darauffolgenden vier Tage kein einziges Mal überhaupt an die Übung gedacht habe. Es fällt mir schwer, nicht böse auf mich selbst zu sein, obwohl ich weiß, dass das nichts bringt."

Fühlen: Der Versuch, sich im Alltag wiederholt Gefühle von Geborgensein, Liebe oder Glück wachzurufen, führte bei Anna mit zunehmender Übungsdauer dazu, dass ihr Lebensgrundgefühl zunehmend positiver wurde. Lange Zeit war es von einem Grundgefühl von Scham, Versagen und Selbstzweifel bestimmt. „Ich merke auch, wie ich mich langsam verändere. Ich habe den Eindruck, dass ich innerlich stärker werde. Das sagen mir Menschen auch. […] Als es mir neulich mal schlecht ging, ist mir das richtig aufgefallen! […] Aber eigentlich ist das ja gerade gar nicht mehr mein Grundgefühl. Allein dass mir das so auffiel, fand ich schon enorm."

Die häufige Konzentration auf Gottes Gegenwart durch die innere Fokussierung im Jesusnamen und die Öffnung für Liebe in der Gefühlsübung führten bei Anna zu Einheits- und Heilungs-Erfahrungen mit dem eigenen liebenden Wesen. Weil diese Erfahrungen schwer beschreibbar sind, gebe ich hierfür Annas eigenen Worten breiteren Raum. Es handelt sich hierbei um wiederholte, unterschiedliche Erfahrungen. „Es war auf einmal so, als ob ich mich verschwommen an etwas erinnern konnte – einen Ort, einen Zustand von Vollkommenheit. Da hatte es einmal etwas gegeben. Etwas, das sich meinem Bewusstsein inzwischen entzog und das plötzlich aufflammte."

Solche Erfahrungen sind lebenswendend. Sie geschehen, indem man sie in einer wachen, liebenden Aufmerksamkeit geschehen lässt. Sie lassen sich nicht aktiv herbeiführen. Bei Anna wurden sie zu Schlüsselerfahrungen, auf deren Grundlage Anna schließlich ein tiefes Mitgefühl mit sich selbst entwickelte. „Als ich am Samstagabend nach Hause fuhr, kam plötzlich mein ‚Seelenwesen' zu mir. Ich habe keine Ahnung, wie ich das beschreiben soll. Es war auf einmal da. Und es war ein so zartes Wesen und es bestand nur aus fließender Liebe. Und ich hatte auf einmal so unendliches Mitgefühl mit diesem Wesen, weil es so verschreckt und ängstlich aussah. Seither ist es da. Heute Morgen hat es sich beim Meditieren auf meinen Schoß gesetzt. Und ich merke deutlich, wie glücklich es darüber ist, dass ich es wahrnehme."

Anna wurde auf diesem Übungsweg bis in ihr tiefes Unbewusstes hinein erneuert. Dies zeigte sich vor allem in einer veränderten Traumlandschaft. Eine Schlüsselposition nimmt hierbei ein Traum von der Gottesgeburt ein. Hierbei handelt es sich um einen mystischen Klassiker: Die gesellschaftlich stark überformte Identität wird zur menschlichen Grundidentität hin geöffnet. Der Mensch, der sich bislang irdisch begrenzt wahrgenommen hat, erkennt sich als schon immer im göttlichen Licht geborgen und zur Gottähnlichkeit bestimmt.

„Ich habe in diesen Tagen wahnsinnig intensiv geträumt. Tiefe religiöse Träume, die für mich Botschaften enthielten... Ich sollte Jesus zur Welt bringen und selber Maria werden. […] Eine Nacht bin ich nur geflogen, mal mit meinem Körper, mal nur als Lichtpunkt."

In solchen spirituellen Schlüsselerfahrungen geht eine Achtsamkeitsbasierte Seelsorge weit rein psychologische Achtsamkeitsbasierte Ansätze hinaus. Die Öffnung zur göttlichen Gegenwart hin, die als passives Widerfahrnis erlebt wird, führt zu tiefgreifenden Heilungserfahrungen.

Ursula Josuttis

Energetische Seelsorge

1. Ausgangspunkt: „Viel Kraft!" Aber woher?

„Viel Kraft!" Das wünschen Seelsorger*innen anderen. Das brauchen sie
auch selbst. Denn sie wollen Menschen in schweren Lebenslagen Kraft
geben. Der*die Seelsorger*in sorgt sich um Menschen, deren Möglichkeiten, eigene Lebensprobleme zu bewältigen, begrenzt sind: Kranke,
Sterbende, Gefangene, Menschen in Lebenskrisen oder Selbstwertkri-
sen, Menschen in Konflikten mit Angehörigen, Kollegen oder Nachbarn.
Er*sie kennt diese Lebensprobleme und ist meist im eigenen Umfeld
auch irgendwie belastet. Wie anderen Menschen Kraft zu geben ist,
ohne selbst kraftlos zu werden, lernen Theolog*innen in Studium und
Vikariat selten. Die Burnout-Gefahr im Pfarramt ist wie in anderen helfenden Berufen groß.

Von 1994 bis 2016 haben Manfred Josuttis und ich in Seminaren
unter der Überschrift „Religion als Handwerk" Gruppen von 8 bis 12
Theolog*innen begleitet. Alle hatten in vielen Jahren in Gemeinden,
Krankenhäusern und Gefängnissen Stärken entfaltet und nach unterschiedlichen Fortbildungen weiterentwickelt, aber auch die Grenzen
ihrer beruflichen Möglichkeiten erlebt. Sie suchten nach einer kontinuierlichen Unterstützung in der Mitte des pfarramtlichen Dienstes. Bücher
und Vorträge meines Mannes hatten in ihnen die Ahnung geweckt, noch
ganz anders als bisher arbeiten zu können. Sie wollten einüben, was sie
über energetische Seelsorge und Predigt gehört hatten. Im Mittelpunkt
der 1 bis 1½-tägigen Gruppenarbeit standen Fälle aus der Seelsorge,
die die Teilnehmer*innen mitbrachten und mündlich vortrugen. Auch
Konflikte im pastoralen Arbeitsfeld wurden eingebracht. Vom Setting
her einer Fall-Supervision ähnlich, ging es dabei nicht um die Bearbeitung der intrapsychischen und interpersonalen Konflikte. Die Fälle

wurden jeweils von dem Predigttext her beleuchtet, der in der Periko-
penordnung für den nächsten Sonntag vorgesehen war: Was ist vom
Text her das Evangelium für die Menschen, um die es in dem Fall geht?
Ausgehend von diesem Text gab es deshalb zu Beginn eine theologische
Gesprächseinheit. Am Ende folgte der exegetischen Arbeit am Predigttext noch ein Gedankenaustausch auf dem Weg zur Predigt. Zwischen-
durch haben wir von uns erprobte köperbezogene Übungen angeleitet,
die eine energetische pastorale Arbeit unterstützen.

2. Theoretische Hintergründe: Ungewohntes zusammendenken

Das Konzept der energetischen Seelsorge ist ebenso wie das der energetischen Predigt in der praktisch-theologischen Literatur mit dem Namen
von Manfred Josuttis verbunden.[1] Was sich in unserer gemeinsamen
Arbeit in den Seminaren „Religion als Handwerk" langsam entwickelte,
hat er wissenschaftlich begründet und nach und nach veröffentlicht.[2]
   Für das Konzept der energetischen Arbeit in Seelsorge und Predigt
hat Manfred Josuttis wieder – wie in den 1970er Jahren – Einsichten
aus nichttheologischen Wissenschaften mit traditionellen theologischen
Einsichten verbunden. Die daraus folgende Umakzentuierung seiner
bisherigen Pastoraltheologie beschrieb er selbst als eine Konversion des
Denkens und forderte von anderen die Abkehr von bewährten Reflexi-
ons- und Handlungsmustern. Den von ihm geforderten Weg „Von der

---

1 In der folgenden Beschreibung des Konzeptes und der theoretischen Hintergründe
   werde ich Manfred Josuttis durch Zitate aus seinen Schriften oft zu Wort kommen
   lassen. Da unsere Gedanken zur energetischen Seelsorge und Predigt im Laufe der
   Jahre eins geworden sind, kann meine Darstellung Passagen enthalten, die wort-
   wörtlich so in irgendeiner seiner Veröffentlichungen stehen.
2 *Manfred Josuttis*: Die Einführung in das Leben. Pastoraltheologie zwischen Phänomenologie und Spiritualität, Gütersloh 1996; *ders.*: Segenskräfte. Potentiale
   einer energetischen Seelsorge, Gütersloh 2000; *ders.*: Religion als Handwerk. Zur
   Handlungslogik spiritueller Methoden, Gütersloh 2002 sowie *ders.*: Kraft durch
   Glauben. Biblische, therapeutische und esoterische Impulse für die Seelsorge,
   Gütersloh 2008.

psychotherapeutischen zur energetischen Seelsorge"[3] gingen allerdings nur wenige der von der Seelsorgebewegung geprägten Theolog*innen mit.[4]

Fünf verschiedene, ineinander verwobene Begründungsstränge der energetischen Arbeit in Seelsorge und Predigt habe ich in den Ausführungen von Manfred Josuttis identifiziert:

- Aus der Anthropologie des Philosophen Hermann Schmitz übernahm Manfred Josuttis die Gefühlstheorie: „Gefühle sind überpersönlich, räumlich ergossene Atmosphären, die als ergreifende Mächte Subjekte durch affektives, leibliches Betroffensein heimsuchen."[5] Gefühle entstehen nicht in den Menschen, sondern kommen von außen und überfallen oder ergreifen sie. Mit tiefenpsychologischen Instrumentarien lässt sich menschliches Gefühls-Chaos reflektieren, es bietet Seelsorger*innen jedoch keine eigenen Handlungsmuster jenseits von therapeutischen Ansätzen.

- Die von Ethnologie und Religionsphänomenologie identifizierte spirituelle Handlungslogik religiöser Handlungen wird aufgegriffen: Bei religiösen Ritualen lassen sich stets „negative Akte der Reinigung und positive Akte der Aufladung"[6] unterscheiden. Rituale im pastoralen Handlungsfeld können und müssen entsprechend gestaltet werden.

---

3   So der Titel seines in Wege zum Menschen 50 (1998), 71-84 veröffentlichen Vortrag vor der Deutsche Gesellschaft für Pastoralpsychologie anlässlich der Feier ihres 25-jährigen Bestehens 1997. Dieser Vortrag bildet später das Kapitel „Zur Phänomenologie" in Josuttis 2000, 29-46.

4   Den von mir in der Seelsorgearbeit gelebten und in unseren Kursen vertretenen Methodenpluralismus kritisierte Manfred Josuttis oft heftig. Die Kursteilnehmer*innen verfolgten belustigt unsere Wortgefechte. Im Unterschied zu Manfred Josuttis arbeite ich seit 1989 als Klinikpfarrerin meist mit kirchlich weitgehend distanzierten Menschen, denen es guttut, wenn jemand ausdauernd und gut geschult zuhört. Rituale ergeben sich immer seltener. Wenn ich ein Ritual wage und dies als stimmig aufgenommen wird, erlebe ich Befremden angesichts der völlig unbekannten Handlungen. Das erlebte Manfred Josuttis natürlich anders, da er in und nach seiner Zeit als Hochschullehrer ausdauernder Seelsorger vor allem von Theolog*innen war.

5   *Hermann Schmitz*: Das Göttliche und der Raum. System der Philosophie III/4, Bonn 1977, 80f. zitiert nach Josuttis 2000, 37.

6   A.a.O., 46. Vgl. ders. 2002, 56-61.

- Die Rezeption der Lehre von den ungeschaffenen göttlichen Energien der orthodoxen Theologie erlaubt die Partizipation des Menschen an den göttlichen Möglichkeiten theologisch anders als in der protestantischen Dogmatik zu beschreiben. Die begrenzten menschlichen Möglichkeiten werden durch die unbegrenzten Möglichkeiten Gottes erweitert, ohne dass die Differenz von Gott und Mensch aufgehoben würde. „Unzugänglich ist Gott in seinem ewigen Sein als Vater, Sohn und Heiliger Geist, zugänglich ist er in seinen ebenfalls ewigen, weil ungeschaffenen Energien."[7] Wenn göttliche Energien Menschen zufließen, verändern Menschen sich und geraten in den Prozess der Heiligung, indem sie „an diesen ungeschaffenen göttlichen Energien allmählich Anteil gewinnen"[8].
- Die Weitergabe von Segenskräften wird mit Bildern von Martin Luther beschrieben: Seelsorger*innen werden zum Gefäß oder Rohr, durch das Segen anderen zuteilwird.[9]
- Wie Hans-Joachim Iwand verortet Manfred Josuttis Seelsorge im 3. Artikel des Credo in der Lehre von der Heiligung des Menschen: Seelsorge dient der Heiligung. Was in der Seelsorge geschieht, geschieht aus der Kraft des Heiligen Geistes und ist als pneumatisches Geschehen zu gestalten.[10]

3. Konzept: Gottes Kraft im Leben zulassen

Energetische Seelsorge und Predigtarbeit gehen davon aus, dass Menschen in Jesus Christus Zugang zu Gottes Kraft eröffnet wurde und durch den Heiligen Geist auch gegenwärtig ermöglicht wird. „Unter dem Einfluss des göttlichen Geistes wird eine Person zum Resonanzraum von

---

7 Josuttis 2000, 60.
8 A.a.O., 41.
9 A.a.O., 156f., siehe auch 172.
10 A.a.O., 47. Wie Schmitz versteht er oft den Heiligen Geist in Analogie zu den Gefühlen als eine Menschen ergreifende und erfüllenden Atmosphäre (vgl. z.B. a.a.O., 36f.).

Gotteskraft."[11] Als biblisch-theologische Begründung dient die paulinische Definition des Evangeliums in Röm 1,16 als „eine Kraft Gottes zum Heil einem jeden, der glaubt"[12], die auch 1 Kor 1,18 aufscheint. „Das Evangelium ist also keine Lehre, auch kein Kerygma, natürlich auch keine Emotion, sondern es ist eine Macht."[13]

Diese göttliche Macht trifft auf Menschen, die in ihrer Umwelt und in ihrem Lebenslauf von ganz unterschiedlichen Mächten umgeben sind und von diesen Mächten mehr oder weniger erfasst und erfüllt werden. Diese können der Schöpfung Gottes entstammen und heilvolle Mächte sein; sie können aber auch als unheilsam und lebensbedrohlich erlebt werden und aus dem Machtbereich der Sünde stammen.

Durch das Evangelium werden Menschen in einen Veränderungsprozess gezogen. An dessen Anfang steht die Rechtfertigung als subjektive Zueignung des Heils: Ich höre, verstehe, spüre, dass ich, so wie ich bin, vor Gott leben darf. In dem gleichzeitig einsetzenden, lebenslang andauernden Prozess der Heiligung vollzieht sich die subjektive Aneignung des Heils: Ich lebe auf Grund der wachsenden Verbindung zu Gott als Geheiligte*r. „Heiligung vollzieht sich im Machtfeld einer Person durch den Einfluß des Heiligen. Dabei werden negative Kräfte vertrieben und positive Energien zugeführt."[14] Durch diese göttliche Kraft können Menschen auch in Krisenzeiten überleben und ihr Leben gestalten.

Der Veränderungsprozess kann schnell und radikal verlaufen und als Konversion erlebt werden oder als der langsame lebenslange Vorgang einer Transformation. Mit den Kräften Gottes, die dabei Menschen zu Teil werden, wird ihr Leben lebbar. Es ist Energie nicht nur für sich selbst da, sondern auch für andere Menschen.

---

11 Ders. 2002, 15.
12 Röm 1,16 zitiert nach einer Ausgabe der 1931 abgeschlossenen Übersetzung der Zürcher Bibel.
13 Josuttis 2000, 40.
14 A.a.O., 61.

4. Praxisrelevanz: Segenskräfte weitergeben

Pastorale Arbeit unterstützt insbesondere mit Seelsorge den Prozess der Heiligung des Einzelnen. Menschen, die momentan mit ihren menschlichen Möglichkeiten am Ende sind, treffen auf Menschen, die um Gott und seine Möglichkeiten wissen. Im Gespräch werden zunächst die erlebten Grenzen der eigenen Kräfte beschrieben und von dem*der Seelsorger*in einfühlend wahrgenommen. Dann wird Gott mit seinen Möglichkeiten nicht nur zum Thema des Seelsorgegesprächs gemacht. Der*die Seelsorger*in vertraut auch darauf, dass in den eigenen menschlichen Worten und Gesten Gott zum Heil des anderen wirken will. Dabei bekommt der in der kerygmatischen Seelsorge wesentliche Begriff des Bruchs eine neue Bedeutung[15]: als Wechsel vom einfühlenden Gespräch zu einer Segenshandlung. „Beim Segnen fließt göttliche Segenskraft durch einen menschlichen Leib hindurch und beeinflusst andere."[16] Der*die Seelsorger*in gibt in diesem Ritual unter Handauflegung „Segenskräfte"[17] weiter. „Die Sinnlosigkeit findet im Akt des Segnens aber nicht einfach ihre Lösung; vielmehr wird diese Leere, die mit atmosphärischer Macht ein menschliches Herz beherrscht, allererst ausgetrieben, damit die Fülle der göttlichen Energien einziehen kann."[18] Die Übermittlung göttlicher Energien geschieht durch die Vergegenwärtigung Gottes als Heiliger Geist. „Seelsorge, die an der Macht des Heiligen Anteil gewinnt, wird über existentielle Einsichten und affektive Erfahrungen hinaus ein Kraftgeschehen mobilisieren. Wo Segen in Vollmacht vermittelt wird, können Kranke geheilt, Lebensmüde beflügelt, Sterbende befriedet, Trauernde getröstet werden. Aus der Macht Gottes […] strömt Lebenskraft in die Ohnmacht der Elenden."[19]

Seelsorge geschieht als Folge zeitlich begrenzter Begegnungen: bei Krisen in einem Zeitraum von wenigen Tagen, bei Veränderungsprozessen über mehrere Monate oder Jahre. Die Abgrenzung von unheilvollen

---

15 A.a.O., 103.
16 Ders. 2002, 167.
17 So der Titel des im Jahr 2000 erschienenen Buches über energetische Seelsorge.
18 Ders. 2000, 106f.
19 A.a.O., 153.

Atmosphären gelingt allein nicht mehr oder der Schutz gegen negative Einflüsse anderer ist eigenständig nicht möglich. Und die Kontaktaufnahme mit Gott ist in die Krise geraten oder abgebrochen. Das muss – unterstützt durch Seelsorge – neu erlernt werden. „Ziel einer Seelsorge, die Menschen an die Wirklichkeit des Heiligen heranführt, ist die Einübung der Kontaktfähigkeit mit dieser Lebenskraft. [...] Der Friede Gottes erfüllt dann die Menschen. Die Freude Gottes zieht ein, die Liebe Gottes erfaßt sie."[20]

Die seelsorgliche Unterstützung ist Begleitung einer begrenzten Strecke auf dem „Weg in das Leben"[21]. Der*die Seelsorger*in wird den*die andere*n irgendwann aus der Begleitung entlassen und leitet deshalb zu spiritueller Selbständigkeit an. Traditionelle Elemente protestantischer Frömmigkeit wie Luthers Morgen- und Abendsegen oder das Lesen und Lernen der Tageslosung werden neben Atemübungen schrittweise in den Alltag integriert. Aus dem großen Schatz der weltweiten Kirchen haben sich die Tauferinnerung[22], das Herzensgebet[23], kurze Liedverse, Kyriegesänge oder Gebetsrufe als hilfreich erwiesen. Bei Atemübungen gilt es mit dem Ausatmen zu beginnen und darauf zu vertrauen, dass die Atmung sich dadurch im Laufe der Zeit vertieft und dass beim Einatmen Gottes Segenskräfte in den gesamten Körper einströmen. Dabei kann die Ausrichtung nach Osten in die Richtung der aufgehenden Sonne oder auf ein Kreuz helfen. Die spirituellen Rituale dienen dem eigenständigen Kontakt mit dem Heiligen Geist als jeden Menschen heiligende Gotteskraft. Sie sollten über den Tag verteilt und im Alltag lebbar sein. Wenn die Rituale ausreichen, kann die seelsorgerliche Begleitung beendet werden.

Unabdingbare Voraussetzung für die Praxis der energetischen Seelsorge ist, dass der*die Seelsorger*in sich eine Zeitlang selbst auf diesen Transformationsprozess eingelassen hat und zu einem*einer Geistli-

---

20 Ders. 1996, 126.
21 Ders.: Der Weg in das Leben. Eine Einführung in den Gottesdienst auf verhaltenswissenschaftlicher Grundlage, Gütersloh 2000b.
22 Ders. 2002, 158f.
23 A.a.O., 108f.

chen geworden ist.[24] „Damit ist kein Standesprivileg gemeint, sondern die elementare Lebensform christlicher Existenz, die sich dann bildet, wenn Menschen vom Geist Gottes erfasst und gestaltet werden."[25] Theolog*innen müssen sich neben dem kognitiven und dem emotionalen Kanal deshalb den energetischen Kanal erschließen.[26] Die meisten suchen sich dazu eine geistliche Begleitung: Sie werden Seelsorger*in, indem sie eine Zeitlang selber Seelsorge erleben.

Der Transformationsprozess zum*r Geistlichen beginnt sehr elementar: „Man muß sitzen, stehen, atmen, sehen lernen. Zum geistlichen Leben gehört, daß der eigene Leib immer wieder von negativen Kräften gereinigt und mit der heilvollen Kraft des Evangeliums gefüllt wird."[27] Unterschiedliche Atem- und Körperübungen unterstützen den Abfluss der negativen, das Leben belastenden Energien und öffnen für die göttlichen Energien. Nach einer Phase der direktiven Anleitung, bei anderen Bewährtes zu übernehmen und für einen vorgegebenen Zeitraum zu erproben, haben wir stets zur Suche und Erprobung neuer spiritueller Übungen ermutigt und über Entdeckungen gestaunt. Kriterium für die Übernahme aus dem Fitnesstraining bekannter Körperübungen oder von neu entdeckten spirituellen Übungen in die energetische Arbeit ist, dass sie im Stehen oder Sitzen durchführbar sind: Die Füße ermöglichen Standfestigkeit in Gottes Schöpfung; der nach oben gerichtete Kopf oder die nach oben ausgestreckten Arme oder die geöffneten Hände stehen für die Bereitschaft, sich mit Gotteskraft aufzufüllen. Übungen im Liegen mögen der Entspannung dienen, sind aber genauso wie die vielen sicher für die Lösung von Verspannungen und für Muskelaufbau hilfreichen Übungen auf der Matte bei der energetischen Arbeit nicht geeignet.

Im Laufe der Zeit wächst durch die unterschiedlichen Atem- und Körperübungen die Fähigkeit, mit der Stimme, dem Blick oder den Hän-

---

24 Ders. 2000, 10f.108-124. Den unabdingbaren Veränderungsprozess beschrieb Manfred Josuttis im Unterschied zu mir als Konversion: als radikale Abkehr von bisher bewährten Handlungsmustern.
25 A.a.O., Segenskräfte, 108.
26 Ders. 1996, 126f.
27 Ders. 2000, 113.

den Menschen tief innen zu berühren und ihnen Gottes Kraft weiter
zu geben. Der*die Geistliche muss das Abfließen negativer Energien
bei anderen unterstützen können: Aus dessen Körper und Seele müssen Aggressionen, Ärger, Eigensinn, Kummer, Schuld, Sorgen, Stolz,
Stress, Trübsinn, Überheblichkeit, Unruhe oder Verzweiflung weichen.
Dann wird der*die Geistliche zum Kanal für die dem anderen Menschen von Gott zuströmende Kraft des Heiligen Geistes. Beides muss
eingeübt werden: „Die inneren Strukturen dessen, der hier zu arbeiten
wagt, müssen derart beschaffen sein, dass er diese doppelte Fließbewe-
gung erträgt. Durch die negativen Kräfte darf er nicht überwältigt oder
angesteckt werden. Der heilvollen Macht des Geistes darf er sich nicht
verweigern."[28]

Seelsorger*innen müssen die spirituelle Handlungslogik ihrer
Gesprächsmethoden und Rituale kennen. Vor dem Zufluss neuer, heilsa-
mer und belebender Energien müssen durch seelsorgerliche Unterstützung die negativen, Kräfte raubenden und krankmachenden Energien
abfließen: So wie ein Gefäß geleert werden muss, bevor es mit etwas
anderem wieder gefüllt werden kann.[29]

5.   Praxisbeispiele: Mit Kraft von Gott das Leben gestalten

Seelsorge kann den Charakter eines Kampfgeschehens erhalten, in dem
um die Verbannung unheilvoller Kräfte lange gerungen wird. Das zeigt
das erste Praxisbeispiel: Über viele Jahre habe ich einmal eine Frau
begleitet[30], die in all ihren Wohnungen nicht zur Ruhe kommen konnte
und stets nach wenigen Monaten den nächsten Umzug plante. Irgendwann wurde klar, dass weder der Wohnraum noch die Wohnlage der
Grund waren, sondern die von den Eltern geerbten, als besonders wertvoll geltenden Dinge. Gegen die von den Erbstücken ausgehende Atom-

---

28 Ders. 1996, 134.
29 In a.a.O., 133f. werden „Abfluß" und „Einfluß" (sic!) als „doppelte Fließbewe-
   gung" beschrieben, die von Seelsorger*innen mit auszuhalten sei.
30 Die Fallberichte sind zum Schutz aller Beteiligten anonymisiert und so verändert,
   dass der ursprüngliche Fall nicht mehr erkennbar ist.

sphäre kamen weder sie selbst und noch einer der meist schnell wieder das Weite suchenden Liebhaber an. Beim Ausräumen eines Schrankes entdeckte sie in einer Schublade Dokumente, die Vater und Mutter als glühende Nationalsozialisten zeigten. Plötzlich konnte sie die Strenge der Erziehung und die Härte der kühlen Eltern in ihrem historischen Kontext sehen. Sie entwickelte den Wunsch, sich von all den ererbten Dingen zu lösen, klebte aber irgendwie an jedem Gegenstand. In einem langen, schmerzhaften Prozess trennte diese Frau sich von den alten Möbeln und den Büchern, von der Kleidung und dem Schmuck, von dem Porzellan und dem Silber. In der leeren Wohnung lebte sie auf. Sie hatte erstmals nicht nur Kraft für sich, sondern auch für andere.

Das zweite Praxisbeispiel beginnt als Krisenintervention: Der Seelsorger wird für den Ehemann einer 65-jährigen Patientin auf einer Intensivstation angefordert. Die Patientin hat sich in der Hoffnung auf Verbesserung der Lebensqualität einer riskanten Herzoperation unterzogen. Die Operation ist gelungen, doch es gelingt nicht, die Patientin von der Beatmungsmaschine zu entwöhnen. Der etwas ältere Ehemann ist täglich von 11 bis 20 Uhr an ihrer Seite und überwacht alle Maßnahmen. Er protokolliert den postoperativen Verlauf und sammelt Kopien der Arztberichte und Laboruntersuchungen. Als Ingenieur erlebt er intensivmedizinische Geräte nüchtern und entwickelt eine technische Vorstellung von der Wirkung der Medikamente und vom erhofften Heilungsprozess. Allen, die ins Intensivzimmer kommen, schildert er seine aktuellen Sorgen um seine Frau. „40:60", sagt er immer wieder. „Das ist doch zu schaffen." Probleme im Behandlungsverlauf führt er nicht auf die schwere Herzerkrankung seiner Frau, ihr Alter oder ihre ungesunde Lebensweise zurück. Stets sucht er nach möglichen Fehlern der behandelnden Ärzt*innen oder Pflegekräfte. Da er gelegentlich juristische Konsequenzen andeutet, reduzieren einige die Kommunikation mit ihm und protokollieren ihrerseits alle Maßnahmen genau, um sich abzusichern. Das Paar ist fast 50 Jahre verheiratet. Sie haben einen Sohn, der mit seiner Familie weit weg wohnt und bei den wenigen Besuchen schnell wieder das Weite sucht. Es gibt keine engen Freunde, nur zahl-

reiche Bekannte, deren Kontakte man aus beruflichen oder politischen
Interessen pflegte.

Über Wochen nimmt sich der Seelsorger täglich eine halbe Stunde
für den Ehemann und hört ihm geduldig zu. In den ersten Kontakten
fällt ihm dessen Kurzatmigkeit und Unruhe auf. Es erscheint ihm so,
als ob der Mann sich etwas von der Seele reden wolle: die Eindrücke
der intensivmedizinischen Behandlung, die eigene Belastung und die
Sorge um die Frau. Am Ende sitzen sie immer eine Weile schweigend
am Krankenbett. Das ergab sich so: ein Ritual dieser hochfrequenten
Begleitung. Der Seelsorger hat den Ehemann anfangs angeleitet, all
seine Sorgen beim Ausatmen mit auszuatmen und danach bewusst ein-
zuatmen. Nach anfänglichem Befremden lässt der Mann sich darauf ein.
Er atmet schnell im gleichen Rhythmus wie die mit Unterstützung der
Beatmungsmaschine atmende Frau und erlebt sich selbst ruhiger und
genießt eine innige Nähe mit seiner Frau.

Das Reden entlastet den Ehemann. Er redet sich etwas von der
Seele. Die Anteilnahme des Seelsorgers tut ihm gut. Doch Ruhe erlebt
er erst, als er aufhört, über die aktuellen Probleme seiner Frau zu reden
und sich auf seine Atmung konzentriert und beginnt, seine Sorgen auszuatmen. So kann er an ihrem Bett „aufatmen".

Seelsorger*innen werden wichtig, wenn Intensivmediziner*innen
das Sterben eines Menschen nicht mehr verhindern können. Zwei
Monate nach der Operation kommt es zu einer dramatischen Verschlech-
terung. Gegen die Lungenentzündung hilft keines der Antibiotika. Das
Herz braucht immer mehr unterstützende Medikamente. Eine Dialyse
wird erwogen. Die Leber weist kritische Werte auf. Ein Multiorganver-
sagen droht. Die Mediziner halten nach langer Beratung die erneute
Intensivierung der Beatmung nicht mehr für indiziert: Man würde die
Patientin nicht mehr von der Beatmung kriegen. Sie wollen das dem
Ehemann mitteilen und bitten den Seelsorger, beim Therapiebegren-
zungsgespräch dabei zu sein. Die Nachricht wird vom Ehemann für alle
überraschend ruhig aufgenommen. „Das war's dann wohl", sagt er. „Sie
wollte es für uns versuchen."

Der Seelsorger begleitet den Ehemann beim Abschied. Erst schweigen sie eine Weile. Dann entschließt der Seelsorger sich, die Sterbende zu segnen. Er legt seine Hand beim Segnen aber nicht wie sonst bei Sterbenden auf die Stirn, sondern auf die in der Körpermitte der Frau ineinander verschränkten Hände der Eheleute. Etwas verdattert hört er sich einen Segen sprechen, den er sonst bei Trauungen verwendet. Danach lässt er den Mann allein von seiner Frau Abschied nehmen.

Der Seelsorger löst sich von den agendarischen Vorgaben für Rituale am Sterbebett. Er sagt die Bibelworte und die Segensworte, die ihm in der Situation in den Sinn kommen und vertraut dem „Einfall". So segnet er die Sterbende und den Zurückbleibenden zusammen. „Da wollten einfach Worte durch mich durch," beschreibt er diese Erfahrung geistesgegenwärtigen Handelns. Der Ehemann erzählt dem Seelsorger unmittelbar nach dem Tod seiner Frau, dass diese immer darunter gelitten habe, dass sie keine kirchliche Trauung gefeiert hätten. Er habe sie gehen lassen können, als ihr das dann unerwartet erfüllt wurde: „Sie haben uns ja im letzten Moment noch getraut!"

Die Gesprächsmethoden der energetischen Seelsorge sind manchmal überraschend direktiv. Monate später will der Ehemann sich bei dem Seelsorger bedanken. Er berichtet dabei triumphierend, dass es ihm gelungen sei, die Frau weiter bei sich zu haben: Unter Umgehung des Bestattungsrechtes habe sein Bestatter, ein guter Bekannter, ihm die Urne nach einer Verbrennung im Ausland per Post nach Hause schicken lassen. Er habe nun in einer Kommode eine Art Gedenk-Schrein für seine Frau. Darauf angesprochen, wie das sei, erzählt er, dass er zwar froh sei, die Frau weiter bei sich zu haben, aber dass es ja nur ihre Asche sei. In der Wohnung sei er ruhelos und müsse immer raus und was unternehmen. Er habe gemerkt, dass er seiner Frau näher sei, wenn er die Wohnung verlasse: Dass er dann in seinem Herzen wieder die Liebe zu ihr spüre. Der sonst eher zurückhaltende Seelsorger reagiert konfrontativ: „Sie haben ja Ihre Wohnung zu einem Friedhof gemacht. Da können Sie nicht mehr gut leben! Urnen gehören nicht ohne Grund auf richtige Friedhöfe! Tote gehören zu den Toten!" Für diese Äußerung schämt der Seelsorger sich: „Das ist mir so rausgerutscht."

Der Seelsorger hält sich nicht an die Regeln der einfühlenden Gesprächsführung. Wieder wollen Worte gesagt werden. Er wird konfrontativ und formuliert ethische Normen. In der Arbeit am Fall kann er seine Intervention als geistesgegenwärtiges Reden sehen. Was er sagte, wirkt weiter. Nach ungefähr einem halben Jahr schreibt ihm der Ehemann, dass er in die Nähe seines Sohnes gezogen sei. Dort habe er eine Grabstätte für zwei Urnen gekauft und die Urne seiner Frau da bestatten lassen.

„Viel Kraft!" Das wünschen Menschen einem, wenn man am Grab von einem nahen Angehörigen Abschied nimmt. Oder von einer schweren Erkrankung erzählt. Oder einer Lebenskrise. Menschen brauchen manchmal viel Kraft: mehr als sie selber haben. Die, die das wünschen, wissen meist aus eigener Erfahrung, wie das ist: keine Kraft mehr zu haben. Und dann kommen manchmal Menschen, die geben einem tatsächlich Kraft. Kraft, die sie nicht aus sich selber haben. Kraft, die sie bekommen haben und weitergeben. Kraft von Gott. Kraft, die beim Über-Leben hilft. Kraft, die Freude am Leben aufkeimen lässt. Gott sei Dank!

III. Kontextuelle Ansätze

Traugott Roser

Seelsorge als Spiritual Care

1. Ausgangspunkt: Gemeinsame Sorge um den kranken Menschen

Spiritual Care hat sich in den vergangenen zwei Jahrzehnten im Gesundheitswesen etabliert, ausgehend von Hospizbewegung und Palliative Care. Grob formuliert, geht es um den Einbezug religiös-spiritueller Aspekte in die therapeutische Betreuung, Versorgung und Begleitung kranker Menschen. In vielen medizinisch-pflegerischen Feldern werden Aspekte spirituellen Befindens, religiöse und existenzielle Bedürfnisse ebenso berücksichtigt wie Betreuungsangebote und Therapieansätze entwickelt, die religiöse Vorstellungen, Werte und Praktiken miteinbeziehen. Dies geschieht sowohl im stationären Bereich, in Krankenhäusern und Pflegeeinrichtungen, wie auch im ambulanten Bereich, in Tageskliniken, in der Pflege ‚zu Hause‘, bei niedergelassenen Psychotherapeut*innen und Physiotherapeut*innen.

Für Seelsorge in kirchlicher Verantwortung stellt sich die Frage, ob und wie sie an dieser Entwicklung Anteil hat. Im Folgenden wird ein Ansatz vertreten, der kirchliche Seelsorge als unverzichtbaren Bestandteil von Spiritual Care betrachtet und dabei neben Krankenhaus- und Altenheimseelsorge auch seelsorgliche Angebote (in) der Kirchengemeinde im Blick hat, etwa Begleitung hochaltriger, schwerkranker und sterbender Menschen und ihrer An- und Zugehörigen, im Gemeindebezirk oder Kirchenkreis. Sie werden von den diakonischen Diensten betreut und bisweilen von Ärzt*innen, Pflegediensten oder Hospizdiensten und Palliativteams an kirchliche Seelsorge ‚überwiesen‘. Seelsorger*innen arbeiten mit professionellen Mitarbeitenden in Gesundheitsberufen und Ehrenamtlichen in Besuchsdiensten zusammen und bilden damit ein Gesamtkonstrukt: Spiritual Care gilt der gemeinsamen Sorge um den kranken Menschen, um die individuelle Teilnahme und Teilhabe an einem als sinnvoll erfahrenen Leben in einem umfassenden Verständnis.[1] Zentral sind dabei der patienten- oder klientenzentrierte Ansatz und die Frage, wie spirituelle Sorge organisiert wird.

Damit sind die zentralen Herausforderungen angedeutet, denen sich Seelsorge als Spiritual Care stellt:

- Die jeweils besonders geprägte Spiritualität des einzelnen Menschen bedarf in der Seelsorge-Begegnung einer Bestimmung.
- Die unterschiedlichen Beteiligten müssen sich darüber verständigen, dass und wie spirituelle und religiöse Aspekte, Bedürfnisse und Ressourcen bedeutsam sind für Behandlung und Betreuung.
- Grundlegend ist ein offenes Verständnis dessen, was Spiritualität in einer weltanschaulich und religiös pluralen Gesellschaft bedeutet. An dieser Verständigung ist auch die Einrichtung (bzw. ihr Träger) beteiligt. Damit ist Spiritual Care ein Thema der Organisationskultur.
- Die Frage, wie Seelsorger*innen am Informationsfluss in Teams und Beratungen zur Therapieplanung beteiligt sind, muss den beruflichen Standards, den rechtlichen Rahmenbedingungen und dem Vertrauensverhältnis zwischen Seelsorger*in und Gesprächspartner*in entsprechen.

2. Theoretische Hintergründe: Zwischen Poimenik und Gesundheitswissenschaften

Die Hintergründe von Spiritual Care lassen sich sowohl in der jüngeren Seelsorgegeschichte als auch in Entwicklungen des Gesundheitswesens ausfindig machen. Man kann gleichzeitig von einer säkularisierten und

---

1 Vgl. *Traugott Roser*: Spiritual Care. Der Beitrag von Seelsorge zum Gesundheitswesen, Stuttgart [2]2017, 15.

theologisch-religiösen „Signatur"[2] sprechen. Die doppelte Herkunft bildet dabei die Voraussetzung für eine Seelsorge, die sich als „spezialisierte Spiritual Care"[3] in das interprofessionelle Miteinander zum Wohl des/der Patient*in integriert, ohne dabei ihr besonderes Profil aufzugeben.

2.1 Traditionen des seelsorglichen Selbstverständnisses
Der Besuch bei Kranken gehört von jeher zum Selbstvertändnis des Christentums, vorgelebt in Jesu Heilen und am Leben beteiligenden Verhalten gegenüber Kranken und ‚Unreinen', und geboten durch Mt 25,36.40. Die ersten Gemeinden haben dies bereits umgesetzt (vgl. Gebet und Salbung Jak 5,14). Jesus identifiziert sich mit den Kranken und Bedürftigen. Über lange Jahrhunderte gehörten medizinisch-ärztlich-pflegerische Behandlung und geistlich-sakramentale Versorgung zusammen, wie sich an der baulichen Gestaltung von Spitälern und Siechenhäusern gut nachzeichnen lässt. Auf die Vorbildfunktion Jesu im Gefolge der Christus Medicus-Tradition können sich auch die ärztlich Tätigen berufen.[4] V.a. seit dem 19. Jahrhundert bildet sich eine naturwissenschaftlich orientierte Medizin heraus, für deren Verständnis von Krankheit und Gesundheit religiöse Deutungen nicht länger von Bedeutung zu sein scheinen. Auf der anderen Seite kümmert sich geistliche Begleitung vor allem um religiöse Fragen und agiert – in der Tradition der dialektischen Theologie – kerygmatisch[5] und – in konfessioneller Tradition – sakramental. Eduard Thurneysen kann in seiner Lehre von der Seelsorge zuspitzen: Seelsorge „kann nichts anderes mehr heißen

---

2   *Isolde Karle*: Chancen und Risiken differenter Systemlogiken im Krankenhaus, in: Spiritual Care 7 (2018), 57-67, 57.

3   *Simon Peng-Keller*: Spiritual Care und klinische Seelsorge im Horizont globaler Gesundheitspolitik. Chancen und Herausforderungen, in: Thomas Hagen et. al. (Hg.): Seelsorge im Krankenhaus und Gesundheitswesen. Auftrag – Vernetzung – Perspektiven, Freiburg 2017, 47-55, 53.

4   Vgl. den Beitrag von *Heinz Schott*: Medizingeschichte(n). Religiöse Heilkunde – Christus medicus, in: Dt. Ärztebl. 103 (2006), A-340 / B-297 / C-282.

5   Vgl. *Michael Klessmann*: Im Strom der Zeit… Von der evangelischen über die ökumenische zur interkulturellen Seelsorge und spiritual care, in: WzM 66 (2014), 5-18.

und sein als der Dienst der Ausrichtung dieses freisprechenden, gnädigen Wortes an den Einzelnen"[6] und muss sich deshalb prinzipiell vom ärztlichen Handeln unterscheiden: „Ohne die Therapie des Arztes oder Therapeuten in ihrem Tun zu hindern oder gar zu ersetzen, hat Seelsorge auf dem Felde der Krankheit die Wahrheit zu vertreten: ‚Der Herr ist Dein Arzt' (2. Mos. 15,26) und: ‚Wen der Sohn frei macht, der ist recht frei' (Joh. 8,36). Freiheit und Heilung sind zu verstehen als Werk und Wunder der Gnade."[7] Seelsorge stellt – Thurneysen zufolge – die „geistliche Heilung in den Vordergrund"[8].

Während in der Tradition der Diakonie die innere Verbundenheit der Aufgaben von Fürsorge und Seelsorge lange Zeit und oft außerhalb des organisierten Kirchentum weitergepflegt wurde und in Gesinnungsverbänden wie der 1949 durch einen Psychotherapeuten, einen katholischen und einen evangelischen Pfarrer gegründeten „Internationalen Gemeinschaft Arzt und Seelsorger"[9] bewusst an die Christus Medicus-Tradition angeknüpft wurde, war für das Selbstverständnis und die Zuständigkeit von Seelsorge im Krankenhaus lange Zeit die „strenge Aufteilung von Gesundheit und Religion, von Leib und Seele"[10] leitend. Auch in der Seelsorgebewegung bestimmt Reinhold Gestrich die Seelsorge im Krankenhaus primär als „geistliche Praxis"[11]: als trösten, mit den Kranken beten, ihnen Zuspruch geben, mit ihnen Gottesdienst feiern und mit ihnen vom Sterben reden. In dem, was sie tun und wofür sie stehen, unterscheiden sich die Seelsorger*innen von den Gesundheitsberufen, die einen „manchmal unheimlichen und dämonischen Kampf[] gegen die menschliche Ohnmacht"[12] führen. Ohne einen Gegensatz

6 *Eduard Thurneysen*: Die Lehre von der Seelsorge, Zürich ³1965, 73.

7 A.a.O., 210.

8 A.a.O., 213.

9 Der Psychoanalytiker Wilhelm Bitter und die Stuttgarter Pfarrer Hermann Breucha (röm.-kath.) und Rudolf Daur (evang.) gründeten die Gemeinschaft, die später in Internationale Gesellschaft für Tiefenpsychologie umbenannt wurde. Vgl. dazu *Internationale Gesellschaft für Tiefenpsychologie e.V. – Erweiterte Gemeinschaft Arzt und Seelsorger*: 50 Jahre, Plochingen 1999.

10 Karle 2018, 58.

11 *Reinhold Gestrich*: Am Krankenbett. Seelsorge in der Klinik, Stuttgart 1987, 24.

12 A.a.O., 114.

zum Krankenhausbetrieb zu beschwören, hält er fest: „Wir sind eben etwas ganz anderes. Wir stehen ein für das Eingeständnis, welches jeder Mensch letztlich machen muß, daß er nichts machen kann. Wir sind die Ohnmacher im Krankenhaus. Als solche können wir uns – immer aus der bestimmten, eng begrenzten Sicht, um die es hier geht – als Gegenpol und Gegenspieler des Krankenhausbetriebs sehen."[13] Damit ergänzt Seelsorge den Betrieb in der „ohnmächtigen Teilnahme" in Situationen, wo die „Heilungsfabrik"[14] nichts mehr machen kann.

Die moderne Seelsorgebewegung erhält allerdings zentrale Impulse von Anfang an aus dem Gespräch mit den verschiedenen Richtungen der Psychotherapie und der Pastoralpsychologie. Das Interesse gilt vor allem der seelsorglichen Beziehung, dem Gespräch und der Kommunikation in der Seelsorge unter Einbeziehung nonverbaler Kommunikation. Die Berücksichtigung therapeutischer Aspekte ermöglicht es, religionskritische Aspekte in der Tradition Freuds ebenso fruchtbar zu machen wie tiefenpsychologische Traditionen Jungs und Ansätze der Logotherapie Viktor Frankls aufzugreifen. Grundlegend ist die bedingungslose Annahme des Menschen im Anschluss an den Ansatz von Carl R. Rogers, die in der Seelsorgebeziehung gleichsam zum „Spiegel der Zuwendung Gottes zum Menschen, als Abbild und erfahrbare Konkretion seiner Liebe und Gnade"[15] wird. Im Gefolge einer klaren Orientierung am Subjekt verstärkt sich auch das Interesse für subjektive Deutung von Krankheit und Gesundheit und die klare Ausrichtung am freien Annehmen des seelsorglichen Angebots durch den Gesprächspartner.

2.2 Entstehung im Kontext von Palliative Care

Die moderne Hospiz-und Palliativbewegung, ausgehend von Großbritannien und Kanada, integrierte spirituelle und religiöse Aspekte in die Gesundheitsversorgung. Die bis heute gültige Definition von Palliative Care der WHO aus dem Jahr 2002 zählt die Berücksichtigung spiritueller Bedürfnisse von Patient*innen und ihren Angehörigen zum wesent-

---

13 Ebd.
14 A.a.O., 115.
15 Vgl. Klessmann 2014, 9.

lichen Bestandteil der gesamten Versorgung. Für Seelsorge ist diese Entwicklung mit weitreichenden Konsequenzen verbunden:

- Von Anfang an ist Spiritual Care nicht ausschließlich den professionellen Seelsorger*innen überlassen. Cicely Saunders betont, „dass alle Personen, die in die Begleitung involviert sind, Anteil an Spiritual Care haben"[16]. Krankenhausseelsorger*innen sollten dies in allen Bereichen unterstützen und die übrigen Teammitglieder dazu in zugleich kritischer und sympathischer Distanz ermutigen. Im deutschen Sprachraum hat dies dazu geführt, dass alle Lehrpläne, Curricula, Hand- und Lehrbücher zu Palliativmedizin Kapitel zum Thema Spiritualität und Spiritual Care umfassen, die in der Regel von Theolog*innen verfasst sind.[17]
- Für die interprofessionelle Zusammenarbeit ist Konsensbildung durch gemeinsame Arbeit an Definitionen unerlässlich. Analog zur Definition von Palliative Care durch die WHO wurde ab Mitte der 1980er Jahre an einem Verständnis von Spiritualität gearbeitet, das sowohl für theologische wie therapeutische Berufsgruppen als auch für Vertreter*innen unterschiedlicher Religionen und Weltanschauungen anschlussfähig ist. Ein solcher „Breitbandbegriff"[18] muss emotionale Aspekte, Sinnfragen, existenzielle Bedürfnisse, Trauer, Lebensqualität, kulturelle Aspekte und – nicht zuletzt – Glaubensfragen, religiöse Zugehörigkeit und religiöse oder spirituelle Praxis berücksichtigen und neben der Praxis auch in unterschiedlichen Wissenschaftskulturen, in Lehre und Forschung umsetzbar sein. Meilensteine sind die Arbeitsdefinition des Arbeitskreises Seelsorge

---

16 Vgl. *Martina Holder-Franz*: Cicely Saunders – Entdeckungen bei einer Palliative Care Pionierin, in: Pastoraltheologie 106 (2017), 422-433, 429.

17 Vgl. beispielsweise *Susanne Kränzle/Ulrike Schmid/Christa Seeger* (Hg.): Palliative Care. Praxis, Weiterbildung, Studium, Berlin ⁶2018; *Claudia Bausewein/Susanne Roller/Raymond Voltz* (Hg.): Leitfaden Palliative Care, München ⁶2018; *Susanne Kreutzer/Claudia Oetting-Roß/Meike Schwermann* (Hg.): Palliative Care aus sozial- und pflegewissenschaftlicher Perspektive, Weinheim 2019.

18 Eckhard Frick, zitiert bei *Traugott Roser*: Seelsorge und Spiritual Care, in: *Michael Klessmann* (Hg.): Handbuch der Krankenhausseelsorge, Göttingen ⁴2013, 58-76, 71.

in der Deutschen Gesellschaft für Palliativmedizin von 2006[19], in der Schweiz das sog. STIV-Verfahren (Sinn, Transzendenz, Identität, *Valeurs* – Werte)[20] von 2006, sowie die Aufnahme einer internationalen Konsens-Definition Spiritualität in das White Paper Palliative Care der Europäischen Palliativgesellschaft 2011[21]. Die spirituelle Dimension meint die „dynamische Dimension menschlichen Lebens, die sich darauf bezieht, wie Personen (individuell und in Gemeinschaft) Sinn, Bedeutung und Transzendenz erfahren, ausdrücken und/oder suchen, und wie sie in Verbindung stehen mit dem Moment, dem eigenen Selbst, mit Anderen/m, mit der Natur, mit dem Signifikanten und/oder dem Heiligen. Der spirituelle Bereich umfasst dabei existentielle Fragestellungen, Werte und Werthaltungen und religiöse Aspekte."[22]

- Seelsorgerinnen und Seelsorger arbeiteten in Deutschland, Österreich und der Schweiz von Anfang an in den einschlägigen Hospizverbänden und palliativmedizinischen Fachgesellschaften mit. Sie gründeten dort – konfessions- und religionsübergreifend – Sektionen und Arbeitsgruppen und eigene Verbände wie die Internationale Gesellschaft für Gesundheit und Spiritualität (IGGS). Sie brachten ihre Themen in medizinisch-gesundheitspolitische Projekte ein, so dass Spiritual Care aktuell Teil der gesetzlichen Versorgungsstrukturen ist und nach Finanzierungsmöglichkeiten jenseits der kirchlichen Bereitstellung von Seelsorgepersonal gesucht wird.

---

19 „Unter Spiritualität kann die innere Einstellung, der innere Geist wie auch das persönliche Suchen nach Sinngebung eines Menschen verstanden werden, mit dem er Erfahrungen des Lebens und insbesondere auch existenziellen Bedrohungen zu begegnen versucht." www.dgpalliativmedizin.de/images/stories/pdf/fachkompetenz/070709 Spirituelle Begl in Pm 070510.pdf.

20 Vgl. *Stéfanie Monod/Etienne Rochat/Christophe Büla*: Quelle place donner à la sphère spirituelle dans la prise en charge des patients âgés, in: Revue Médicale Suisse 85 (2006), https://www.revmed.ch/RMS/2006/RMS-85/31758.

21 *Lukas Radbruch/Sheila Payne* et.al.: Standards und Richtlinien für Hospiz- und Palliativversorgung in Europa: Teil 1, Weißbuch zu Empfehlungen der Europäischen Gesellschaft für Palliative Care (EAPC), in: Zeitschrift für Palliativmedizin 12 (2011), 216-227.

22 Vgl. zu dieser Definition, ihrer Entstehung und Übersetzung Roser 2017, 449ff.

- Der Ansatz der Spiritual Care steht für ein Selbstverständnis kirchlicher Praxis, das in einer offenen Gesellschaft mit anderen gemeinsam eine Sorge-Kultur pflegt, die dem leidenden Menschen dient.

3. Konzept: Zwischen offener Spiritualität und profilierter Seelsorge

3.1 Spiritualität wird in der Begegnung erkennbar

In der Seelsorge im Rahmen von Spiritual Care kommt es zu einer Begegnung zwischen einer Seelsorgeperson in identifizierbarem kirchlichen Auftrag mit einem Menschen, der mit existenziellem Leid konfrontiert ist und damit Anlass zur Sorge hat. Spiritual Care geht von der anthropologischen Konstante aus, dass jeder Mensch spirituell ist. Deshalb arbeitet Seelsorge mit einem offenen Begriff von Spiritualität (vgl. die genannten Konsensusdefinitionen) nach dem Grundsatz: „Spiritualität ist das, was der Patient dafür hält."[23] Wenn ein Patient, eine Angehörige oder ein Mitarbeitender das Angebot eines Besuchs der kirchlichen Seelsorgeperson annimmt, besteht die Möglichkeit, in der Begegnung die eigene Spiritualität wahrzunehmen, mitzuteilen, kritisch zu reflektieren und gegebenfalls zu praktizieren. Die Begegnung besteht aus Gesprächsanteilen, die der unmittelbaren Krankheitssituation, nahen Sterbens, Trauer oder Konfrontation mit Leid, biographischen Themen, Lebenssinn, Schuld- und Schamgefühlen oder Glaubensfragen, religiösen und theologischen Themen etc. gelten können. Die Begegnung kann ebenso im Schweigen, als pures Da-Sein und Dabei-Bleiben erfolgen oder in rituellen und liturgischen Vollzügen. Immer geht es darum, die spirituellen Bedürfnisse ebenso in den Blick zu nehmen und auf sie einzugehen, wie die vorhandenen, aber möglichweise verborgenen Ressourcen des Gegenübers zu erinnern und zu fördern. Dazu gehört auch eine religionskritische Achtsamkeit auf Seiten der Seelsorgeperson für Glaubensvorstellungen oder Werthaltungen des Gegenübers, die für das

---

23 A.a.O., 407.

eigene Befinden oder für andere als schädlich zu bewerten sind. All dies kann sich nur in einer auf gegenseitigem Vertrauen basierenden Begegnung vollziehen. Erhard Weiher beschreibt dies als „Resonanzspiritualität: Spirituelle Begleitung ist also die Kunst, die dem Patienten eigene Beziehung zu dem, was er als Geheimnis verspürt, anzuerkennen, bei Bedarf auf sie einzugehen und sie zu würdigen, ohne sie zunächst verändern oder bereits kanalisieren zu wollen. Dann kann dieses für den Patienten ‚Heilige' seine tragende Kraft entfalten"[24].

3.2 Trost und Hoffnung

Es hat sich bewährt, zwar einerseits mit dem offenen Spiritualitätsbegriff zu arbeiten, andererseits explizit religiöse Aspekte bewusst einzubringen. Hilfreich ist dabei die Unterscheidung von „Alltagsspiritualität" und „Glaubensspiritualität"[25] oder „basaler" und „weltanschaulicher" Spiritualität[26]. Dies ermöglicht den Seelsorger*innen, das Kontakt-Angebot offen, ohne Ansehen der Konfessionszugehörigkeit des Gegenübers zu machen, zugleich aber in ihrer Professionalität als Theolog*innen und Vertreter*in einer Glaubensgemeinschaft erkennbar zu sein. In diesem Sinn kann Seelsorge dann als Betreuung des/der Einzelnen durch seine/ihre Religionsgemeinschaft gestaltet werden, indem gezielt eine Seelsorgeperson der Gemeinde oder Religionsgemeinschaft einbezogen wird. Die bewusste Unterscheidung ermöglicht also das differenzierte Ineinander einer generellen Spiritual Care und einer speziellen Seelsorge der Glaubensgemeinschaft.

Durch die Orientierung an einem Verständnis von Gesundheit, das Wohlbefinden auch in Situationen unheilbarer Krankheit für möglich hält, ist – zumindest in Palliative Care – für alle beteiligten Berufsgruppen Förderung subjektiver Lebensqualität als Ziel vorgegeben. Seelsorge, die in der Regel ohne konkrete Zielvorgabe arbeitet, muss not-

---

24 *Erhard Weiher:* Das Geheimnis des Lebens berühren. Spiritualität bei Krankheit, Sterben, Tod. Eine Grammatik für Helfende, Stuttgart 2008, 101.
25 A.a.O., 95.
26 *Eberhard Hauschildt:* Von einer Spiritual-Care-Darstellung für die Seelsorgetheologie lernen. Zum Buch von Erhard Weiher, in: Pastoraltheologie 104 (2015), 326-344.

wendigerweise ihre Rolle dabei klären. Nach Günther Emlein „bietet Religion zwei seelsorgliche Leistungen. Die eine Leistung ist die Unterstützung im Umgang mit Fragmentarität [...] des Bewusstseins"[27] in der Nähe zu Psychotherapie; dem entspricht die Förderung der individuellen Spiritualität zur Bewältigung von Leiderfahrung. „Die andere Leistung ist die Unterstützung im Umgang des Bewusstseins mit belastenden Kontingenzerfahrungen und den Fragen, die mit der Selektivität von Sinn verwoben sind. Diese zweite Leistung ist Folge des Alleinstellungsmerkmals der Religion."[28] Angesichts existenziellen Leidens kann dies bedeuten: „Die Welt wird zur Frage – ohne Antwort."[29] Im Da-Sein und Dabei-Bleiben wird das Offenhalten dieser Fragen gemeinsam ausgehalten – darin besteht der spezifische „Trost"[30], den christliche Seelsorge zu vermitteln vermag. Der britische Seelsorgetheoretiker Christopher Nolan beschreibt die Seelsorgeperson als „hopeful presence", die durch ihr Dasein Hoffnung „no longer as hope for recovery, but hope now as hope beyond recovery"[31] in einem eschatologischen Sinn vermittelt.

3.3 Transformierende Wirkung

Seelsorger*innen im Gesundheitswesen sind an konkreten Orten erkennbar anhand symbolischer Gegenstände wie Namensschildern, Kerzen oder liturgischer Kleidung und anhand ihres Handelns (Gespräche, Berührungen, Rituale) am Krankenbett, im Stationsstützpunkt, auf Fluren, in Team- und Ethikberatungen etc. Dieses unterscheidet sich fundamental vom therapeutischen Agieren der anderen Berufsgruppen, weil es prinzipiell offen ist für religiöse Kommunikation. In diesem Sinne ereignet sich etwas Anderes am Ort und in den medizinischen Handlungsabläufen, eine Heterotopie und Heterochronie, die etablierte Handlungsroutinen unterbricht und einen Raum konstituiert, in dem

---

27 *Günther Emlein*: Das Sinnsystem Seelsorge. Eine Studie zur Frage: Wer tut was, wenn man sagt, dass man sich um die Seele sorgt?, Göttingen 2017, 231.
28 Ebd.
29 A.a.O., 241.
30 Ebd.
31 *Steve Nolan*: Spiritual Care at the End of Life. The Chaplain as a 'Hopeful Presence', London 2012, 95f.

die Beteiligten nicht nur unter ihrem Bezug zu Krankheit/Gesundheit, sondern als Personen in ihrer Verletzlichkeit und Würde, als Gottes- kinder leben. Sie nehmen nicht nur teil am Leben des Krankenhauses, sondern haben teil am Leben im umfassenden Sinn.

4. Praxisrelevanz: Seelsorge sorgt für die Rahmenbedingungen von Spiritual Care

Konkret sucht Seelsorge gemeinsam mit anderen nach Wegen, immer wieder die Spiritualität des einzelnen Menschen ins Spiel zu bringen. Dies vollzieht sich neben der Krankenseelsorge auch durch Arbeit in und an der Organisation gemeinsamer Spiritual Care in Bildungsmaß- nahmen, geregelter Zusammenarbeit und Entwicklung von Standards.

4.1 Bildungsmaßnahmen
Der Ansatz von Spiritual Care wird in medizinischen Leitlinien positiv rezipiert, an der praktischen Umsetzung in den therapeutischen Alltag fehlt es aber. Dies liegt vor allem an einer ungenügenden Aus- und Fortbildung dieser Berufsgruppen, in westlichen Ländern ebenso wie in östlichen.[32] Aus diesem Grund hat die Sektion Deutsche Gesellschaft für Palliativmedizin Grundsätze zur Lehre von Spiritual Care verabschie- det.[33]

4.2 Seelsorge-Indikationen
Im Praxisalltag stellt sich die Herausforderung, dass die Mitarbeitenden in den nicht-seelsorglichen Berufsgruppem häufig nicht genau wissen,

---

32 Vgl. *Michael J. Balboni et. al.*: Why is spiritual care infrequent at the end of life? Spiritual care perceptions among patients, nurses, and physicians and the role of training, in: J Clin Oncol 31 (2013), 461-467. Vgl. *Gil Bar-Sela et. al.*: Train- ing for awareness of one's own spirituality, in: Pall and Supp Care 2018 (doi. org/10.1017/S147895151800055X).
33 Vgl. *Margit Gratz/Traugott Roser*: Spiritual Care in Qualifizierungskursen für nicht- seelsorgliche Berufsgruppen. Grundsätze der Deutschen Gesellschaft für Palliativ- medizin, Stuttgart 2019.

wann und wozu sie einer Patientin einen Seelsorgekontakt anbieten können. Oftmals ist das Wissen um die Arbeitsweise von Seelsorgenden wenig ausgeprägt. Da Spiritual Care auf einem interprofessionellen Ansatz beruht, bei dem die Berufsgruppen aufeinander bezogen und einander ergänzend arbeiten, müssen gegenseitige Information detailliert genug sein, um bei Bedarf von einer Berufsgruppe an eine andere zu überweisen. In der Logik des Gesundheitssystems wird dafür die Begrifflichkeit der Abfolge von Anamnese, Diagnostik und Intervention verwendet.

Für die konkrete Praxis hat eine Gruppe Schweizer Seelsorger*innen ein „Indikationen-Set" entwickelt, das Mitarbeitenden der Gesundheitsberufe dabei hilft, die eigene Wahrnehmung von Äußerungen und Verhaltensweisen von Patient*innen unter dem Gesichtspunkt spirituellen Bedarfs zu deuten und mit einem konkreten Angebot von Seelsorge zu verbinden. Aufgrund dieses Sets von sieben Indikationen, die nach dem STIV-Verfahren den Bereichen „Sinn", „Transzendenz", „Identität" und „Werte (Valeurs)" zugeordnet sind, wird Seelsorge nicht nur reflektiert in die Betreuung integriert, sondern die Übergabe an Seelsorgepersonal mit konkreten Informationen verbunden.[34]

4.3 Berufsspezifischer Umgang mit Vertraulichkeit

Die Beziehung zwischen Seelsorger*innen und ihren Gesprächspartner*innen basiert auf Vertrauen; berufsspezifisch gelten Regeln bezüglich seelsorglicher Verschiegenheit.[35] Im Rahmen von Spiritual Care als gemeinsamer Sorge partizipieren Seelsorgende an Informationen, wie sie in Teamsitzungen besprochen oder bei Überweisen an die Seelsorge etwa durch einen Hausarzt oder ein Pflegeteam vermittelt werden. Es wird erwartet, dass sie die anderen Betreuenden in einer Weise über einen Patientenkontakt informieren, der behandlungsrelevante Hinweise enthält und Vertraulichkeit wahrt. Das HealthCare

---

34 Vgl. *Renata Aebi/Pascal Mösli/Traugott Roser et. al.*: Indikationenset für Spiritual Care und Seelsorge. Instrument für Pflege und Medizin zum Beizug von Seelsorge, in: Pflegez 72/6 (2019), 53-56.
35 Vgl. *Kirchenamt der EKD* (Hg.): Kirchengesetz zum Schutz des Seelsorgegeheimnisses (Seelsorgegeheimnisgesetz – SeelGG) vom 28. Oktober 2009, KAbl. 2010, 339.

Chaplaincy Network hat 2016 festgehalten: „Die oder der professionell Seelsorgende erkennt die Bedeutsamkeit von Dokumentation und die Erfordernisse organisatorischer und steuernder Richtlinien. Die oder der professionell Seelsorgende implementiert für die Seelsorgedokumentation die besten Standards und dokumentiert damit religiöse, kulturelle, existentielle, emotionale und soziale Bedürfnisse, Ressourcen und Risikofaktoren der Klienten sowie notwendige Überweisungen."[36]

5. Ein Praxisbeispiel: Öffentlich sichtbar werden

Studentin L.M. absolviert ein Seelsorgepraktikum in einem Krankenhaus in konfessioneller Trägerschaft. In ihrem Bericht[37] schreibt sie: „Das System Krankenhaus wirkte auch auf mich als Person mit einem spezifischen Auftrag erst einmal in sich geschlossen. […] Nichts desto trotz war es meine Aufgabe mich einzubringen, ich wurde nicht darum gebeten. Wenn ich anwesend war, wurde ich freudig in Anspruch genommen, wenn ich fernblieb, störte es den Ablauf im Krankenhaus keineswegs. […] Allerdings haben mich die vielen verschiedenen Seelsorgegespräche eines Besseren belehrt: Mein Fehlen fällt dem einzelnen Menschen auf und zwar dann, wenn ich da bin." Eine andere Studentin kommt zum Einsatz in einer geriatrischen Tagesklinik.[38] Da die Patient*innen zwischen 9 und 15 Uhr einen Therapieplan im Takt von 30 Minuten verfolgen müssen, wird das Angebot zu Seelsorge im öffentlich aushängenden Stundenplan vermerkt. Es sind also genau 30 Minuten vorgesehen; die Patient*innen „überlegten sich im Laufe des Vormittags bereits alles, was sie mir gegenüber sagen wollten. Eine ältere Frau war in Unsicherheit geraten, als sie den ‚Seelsorge-Programmpunkt' auf ihrem

---

36 Deutsche Übersetzung: „Es ist an der Zeit, einen Schritt vorwärts zu machen: Entwurf eines neuen Modells für Spiritual Care, um Wirksamkeit und Nutzen in den Kontexten der Gesundheitsversorgung zu verbessern" von Thomas Beelitz: https://www.pastoralpsychologie.de/uploads/media/SCA_Time_to_Move_Forward_deutsch.pdf.
37 Die Studentin hat der pseudonymisierten Veröffentlichung zugestimmt.
38 Auch diese Studentin hat der pseudonymisierten Veröffentlichung zugestimmt.

Stundenplan entdeckte, weil bei ihr keine Probleme anlagen, die sie hätte besprechen wollen und aufgeregt war, was sie mir wohl ‚beichten‘ könne." Aber: „Interessanterweise hatte ich in diesen halben Stunden die intensivsten und ungestörtesten Seelsorgegespräche. Diese Art und Weise so einen festen Zeitraum zugestanden zu bekommen, haben die Frauen als für sich wertvolle Zeit gesehen, sich vieles von der Seele zu reden." Studentin F. beobachtet auch, dass die Patientinnen sich untereinander über ihre Gespräche mit der Seelsorgerin austauschen. Sie formuliert: „Auf einmal war mir bewusst, dass die Seelsorge, die in einer Gemeinde hinter verschlossenen Haustüren stattfindet und auch auf ‚normalen‘ Stationen im Krankenhaus hinter Zimmertüren ihren Platz hat, nun öffentlich ist und sich die Menschen darüber austauschen. […] Was macht es mit den Menschen, wenn Seelsorge öffentlich und besprechbar wird?"

Claudia Kohli Reichenbach

Seelsorge als Geistliche Begleitung

1. Ausgangspunkt: Erfahrungen auf dem geistlichen Weg

„Spiritualität" ist in den letzten zwei Jahrzehnten zum inner- und außerkirchlichen Hoffnungswort geworden. Auch in den Kirchen der Reformation haben viele Menschen in meditativen Feiern die Stille entdeckt, sie haben sich in kontemplativen Angeboten im Schweigen geübt, sie ließen sich in Leibesübungen in der Achtsamkeit anleiten. Für viele öffneten sich Wege in noch unbekannte Erfahrungswelten, indem sie Dimensionen des geistlichen Lebens erkundeten, welche in der Kirche des Wortes lange Zeit marginalisiert wurden. Im Kontext der „Wiederentdeckung" von Spiritualität hat sich die Geistliche Begleitung etabliert und zu einer Überwindung von Sprachhemmung in geistlichen Fragen und Prozessen beigetragen.

Geistliche Begleitung ist ein seelsorgliches Gesprächsangebot, das Menschen unterstützt, ihre Erfahrungen – je nach Sprachspiel Gotteserfahrungen, Erfahrungen der Transzendenz, spirituelle bzw. mystische Erfahrungen – wahrzunehmen, zu ordnen und zu vertiefen. In regelmäßig vereinbarten Treffen mit einer Geistlichen Begleiterin, einem Geistlichen Begleiter bekommen sie eine Plattform. Im Fokus der Begleitgespräche ist oft auch ein geistlicher Übungsweg, den Begleitung Suchende individuell oder in einer Gruppe gehen.

2. Theoretische Hintergründe: Die Bewegung der Geistlichen Begleiter*innen sucht Profil

„Geistliche Begleitung" ist unterdessen ein fester seelsorglicher Begriff und wird darum auch mit einleitendem Großbuchstaben geschrieben.

Ihre Förderer*innen haben sich im deutschsprachigen Raum seit gut 15 Jahren auf Tagungen intensiv ausgetauscht. Sie haben Ausbildungslehrgänge geschaffen und ihre Anliegen in Diskussionen um die Personalentwicklung eingebracht. Bevor das Konzept der Geistlichen Begleitung genauer vorgestellt wird, sollen die Moves der „Bewegung", welche das Anliegen der Geistlichen Begleitung weitergetrieben hat, nachgezeichnet werden.

Das Anliegen war klar: Der Frage nach der Gottesbeziehung soll in der Geistlichen Begleitung explizit Raum geschaffen werden. Menschen sollen über ihre Gebetserfahrungen sprechen können, sie sollen unterstützt werden in ihrer Sehnsucht, Gott zu erfahren, sie sollen begleitet werden auf ihrem geistlichen Übungsweg. Wichtige Impulse kamen um die Jahrtausendwende von katholischer Seite. Klemens Schaupps Einführung *Gott im Leben entdecken*[1] gilt auch heute noch als wichtiges Referenzwerk; das Sekretariat der deutschen Bischofskonferenz publizierte 2001 eine Handreichung, in der Begleitformen verschiedener Ordensgemeinschaften vorgestellt wurden.[2] In der evangelischen Kirche fanden die Ansätze zunehmend Resonanz, erste Ausbildungsangebote wurden geschaffen. Damit die Fachliteratur nicht ausschließlich aus der katholischen Tradition schöpfte, wurde 2007 in einem Sammelband eine spezifisch evangelische Perspektive auf die Geistliche Begleitung vorgelegt.[3] Nach einem ersten Symposium mit allen Ausbildungsverantwortlichen für Geistliche Begleitung der EKD bot wiederum ein Sammelband 2011 eine Bestandsaufnahme evangelischer Praxis.[4] Mit den letzten beiden Publikationen sind die Hauptwerke genannt, in denen sich der Formie-

---

1 *Klemens Schaupp*: Gott im Leben entdecken. Einführung in die geistliche Begleitung, Würzburg 1994.
2 *Sekretariat der Deutschen Bischofskonferenz* (Hg.): „Da kam Jesus hinzu ..." (Lk 24,15). Handreichung für geistliche Begleitung auf dem Glaubensweg, Bonn 2001.
3 *Dorothea Greiner/Erich Noventa/Klaus Raschzok/Albrecht Schödl* (Hg.): Wenn die Seele zu atmen beginnt… Geistliche Begleitung in evangelischer Perspektive, Leipzig 2007.
4 *Dorothea Greiner/Klaus Raschzok/Matthias Rost* (Hg.): Geistlich Begleiten. Eine Bestandsaufnahme evangelischer Praxis, Leipzig 2011.

rungsprozess einer neuen evangelischen Bewegung (mit ökumenischer Offenheit) in der poimenischen Landschaft fassen lässt.[5]

Die Bewegung hatte einen „Stachel" gegen die pastoralpsychologisch orientierte Seelsorgebewegung, deren Anfänge in den 1960er Jahren lagen; gleichzeitig wiesen die beiden Bewegungen deutliche Strukturparallelen auf. Zum ersten Merkmal: Greifbar wurde der „Stachel", als Klaus Raschzok programmatisch festhielt, die Geistliche Begleitung befreie „aus der Verlegenheit der pastoralpsychologisch orientierten Seelsorge, von Gott reden zu müssen bzw. ihn einbeziehen zu müssen, indem die Gottesbeziehung von vornherein selbstverständlicher Gegenstand dieser Gesprächsform"[6] sei. Viele Geistliche Begleiter*innen empfanden die Wiederentdeckung des (letztlich in Variationen schon aus der Alten Kirche bekannten) Gesprächsangebots als Überwindung einer gewissen Sprachnot im Bereich von persönlichem Glauben und Spiritualität und gleichzeitig als Stärkung ihrer Identität als christliche Seelsorgende. Insofern wiesen die Anfänge der „Bewegung Geistliche Begleitung" durchaus Züge einer Gegenbewegung zur therapeutischen Seelsorge, zur Seelsorgebewegung auf, wie sie in den 1970er und 1980er Jahren stark wurde.[7] Dietrich Stollberg rieb sich 2010 in seinem weitbeachteten „kritische[n] Zwischenruf" an diesem „Stachel".[8] Stollberg meinte offenlegen zu können, dass Vertreter*innen der Geistlichen Begleitung – Stollberg nannte sie polemisch „Anhänger" – die Seelsorge

---

5   Die Herausgeber*innen selbst sprachen von einer „in den deutschsprachigen evangelischen Kirchen noch jungen Bewegung der Geistlichen Begleitung". A.a.O., 11.

6   *Klaus Raschzok*: Geistliche Begleitung in der Aszetik reflektieren, in: Greiner et al. 2007, 189-195, 195.

7   Michael Klessmann hat die Geschichte der Poimenik konzis rekonstruiert und als im Wind der Gegenbewegung zur therapeutischen Seelsorge stehend exemplarisch den Buchtitel von Peter Bukowski *Die Bibel ins Gespräch bringen* erwähnt. Ich lese die Anfänge der Geistlichen Begleitung ebenfalls in diesem Gegenwind situiert, indem es für die Begleitenden *auch* darum ging, „sich ihrer Identität und Rolle als christliche Seelsorgende zu vergewissern". *Michael Klessmann*: Gotteserfahrung in der Seelsorge? Zur Bedeutung von Gotteskonzepten für eine Theologie der Seelsorge, in: *Dagmar Kreitzscheck/Heike Springhart* (Hg.): Geschichten vom Leben. Zugänge zur Theologie der Seelsorge. Festschrift für Wolfang Drechsel, Leipzig 2018, 51-63, 60.

8   *Dietrich Stollberg*: Was ist die theologische Basis geistlicher Begleitung? Ein kritischer Zwischenruf, PTh 99 (2010), 39-57.

wieder „frömmer" machen wollten, indem sie in ihrem Begleitange-
bot auf die Gottesbeziehung fokussierten.[9] Er selbst warnte vor einer
„fromm vereinnahmende[n] und suggestive[n] Seelsorge, die den ‚Weg
zu Gott' führt"[10].

Ein Jahrzehnt später steht die Geistliche Begleitung an einem anderen Punkt. Wichtige weitere Klärungsarbeit zu Konzept und Methodik
der Geistlichen Begleitung wurde geleistet und wird weiter gefördert.[11]
Insbesondere ist heute die Wahrnehmung für die vielfältigen spirituell-
religiösen Wege weiter geschärft und das Gesprächsangebot wird vor
dem Hintergrund der gegenwärtigen Verschiebungen in der religiös-
spirituellen Landschaft konzeptionell geöffnet und weiterentwickelt.

Auch wenn die Seelsorgebewegung und die Geistliche Begleitung
als Gegenbewegungen thematisiert werden, so dürfen die Strukturparallelen nicht übersehen werden. Wolfgang Drechsel hat u.a. darauf hingewiesen, dass beide „Aufbruchsbewegungen" sind, inspiriert von protestantischen US-amerikanischen Entwicklungen, gekennzeichnet durch
eine „ausgeprägte Hochstimmung bezüglich des Eigenen und Neuen"[12].
Beide sind im Kern Ausbildungsbewegungen, deren Schwerpunkte auf
Erfahrungs-Lernen liegt.[13] Und: Beide Bewegungen innerhalb des Protestantismus beziehen ihre Kraft aus einer „Fremdprophetie": Während
sich die Seelsorgebewegung „auf unterschiedliche therapeutische Verfahren, d.h. theologiefremde Lebenswissenschaften [bezog, CKR], so
dürfte bei der Geistlichen Begleitung hier eine entsprechende Rolle als

---

9   Vgl. a.a.O., 44.

10 A.a.O., 45.

11 Vgl. die Qualifikationsarbeiten zu Geistlicher Begleitung: *Claudia Kohli Reichen-
    bach*: Gleichgestaltet dem Bild Christi. Kritische Untersuchungen zur Geistlichen
    Begleitung als Beitrag zum Spiritualitätsdiskurs, Berlin/Boston 2011; *Hansjörg
    Schemann*: Stille und Gebet. Geistliche Begleitung als Seelsorge in kontemplati-
    ver Haltung, Leipzig 2014; *Andrea Gorres*: Geistliche Begleitung als mystagogische
    Seelsorge. Ein integrativer pastoralpsychologischer Entwurf aus evangelischer Per-
    spektive, Göttingen 2018.

12 *Wolfgang Drechsel*: Theologie als „Grammatik" christlicher Begleitpraxis? Offene
    Fragen in Seelsorge und Geistlicher Begleitung, in: *Ders./Sabine Kast-Streib* (Hg.):
    Seelsorge und Geistliche Begleitung. Innen- und Aussenperspektiven, Leipzig
    2014, 59-82, 62.

13 Vgl. a.a.O., 59.

Fremdprophetie *die katholische Theologie* spielen, exemplarisch in der Gestalt der ignatianischen Exerzitien"[14].

In der Tat spielen Elemente der katholischen Spiritualitätstradition eine wichtige Rolle, will man die theoretischen Hintergründe des Ansatzes der Geistlichen Begleitung verstehen. Benediktinische, franziskanische, karmelitische und andere Gebets- und Begleittraditionen haben das wieder entdeckte Angebot „Geistliche Begleitung" geprägt. Im protestantischen Bereich haben die *Geistlichen Übungen* von Ignatius von Loyola am nachhaltigsten gewirkt. Der Ansatz dieses fast 500 Jahre alten Handbuchs für Begleitende hat sich durch den engen Bezug zur biblischen Tradition und seine christozentrische Ausrichtung als für die Kirchen der Reformation besonders anschlussfähig erwiesen, der Fokus auf die je individuelle Erfahrung des Einzelnen offensichtlich als für die heutige Zeit anpassungsfähig. Neben diesen Elementen aus der katholischen Ordenstradition werden Aspekte der vorreformatorischen Wüstenväter- bzw. Wüstenmütter-Tradition in gegenwärtigen Begleitansätzen breit rezipiert. Im Zug der „Protestantisierungsbemühungen" der Geistlichen Begleitung wurden in den letzten Jahren auch diverse Arbeiten vorgelegt, die es sich zur Aufgabe machten, Begleitansätze u.a. bei Luther und Calvin zu eruieren bzw. solche in neutestamentlichen Texten zu orten.[15]

Neben dieser geistlich-spirituellen Verankerung kennzeichnen pastoralpsychologisch-seelsorgliche Bezugstheorien den Ansatz der Geistlichen Begleitung. Es ist kein Zufall, dass sie in diesem Beitrag den geistlich-spirituellen Themen nachgeordnet werden. Andrea Gorres stellt klar: „Zugunsten von biblisch-reformatorischer Legitimation und Entfaltung erfahrungsbezogener Theologie in Geistlicher Begleitung trat das Gespräch mit der Pastoralpsychologie für die Geistliche Beglei-

---

14 A.a.O., 64. Drechsel nennt weitere vergleichbare Hintergrundstrukturen, vgl. a.a.O., 62-64.

15 Vgl. Greiner et al. 2007; mit Calvin als Geistlichem Begleiter beschäftigt sich *Arnold Steiner: Geistliche Begleitung nach Jean-Daniel Benoît*, MAS-Arbeit 2018 (noch unveröffentlicht). Häufig rezipierte neutestamentliche Topoi sind der *Emmaus-Weg* nach Lk 24, *Berufung, Heiligung*.

tung in den Hintergrund."[16] In vielerlei Hinsicht werden in Konzepten und Ausbildungscurricula starke Anleihen an die Pastoralpsychologie gemacht, in den Anfängen der Wiederentdeckung allerdings oft ohne differenzierte Theoriebezüge und weitere reflexive Durchdringung.

3. Konzept: Begleitung eines geistlichen Prozesses

Geistliche Begleitung ist ein Angebot, das auf Dauer angelegt ist. Begleitende und Begleitete treffen sich in regelmäßig vereinbarten Treffen meist über einen längeren (manchmal bereits im Voraus definierten) Zeitraum. Klare Zielvereinbarungen werden in der Regel nicht getroffen, nicht die Lösung von konkreten Problemen steht im Zentrum, sondern die kontinuierliche Begleitung auf einem geistlichen Weg mit seinen Höhen, Tiefen und Hindernissen. Im Kern ist die Geistliche Begleitung ein mystagogisches Seelsorgeangebot. Der Begleiter unterstützt die Person, welche nach Begleitung verlangt, sich dem Geheimnis Gottes und des Lebens zu nähern bzw. – wiederum je nach Sprachspiel – ihr Gebetsleben zu vertiefen, ihre Gottesbeziehung zu stärken, spirituell zu wachsen, im Glauben zu reifen, etc. Schaupp benennt den Prozess als Entfaltung der *Taufgnade*,[17] ich selber habe im Anschluss an Bonhoeffer von der *Gleichgestaltung dem Bild Christi* gesprochen.[18] Mit dynamischen Begriffen wird die Zieldimension des mystagogischen Weges beschrieben, wobei gleichzeitig immer wieder auf die Vorläufigkeit von Wachstumsmetaphern hingewiesen wird: Letztlich geht es nicht um geistliches Identitätsstreben, sondern um eine Einübung in Gelassenheit und um Loslassen allen Strebens, um Hingabe.

Ein wesentliches Element des mystagogischen Prozesses ist zum einen die Übung.[19] Die Begleiterin unterstützt den Begleitung Suchen-

16 Gorres 2018, 28.
17 Schaupp 1994.
18 Kohli Reichenbach 2011.
19 Zur Übung in evangelischer Perspektive vgl. *Silke Harms*: Glauben üben. Grundlinien einer evangelischen Theologie der geistlichen Übung und ihre praktische Entfaltung am Beispiel der „Exerzitien im Alltag", Göttingen 2011.

den auf seinem individuellen Übungsweg im Schweigen, in Meditation bzw. Kontemplation, indem sie ggf. auch anleitet. Ignatianisch gesprochen nähert sich der Übende in täglichen Meditationszeiten mit Bibellektüre dem Geheimnis Christi; ein im interreligiösen Dialog versierter Autor drückt es so aus: „Nur wer sich täglich darin übt, die Präsenz der Transzendenz wahrzunehmen, wird erleben, wie er sich in einem Transformationsvorgang, einem Prozess der Verwandlung befindet."[20] „Einverleibt" werde die Gegenwart Gottes, ein „Netz der Gewohnheit" werde geknüpft, das trage. Das zweite wesentliche Element des mystagogischen Prozesses ist die *Förderung der Wahrnehmungsfähigkeit*. Der Begleiter hilft der Begleiteten, eigene innere Bewegungen und Regungen achtsam wahrzunehmen und lesen zu lernen. Über all die Jahrhunderte der „Begleitkunst" war die sog. „Unterscheidung der Geister" eine wesentliche Schlüsselqualifikation von Begleitenden, die sie bei den ihnen Anvertrauten zu fördern strebten.

Wie ist die Rolle der Begleitperson zu verstehen? Im Englischen hat sich der Begriff „Spiritual Director" durchgesetzt. Obwohl damit „Führung" betont wird und man vermuten könnte, dass die Autorität im Gegensatz zur behutsameren „Begleitung" hervorgehoben wird, lässt sich eine solche Tendenz in den Konzepten nicht ausmachen. Im Gegenteil: Meist wird die diskrete Rolle der Begleitperson unterstrichen, oft wird darauf verwiesen, dass ihre Funktion vornehmlich sei, den Austausch zwischen Mensch und Gott zu ermutigen. Allerdings darf dies nicht darüber hinwegtäuschen, dass zwischen Begleiterin und Begleitetem ein Machtgefälle besteht, selbst wenn die Begleitung noch so diskret verläuft. Auch gilt es in Begleitkonzepten die Rolle von „Gott" kritisch zu reflektieren. Gerne wird die trialogische Struktur (zwischen Begleiteter, Begleiterin und Gott) als besonderes Merkmal der Geistlichen Begleitung unterstrichen (wobei verwandte Konzepte auch in anderen Seelsorgeangeboten betont werden). Zu prüfen bleibt, welche Funktion „Gott" zugeschrieben wird, oder mit Drechsel zu fragen, wie

---

20 *Uwe Habenicht*: Leben mit leichtem Gepäck. Eine minimalistische Spiritualität, Würzburg 2018, 73. Das Jonglieren zwischen Sprachspielen ist für das Feld der Spiritualität und damit der Geistlichen Begleitung unvermeidbar.

beispielsweise die der Psychoanalyse entlehnten und in der Geistlichen Begleitung beliebten Konzepte „Übertragung" bzw. „Gegenübertragung" auf Gott spielen.[21]

Damit bin ich bei kritischen Anfragen an Begleitkonzepte der letzten zwanzig Jahre gelandet. Es sind Punkte, die gegenwärtig in wissenschaftlichen Arbeiten zur Geistlichen Begleitung aufgegriffen werden: Klärungen zu Gesprächsführungsstrukturen sind im Gang;[22] künftig ebenfalls wichtig werden Prozess- und Wirksamkeitsforschungen sein, wie sie für die Seelsorge insgesamt weiter anstehen.

4.   Praxisrelevanz: Gesprächsangebot für spirituelle Fragen

Die Geistliche Begleitung bietet Menschen, die ihre *praxis pietatis* vertiefen wollen, Unterstützung und Anleitung. Intensive innere Prozesse, die u.a. durch einen geistlichen Übungsweg aufgelöst werden, können mit einer erfahrenen Person besprochen und bearbeitet werden. Kirchenleitungen, auch im evangelischen Kontext, haben erkannt, dass dazu ein Bedürfnis besteht, weshalb seit mehreren Jahren Stellen für Geistliche Begleitung geschaffen und Ausbildungsstätten mitfinanziert werden. Während das Angebot der Geistlichen Begleitung lange Zeit primär binnenkirchlich ausgerichtet war und Menschen profitieren konnten, die kirchlich beheimatet waren, ist gegenwärtig ein Aufbruch zu beobachten. Im US-amerikanischen Kontext beispielsweise ist das Gesprächsangebot längst interreligiös breit etabliert, auch richtet es sich an Menschen, die keiner Religion bzw. Konfession angehören.[23] Hier sehe ich gegenwärtig auch bei uns Potenzial: Geistliche Begleitung als Angebot, das unterdessen evangelisch gut verankert ist, soll so weiterentwickelt werden, dass es auch die Bedürfnisse von Menschen trifft, die kirchlich kaum oder nicht gebunden sind. Spirituelle Wanderer*innen beispielsweise suchen oft nicht „Beheimatung", wie sie aus kirchlichen

---

21 Vgl. Drechsel 2014, 76.
22 Vgl. Gorres 2018.
23 Vgl. www.sdiworld.org (01.03.2019).

Kreisen gerne als Zielgröße portiert wird.[24] Ihre Gottesrede mag anders klingen als die gewohnte traditionell-kirchliche personale Gottesrede. Klessmann hat diesen Punkt für die Seelsorge insgesamt aufgegriffen und ermutigt, non-theistische Rede zu hören und zu würdigen.[25] Wenn das Angebot der Geistlichen Begleitung auch Menschen zugutekommen soll, die sich als spirituell, aber nicht religiös bezeichnen, dann sind Begleitende gut beraten, sich angstfrei auf neue Gottesrede einzulassen. In ihrer mystagogischen Funktion sind sie gefordert, weil sie möglicherweise nicht auf traditionell bewährte Wege wie die ignatianischen Exerzitien zurückgreifen können.[26] Neue Ansätze wie zum Beispiel Uwe Habenichts *Minimalistische Spiritualität* sind gefragt.[27] Übung und Einbindung in Gemeinschaft bleiben wesentliche Elemente, ebenso das Engagement. Damit ist die Richtung des gegenwärtigen Diskurses der in der Geistlichen Begleitung Engagierten angezeigt.

Viele Geistliche Begleitende sind auch in anderen poimenischen Feldern tätig: als Spital- oder Heimseelsorgende, als Gemeindepfarrer*innen. Es ist die kontemplative Haltung in der Gesprächsführung, welche in der Geistlichen Begleitung besonders betont wird, aber übergreifend relevant ist. Die kontemplative Haltung ist genährt durch die geschärfte Wahrnehmung von dichter Präsenz, christlich gesprochen durch die Wahrnehmung von der Gegenwart Christi. Sie erträgt die Stille nicht nur, sie weiß um deren Kraft. Sie hat im Gespräch mit dem Gegenüber Augen und Ohren offen für dessen narrativen Spuren, die von dieser Gegenwart zeugen.

---

24 Vgl. *Christoph Bochinger*: Multiple religiöse Identitäten im Westen zwischen Traditionsbezug und Individualisierung, in: *Reinhold Bernhardt/Perry Schmidt-Leukel* (Hg.): Multiple religiöse Identität. Aus verschiedenen religiösen Traditionen schöpfen, Zürich 2008, 137-161.

25 Vgl. Klessmann 2018.

26 Nicht unerwähnt bleiben sollen an dieser Stelle folgende Publikationen, die vor dem Hintergrund des Religionspluralismus Adaptionen der ignatianischen Exerzitien diskutieren: *Roger Haight*: Christian Spirituality for Seekers. Reflections on the Spiritual Exercises of Ignatius Loyola, New York 2012; *Erin M. Cline*: A World on Fire. Sharing the Ignatian Spiritual Exercises with Other Religions, Washington D.C. 2018.

27 Habenicht 2018.

5. Ein Praxisbeispiel: Präsenz

Abschließend richtet sich der Fokus auf Anna und Luis. Anna ist Pfarrerin und bot vor zwei Jahren in der Adventszeit zusammen mit dem Seelsorger der Universitätsgemeinde einen Meditationskurs für junge Erwachsene an. Zur Unterstützung des Übungsweges konnten (fakultativ) individuelle Begleitgespräche in Anspruch genommen werden. Luis ist Lehrer, damals schloss er gerade seine Ausbildung ab und stieß durch eine Kollegin auf die Veranstaltungsreihe. Luis war christlich sozialisiert, kirchlich ungebunden, mit einer Faszination für Spirituelles. Das Einüben einer eigenen spirituellen Praxis fand er gewinnbringend, er verfolgte seinen geistlichen Weg zielstrebig und wünschte, die Begleitung über den Kurs hinaus fortzusetzen. Anna stimmte zu.

Von nun an kam Luis im Rhythmus von acht Wochen zu Anna. In den ersten Monaten dominierte Luis' Stress, der mit dem Einstieg ins Berufsleben verbunden war, und die Suche nach geeigneten Meditationszeiten im Alltag. Allmählich drangen andere Fragen an die Oberfläche, drängend das Verlangen, dass die Lebensrealität sich nicht so fragmentiert präsentierte – da Arbeit, da Freundin, da Meditation. Es war Luis' Sehnsucht, seine Lebenswirklichkeit tiefer vom Geheimnis durchdrungen zu erfahren.

Anna ging mit. Sie lernte Luis als Menschen kennen, der ehrgeizig und emsig unterwegs war und die Kontrolle stets lieber bei sich behielt. Gleichzeitig hörte sie das große Verlangen nach „Mehr", sie gab Resonanz, wenn es ausgesprochen wurde. Als Luis ihr wieder einmal erzählte, wie sehr ihn die Arbeit ermüdete und wie wenig Zeit für die Meditation er fände, schlug Anna vor, das Herzensgebet einzuüben – ein einfaches Gebet mit wenig Silben, das im Rhythmus des Atems gebetet wird. Es ließe sich, so Anna, beim Warten aufs Tram beten, vor der Kaffeemaschine, unter der Dusche.

Die Integration einer einfachen spirituellen Übung in seinen gehetzten Alltag faszinierte Luis. Er nahm wahr, wie die im Herzensgebet verdichtete Präsenz ihre Kreise zog. Texte, die Anna ihm für die Meditation vorschlugt, unterstützten seinen geistlichen Prozess. Und ließen ihn immer mehr von der *Durchdringung von allem,* von der *Berührung durch Gottes schönstes Licht* erahnen.[28]

---

28 Vgl. das Lied von Gerhard Tersteegen „Gott ist gegenwärtig". Anna legte Luis den Text für die Meditation nahe.

Christoph Schneider-Harpprecht

Interkulturelle Seelsorge

1. Ausgangspunkt: Notwendigkeit interkultureller Kompetenz

Im Rahmen einer zunehmend multikulturellen Gesellschaft, in der viele Menschen einen Migrationshintergrund haben,[1] gilt es, die kulturelle Diversität auch in der Seelsorge zu berücksichtigen. Was Not tut, ist interkulturelle Kompetenz. Ich definiere sie als die Fähigkeit eines Menschen, sich in kulturellen Überschneidungssituationen kultursensibel so zu verhalten, dass die Partner*innen aus einer anderen Kultur ihre Interessen und Sichtweisen ausreichend zur Geltung bringen können und die kulturellen Aspekte des eigenen Verhaltens dem anderen verständlich erschlossen werden.

2. Theoretische Hintergründe

2.1 Das Kulturverständnis der interkulturellen Seelsorge

Interkulturelle Seelsorge fußt auf dem Kulturverständnis der Ethnologie und der Kulturanthropologie. Unter deren Vielzahl von Kulturbegriffen erscheint für die Seelsorge das Kulturverständnis der interpretierenden Anthropologie am hilfreichsten. Nach dieser ist Kultur, so der amerikanische Kulturanthropologe Clifford Geertz, das Netz von Bedeutungen der Welt, das die Menschen selbst entworfen haben, um ihr Verhalten zu steuern, und das sie jeden Tag, in jedem Akt der Interaktion neu

---

1 2017 waren es in Deutschland 19,3 Mio und damit 23,6% der Bevölkerung, davon 9,8 Mio (12%) mit deutscher Staatsangehörigkeit (12,0%) und 9,4 Mio (11,5%) mit anderer Staatsangehörigkeit. (http://www.bpb.de/wissen/ NY3SWU,0,0,Bev%F6lkerung_mit_Migrationshintergrund_I.html, 21.02.19).

erfinden. Durch „Traditionen, Pläne, Instruktionen" entwickeln Menschen Bedeutungssysteme zur Steuerung ihrer Lebensäußerungen.[2] Wenn verschiedene Kulturen, das heißt unterschiedliche Systeme, die Welt zu deuten, aufeinandertreffen, sind Missverständnisse und Konflikte vorprogrammiert.

Der globale Prozess des Kulturwandels hin zur kulturellen Pluralität muss die Unterscheidung von dominanten, hegemonialen und subalternen oder Minderheitenkulturen berücksichtigen.[3] Die zahlreichen Migrant*innen in Deutschland bringen die Elemente der Kultur ihrer Herkunftsgebiete mit und leben sie im Kontext der dominanten Kultur, die vom Wirtschaftssystem und vom politischen System und Rechtssystem einer Gesellschaft geprägt wird. Es kommt zu Vermischungen und Abstoßungen der subalternen und der dominanten Kultur. Die Vermischungen können als Hybridisierung, d.h. als Montage der verschiedensten Gattungen kultureller Produktion beschrieben werden. Mit diesen sich wandelnden Kulturen hat es interkulturelle Seelsorge zu tun und nimmt damit Teil an einem Prozess der Vermischung von Kulturen, der auch die Religionen selber betrifft und nicht unbeeinflusst lässt.

Die kulturellen Aspekte lassen sich für die Seelsorge von den sozialen und politischen Aspekten nicht trennen, die das Leben von Migrant*innen in dem neuen Land beeinflussen. Notwendig ist hier ein ganzheitlicher Ansatz von Seelsorge, der offen ist für diakonische und sozialarbeiterische Angebote. Es bedarf der umfassenden, multisystemischen Wahrnehmung der Situation des anderen Menschen, welche die psychische, soziale und religiös-spirituelle Dimension seiner Lebenswirklichkeit erfasst und diese Dimensionen in das seelsorgliche Handeln einbezieht.

---

2 *Clifford Geertz*: The interpretation of cultures, New York 1973, 44. Geertz Kulturbegriff wurde im Bereich der Seelsorge zuerst aufgegriffen von *Christoph Schneider-Harpprecht*: Interkulturelle Seelsorge (Arbeiten zur Praktischen Theologie Bd. 40), Göttingen 2001, 41-45. Vgl. dazu im Rahmen der interkulturellen Theologie *Henning Wrogemann*: Interkulturelle Theologie und Hermeneutik. Grundfragen, aktuelle Beispiele, theoretische Perspektiven, Gütersloh ²2016, 44ff.

3 Vgl. a.a.O, 334-338.

2.2 Interkulturelle Kommunikation und Hermeneutik

Das Verstehen ist die Grundbedingung der seelsorglichen, beraterischen und therapeutischen Hilfe. Die Seelsorgelehre hat sich darum auch intensiv darum bemüht, die Voraussetzungen des Verstehens im seelsorglichen Gespräch zu erläutern und zu verbessern. Das Konzept des einfühlenden Verstehens, das vor allem mit dem Namen von Carl Rogers verbunden wird, hat seine Ursprünge in der Philosophie Wilhelm Diltheys.[4] Dilthey befasst sich mit dem Problem, wie Menschen die inneren Vorgänge in anderen Menschen verstehen können, von denen sie doch getrennt sind. Der Zugang zu den Innenwelten anderer eröffnet sich über einen Analogieschluss. Als Hörer*in der Botschaft des oder der Anderen entschlüssele ich die Botschaft sprachlich und assoziiere den Inhalt des Gesagten mit Erinnerungen an eigene Erlebnisse, innere Bilder und Gedanken, die für mich Ähnlichkeit mit dem von meinem Gegenüber Gesagten haben. Dabei werden mir die Gefühle präsent, die mit meinem eigenen durch das Erinnern lebendig vorgestellten Erleben zu tun haben. Durch einen Analogieschluss gehe ich nun davon aus, dass sich das Gegenüber, das in einer ähnlichen Lage ist, ebenso oder ähnlich fühlt wie ich.

Kommt das Gegenüber, dem wir begegnen, aus einem anderen Kultursystem, dann wird die Aufgabe der Einfühlung noch komplexer, weil hier andere sprachliche Bedeutungen, Sinnkonstrukte, Werte und Normen vorausgesetzt werden müssen. Das von David Augsburger entwickelte theoretische Konzept der „Interpathie" beschreibt eine Einfühlung, die ausgeht von den andersartigen kulturellen Wertvorstellungen, Normen und Haltungen des anderen Menschen. Der Einfühlende stellt sich diese also vor und antizipiert sie im Akt der Einfühlung, der diese voraussetzt.[5] Interkulturelle Missverständnisse beruhen darauf, dass ein Mensch, der sich entsprechend den von ihm in langjährigen Lernprozessen verinnerlichten Regeln, Werten und sinnhaften Orientierungen einer

---

4   *Wilhelm Dilthey:* Der Aufbau der geschichtlichen Welt in den Geisteswissenschaften, Frankfurt a.M. 1984, 98f., 542.
5   Dieses Konzept der Interpathie wurde von David Augsburger in die Diskussion eingeführt (vgl. *David Augsburger:* Pastoral Counseling across Cultures, Philadelphia 1986).

Kultur verhält, im Kontext einer anderen Kultur mit anderen Regeln, Werten und Sinnorientierungen Verstehensschwierigkeiten bekommt, weil manche der eigenen gewohnten Deutungs- und Verhaltensmuster in dem fremden kulturellen Kontext nicht passen. Dadurch kommt es zu Differenzerfahrungen, die durch den je eigenen Standpunkt, an dem man sich befindet, bestimmt werden. Dies kann auf beiden Seiten zu sich überlagernden kognitiven Dissonanzen kommen, z.B. die Unterstellung der bösen Absicht beim Gegenüber oder die Unterstellung weiblicher Schwäche, die nicht folgenlos für das weitere Verhalten und die Gefühle und das Handeln in der Beziehung bleiben. Trifft es zu, dass bei der interkulturellen Begegnung zwei Bedeutungssysteme aufeinandertreffen, dann ist zu erwarten, dass Missverständnisse der Normalfall und nicht die Ausnahme sind. Interkulturelles Verstehen muss dann notwendigerweise beim Missverständnis beginnen, denn nur wenn diese Störung durch die Differenz bearbeitet wird, kann sinnhafte Kommunikation zustande kommen.

Die systemtheoretische und konstruktivistische Kommunikationstheorie eröffnet die Möglichkeit, den Umgang mit Differenzen in der Kommunikation zu verstehen und sie zu bearbeiten. Niklas Luhmann hat im Rahmen der Systemtheorie dargelegt, dass Systeme nach außen relativ abgeschlossen sind und der Input, der an Schnittstellen zustande kommt, an denen das System mit der Umwelt verkoppelt ist, durch die innere Differenzierung des Systems verarbeitet wird.[6] Auch für die sprachliche Kommunikation gilt dann, dass die Bedeutung der beobachteten (verbalen, non-verbalen und para-verbalen) Zeichen im Gehirn des Beobachtenden entsprechend den vorhandenen Sprach- und Bedeutungsmustern verarbeitet werden. Die Differenzen der Interpretation aufgrund kulturell festgelegter Sinnkonstruktionen sind darum unvermeidbar. Sie sind jedoch nur eine Spielart des Normalfalls, nämlich der Tatsache, dass eine letztlich nicht vollständig überbrückbare Differenz zwischen den einzelnen Menschen bleibt, die jeweils ihre eigene Wirklichkeit konstruieren und im Verhalten der Logik ihrer Wirklichkeits-

---

6 *Niklas Luhmann*: Kommunikation und Handlung, in: *Ders.*: Soziale Systeme, Frankfurt a.M. 1984, 191-241.

konstruktion folgen. Durch Akte der Kommunikation kommt es jedoch zu einer Ko-Konstruktion der Wirklichkeit, die es ermöglicht, dass Menschen sich in ähnlicher Weise sinnhaft orientieren. Sprachliche Kommunikation beruht darauf, dass die Bedeutung der sprachlichen Äußerung insgesamt von den Kommunikationspartner*innen analog konstruiert wird und sie sich durch Beobachtung dieser Übereinstimmung vergewissern. Im Akt der sprachlichen Kommunikation entwerfen sie eine gemeinsame Wirklichkeit, eine gemeinsame Bedeutungswelt, innerhalb deren sie sich zueinander verhalten. Für die interkulturelle Kommunikation bedeutet dies, dass im Prozess der Kommunikation die Kultursysteme beider Kommunikationspartner*innen zur Geltung kommen und modifiziert werden. Dieser Ansatz der interkulturellen Kommunikation und Hermeneutik ist sensibel auch in der Wahrnehmung von Herrschaftsverhältnissen, Machtunterschieden und Einflüssen der sozialen Position auf den Diskurs.[7]

2.3 Konzepte interkultureller Seelsorge

Besonders einflussreich für die Seelsorge war in den USA der Ansatz des „Cross Cultural Counseling"[8], der in David Augsburgers Buch *Pastoral Counseling Across Cultures* erstmals aufgegriffen und in ein umfassendes theologisches Konzept von interkultureller Seelsorge und Beratung integriert wurde. Augsburger hat den Begriff der Sensibilität der „intercultural counselors"[9] geprägt und ein umfassendes Beratungsmodell vorgelegt, das die Ausbildung von „culturally capable counselors" ermöglichen soll.

Als einer der Ersten in Deutschland hat Albrecht Grözinger die Aufgabe der Interkulturellen Seelsorge mit der Forderung nach einer Politik der Anerkennung der verschiedenen kulturellen Lebenswelten verbunden. Das verlange eine „Differenz-Blindheit", wenn es um die

---

7   Zur Rezeption der Diskursanalyse von Michel Foucault in der interkulturellen Theologie vgl. *Wrogemann* 2016, 136ff.

8   Wichtige Aspekte des „cross cultural counseling" sind zusammengefasst bei *Paul B. Pedersen u.a.*: Counseling across cultures, Thousand Oaks u.a. [4]1996; *ders.* (ed.): Handbook of cross cultural counseling and therapy, Westport CT 1985.

9   Augsburger 1986, 77.

rechtliche Gleichbehandlung der Fremden gehe, zugleich aber eine „Differenz-Aufmerksamkeit", die Wahrnehmung der kulturell Anderen „mit demselben Ernst [...], mit dem wir selbst wahrgenommen werden wollen".[10]

Die Gesellschaft für interkulturelle Seelsorge und Beratung (SIPCC) hat seit den 1980er Jahren in internationalen Seminaren Konzepte interkultureller Seelsorge entwickelt, die in das „Handbuch interkulturelle Seelsorge" Eingang gefunden haben. Dort beschreibt Helmut Weiß das Konzept interkultureller Seelsorge folgendermaßen: „Interkulturelle Seelsorge und Beratung verbindet Interkulturalität mit religiösen Wahrheiten, christlichem Glauben und psychosozialen Erkenntnissen [...], entwickelt Einstellungen und Methoden, Menschen aus verschiedenen Kulturen auf kompetente und professionelle Weise Lebensbegleitung anzubieten."[11]

Studien zur Seelsorge und Beratung im Umfeld kultureller Minderheiten, aber auch der Frauenkultur in den USA wurden vorgelegt.[12] Ich selbst habe in meinem Buch „Interkulturelle Seelsorge"[13] ein Modell interkultureller Seelsorge entwickelt, das auf der Grundlage des hier skizzierten Kultur- und Hermeneutikkonzepts und der Praxis interkultureller Seelsorge in Brasilien Impulse aus der Befreiungstheologie, der narrativen Theologie, des Konstruktivismus der systemischen und der narrativen Therapie verbindet.

In der Mehrheit sind sich die Forscher*innen darin einig, dass Interkulturelle Seelsorge den Übergang von einem existenzialontologisch-anthropologischen Seelsorgemodell, das die Autonomie der Persönlich-

---

10 *Albrecht Grözinger:* Differenz-Erfahrung. Seelsorge in der multikulturellen Gesellschaft, Waltrop 1995, 24.

11 *Helmut Weiß:* Die Entdeckung interkultureller Seelsorge. Entwicklung interkultureller Kompetenz in Seelsorge und Beratung durch internationale Begegnungen, in: Karl Federschmidt u.a. (Hg.): Handbuch interkulturelle Seelsorge, Neukirchen-Vluyn 2002, 36.

12 Vgl. *Archie Smith:* The relational self. Ethics and therapy from a Black Church perspective, Nashville 1982; *Edward P. Wimberley:* African American pastoral care, Nashville 1991; *Jeanne St. Moessner:* Through the eyes of women. Insights for pastoral care, Minneapolis 1996; *Christie C. Neuger* (ed.): The arts of ministry. Feminist-womanist approaches, Louisville 1996.

13 Schneider-Harpprecht 2001.

keit und des individuellen Selbst in den Mittelpunkt stellt, zu einem systemischen Seelsorgemodell erforderlich macht,[14] das von der wechselseitigen Bezogenheit verschiedener sozialer Systeme und Subsysteme ausgeht. Die Art und Weise, wie diese Systeme strukturiert und organisiert werden, ist ebenso abhängig von kulturellen Vorgaben wie das Verstehen der Beziehungen, die sich in ihnen ereignen, und die Bedeutung, die Menschen ihrem Verhalten in ihnen zuweisen.

3. Konzept: Interkulturelle Seelsorge als kulturell sensible Hilfe zur Lebensgestaltung

Interkulturelle Seelsorge ist kulturell sensible Hilfe zur Lebensgestaltung von Individuen und Gruppen im Kontext des Ökosystems durch die christliche Gemeinde für ihre Mitglieder und die Außenstehenden, die sie suchen. Aufgrund der Voraussetzung des christlichen Glaubens aufseiten der Seelsorger*innen zielt sie auf die Befähigung von Menschen und Gruppen zu selbstorganisiertem Verhalten im Alltag und in Konflikt- oder Krisensituationen, in dem diese ihre Möglichkeiten, als geliebte Geschöpfe Gottes zu handeln, wahrnehmen. Ihre soziale Basis ist die menschliche Kommunikation, ihr Spezifikum die Einladung zum glaubenden Verstehen und zur Veränderung von Situationen und Konflikten des Lebens im Dialog mit der jüdisch-christlichen Überlieferung. Man kann sich die Frage stellen, ob diese Bestimmung der interkulturellen Seelsorge erweitert werden kann hin zu einem religiösen Verständnis von Seelsorge als kulturell sensibler religiöser Hilfe zur Lebensgestaltung im Ökosystem durch religiöse Gemeinschaften oder einzelne Menschen, die in ihrem Auftrag handeln. Ob Seelsorge nun christlich, evangelisch, katholisch, islamisch oder jüdisch ist, wird bestimmt durch den religiösen Kontext, in dem sie geschieht, sowie die religiöse Identität der Seelsorgerin bzw. des Seelsorgers. Das verbindende Element der Seelsorge in verschiedenen Religionen ist dann die ethische Aufgabe der

---

14 Vgl. *Larry Kent Graham*: Care of persons, care of worlds. A psychosystems approach to pastoral care and counseling, Nashville 1992, 32-41.

Lebensgestaltung. Als Gemeinsames wird hier vorausgesetzt, dass Menschen eine religiöse oder weltanschauliche Orientierung haben bzw. dafür offen sind und dass sie vor der Aufgabe stehen, ihr Leben in der Gemeinschaft zu gestalten. Dieses Gemeinsame ermöglicht dann auch die Zusammenarbeit von Seelsorger*innen unterschiedlicher religiöser Herkunft.

Die interkulturelle Seelsorge erfordert interkulturelle Kompetenz der Seelsorgerinnen und Seelsorger. Interkulturelle Kompetenz erweist sich und bildet sich in der Art und Weise, wie wir es lernen, mit Differenzerfahrungen umzugehen. „Bei Interkulturalität geht es nicht um Durchlässigkeit im Sinne einer Diffusion von Kontextgrenzen. Dies würde die jeweilige Eigenheit gefährden; die Angst vor Identitätsverlust und Überfremdung würden verständlicherweise zu Abwehr und Verteidigung führen. Es geht vielmehr um Grenzüberschreitungen auf der gesicherten Basis signifikanter und daher gesellschaftlich produktiver Unterschiedlichkeit."[15] Zentrale Aspekte interkultureller Kompetenz sind die Fähigkeit, „Differenzkonstrukte" zu analysieren, also Sinnkonstrukte von Grenzen aufgrund der Zugehörigkeit zu einem Geschlecht, einer Ethnie oder einer Lebensform. Ebenso ist die kommunikative „Fähigkeit, die Spannung, die bei der Begegnung zwischen ,Eigenem' und ,Fremdem' [...] entstehen können, [...] zu reflektieren", erforderlich, Kommunikationsabläufe zu verstehen und daraus entstehende Missverständnisse und Konflikte aufzuklären.[16] Im Kern geht es hier wie auch in der interkulturellen und interreligiösen Pädagogik um die Fähigkeit, einen Perspektivwechsel zu vollziehen.[17]

---

15 *Markus Breuer/Beate Steinhilber/Ilhan Tomanbay:* Interkulturelle Begegnung. Erfahrung im deutsch-türkischen Studierendenaustausch, Freiburg 2004, 124.

16 A.a.O, 126.

17 Vgl. *Friedrich Schweitzer:* Interreligiöse Bildung. Religiöse Bildung als religionspädagogische Herausforderung und Chance, Gütersloh 2014.

4. Praxisrelevanz: Das methodische Vorgehen der interkulturellen Seelsorge

Interkulturelle Seelsorge bezieht Elemente der Kulturerkundung oder Kulturanalyse in die Kommunikation ein. Dabei achtet sie auf den Einfluss, den Sprache und Sprachschwierigkeiten, kulturelle Bilder von der Familie, der Rolle von Mann und Frau, Werte und Normen, Konzepte von Autorität und Macht, religiöse und philosophische Bilder von der Welt und vom Menschen und die Riten und Bräuche gelebter Religion auf das haben, was die Menschen im Gespräch sagen.

Der Übergang von der interkulturellen zur interreligiösen Seelsorge ist fließend. Sie wird zur interreligiösen Seelsorge, wenn das Zusammenleben von Menschen verschiedener Religion zum Thema der Beratung wird und wenn es mit Menschen anderer religiöser Prägung zum Gespräch kommt. Da Seelsorger*innen keine Spezialist*innen für viele verschiedene Kulturen sein können, sind sie meist darauf angewiesen, den kulturellen Aspekt der Wirklichkeitskonstruktionen im Gespräch selbst zu entdecken. Methodisch müssen sie eine zusätzliche Feedbackschleife in den Prozess des Verstehens einführen oder einfacher gesagt: sich erkundigen nach dem kulturellen Hintergrund von etwas, das der oder die andere geäußert hat. Es geht also darum, von den Gesprächspartner*innen in der Seelsorge gezielt Informationen zu bekommen, wenn eine Aussage oder Verhaltensweise unverständlich ist, Irritationen hervorruft oder fragwürdig erscheint.

In der gelingenden interkulturellen Kommunikation machen die Gesprächspartner*innen die Kulturunterschiede ausdrücklich zum Thema der Kommunikation und können sich zugleich als Expert*innen für die jeweils eigene Kultur wechselseitig beraten. Dabei handelt es sich nicht um eine Art von Metakommunikation über die Art, wie beide miteinander kommunizieren, womit die Kommunikation unterbrochen würde. Vielmehr wird schlicht der kulturelle Unterschied oder die kulturelle Bedeutung des Gesagten als Thema in die Kommunikation eingeführt. Im Akt der Kommunikation wird in einer zusätzlichen Feedbackschleife die möglicherweise verschiedene Bedeutung von Aussagen

im kulturellen Kontext angesprochen.[18] Dies ist insbesondere bei wahrnehmbaren Kommunikationsstörungen notwendig.

5. Praxisbeispiel: Interkulturelle systemische Seelsorge im Kontext Brasiliens

An einem Beispiel aus der interkulturellen Seelsorge in Brasilien, die
dort in der Arbeit mit Menschen aus dem Kontext der Armut entwickelt
wurde, soll eine mögliche Vorgehensweise der interkulturellen systemischen Seelsorge erläutert werden. Die Gespräche mit der Familie
wurden von einem Seelsorge-Tandem bestehend aus einem Pfarrer und
einer Beraterin geführt.

Ein ca. 50 Jahre altes Ehepaar kommt mit seinem 21 Jahre alten
Sohn zur Seelsorge. Er leidet an einer Schizophrenie und war deswe-
gen schon mehrfach für mehrere Monate in der psychiatrischen Klinik.
Sie beklagen sich, dass sich sein Zustand nicht bessere, dass er immer
wieder starke Ängste habe vor Stimmen von Geistern, die zu ihm sprechen, und dass er dann nachts weglaufe oder schreie und verzweifelt
um sich schlage. Auch sei er sehr unruhig, laufe herum, spreche laut,
so dass die Eltern nicht zur Ruhe kommen. Da der Sohn arbeitslos ist
und kein eigenes Einkommen hat, ist er darauf angewiesen, bei den
Eltern zu wohnen. Die Eltern sind enttäuscht von den Aufenthalten in
der psychiatrischen Klinik und wissen nicht, ob die dortige Behandlung
hilfreich ist. Die Mutter sagt, dass sie der Meinung sei, die Krankheit
habe spirituelle Ursachen und müsse auf spirituellem Weg bearbeitet
werden. Auf die Frage, wie sie denn mit den akuten Krisen des Sohnes
umgehen, antwortet sie: Wir sind in einer Pfingstkirche und rufen die
Nachbarn und die Geschwister aus der Gemeinde. Mit ihnen bilden wir
eine Gebetskette gegen den Dämon. Sie berichtet, dass sie ein spirituelles Medium in einem Umbanda-Zentrum war. Das heißt: Sie gehörte
zum engen Kreis der Personen, die Rituale an einem afrobrasilianischen

---

18 Vgl. dazu *Helga Losche*: Interkulturelle Kommunikation, Augsburg ²2000, 64.

Kultzentrum geleitet haben. Sie wurde durch eine afrikanische Gottheit, einen Orixá, berufen. Diese Gottheit hat sie während der Kultzeremonien inkorporiert, d.h. sie war davon überzeugt, dass der Geist des Orixá von ihr Besitz nimmt und durch sie spricht. Nun hat sich diese Frau aber unter dem Einfluss einer der Pfingstkirchen zum Christentum bekehrt und ist aus dem afrobrasilianischen Kultzentrum in eine Pfingstgemeinde gewechselt. Sie berichtet, dass sie den Einfluss der afrikanischen Geister hinter sich gelassen habe, aber dass diese noch um sie kämpften. Am Kultzentrum würden magische Rituale veranstaltet, um sie zurückzuholen. Sie würde das genau spüren. Aber sie sei stark im Glauben und könne den Angriff der Geister abwehren, nur ihr Sohn sei schwach. Darum würde ihn die Kraft der magischen Rituale treffen und das mache ihn krank. Sie und ihr Mann sind also der Überzeugung, dass die Krankheit des Sohnes durch Geister verursacht ist und dass sie im Zusammenhang des spirituellen Krieges zwischen afrobrasilianischem Kult und Pfingstkirche zu verstehen sei.

In der Seelsorge gehen wir folgenderweise vor:
Wir klären das Ziel, das die Klient*innen für die Beratung haben. Wir klären mit ihnen, welche Lösungswege möglich sind und fragen auch nach Lösungen, die sie schon ausprobiert haben und die gescheitert sind. Wir suchen nach den Ressourcen, die zur Erreichung des Ziels zur Verfügung stehen. Wir begleiten sie in der Beratung bei ersten Schritten auf dem Lösungsweg und coachen sie, wenn es Schwierigkeiten, Fragen oder Probleme gibt.

Konkret fragen wir die Eltern und den Sohn, was sie sich als Ergebnis wünschen. Der Sohn will zur Ruhe kommen und nicht mehr so geplagt werden von den Stimmen der Geister. Die Eltern wollen zur Ruhe kommen und nicht mehr nachts durch den Sohn gestört werden oder sich Sorgen machen, weil er verwirrt in der Stadt unterwegs ist. Wir fragen, welche Ressourcen sie zur Verfügung haben, um das Ziel, zur Ruhe zu kommen zu erreichen. Sie nennen das Gebet, die Gemeinschaft in der Gemeinde, dann aber auch die Medikamente, die der Sohn bekommt. Schließlich denken sie ganz konkret darüber nach, dass er ein Zimmer am Eingang des Hauses oder in einem abgetrennten Teil bekommen kann, sodass er die Eltern nicht mehr im Schlaf stört.

In der Begegnung erkennen wir, dass die Mutter die dominante Person in der Familie ist, während der Mann eher eine schwache Position hat. Bevor er Christ wurde, hat er getrunken und hatte Beziehungen mit anderen Frauen. Was die Familienmitglieder berichten, passt zu dem, was wir über die Familienstruktur in Familien der Popularkultur in Brasilien und Lateinamerika beobachtet und gelesen haben. Diese Familien sind matrifokal, d. h. der Vater ist zwar offiziell der Chef der Familie, in der Praxis bestimmt jedoch die Mutter das Alltagsleben der Familie und übt ihre Macht in der Familie über den lebenslangen Einfluss auf den ältesten Sohn aus, der alles dafür tut, um die Wünsche der Mutter zu erfüllen. Außerdem pflegen die Familien aus der Unterschicht und unteren Mittelschicht eine kollektive und keine individuelle Kultur, d.h. die Familie ist wichtiger als der Einzelne, die Zugehörigkeit zur Gemeinschaft hat Vorrang vor der beruflichen Karriere des Einzelnen, die Loyalität in Beziehungen ist wichtiger als rationale Ziele usw.

In der Seelsorge bestärken wir die Eltern und den Sohn, in der Gemeinschaft der Gemeinde und im gemeinsamen Gebet, spirituelle Stärkung zu erfahren, so dass sie Kraft finden, den Sohn mit seiner Krankheit zu akzeptieren und trotzdem Widerstand zu leisten, wenn die Angst zu groß wird und die Krisen von Gewalt oder den Rückzug nicht zuzulassen. Als Christ*innen gehen wir in der Seelsorge davon aus, dass Jesus Christus in seinem Tod am Kreuz die Welt mit Gott versöhnt und die Macht des Bösen besiegt hat. Darum glauben wir nicht, dass die Schizophrenie von Geistern verursacht wurde. Aber das spielt keine Rolle, weil wir die Sichtweise der Klient*innen akzeptieren und bei unserer Intervention von ihrer Perspektive ausgehen. Wir regen sie aber zu einer neuen Sichtweise an. Darum übersetzen wir die Botschaft vom Sieg Jesu Christi über die Mächte und Gewalten in die symbolische Welt der Klient*innen. Wir sagen ihnen, dass die Geister den Kampf schon verloren haben, dass sie deshalb ruhig sein können, aber dass es gut und wichtig ist, gemeinsam mit den Geschwistern in der Gemeinde zu beten, um Kraft zu schöpfen und zur Ruhe zu kommen. Wir sprechen am Ende auch selbst ein Gebet mit den Klient*innen und, wenn sie dies wünschen, segnen wir sie im Vertrauen auf die Macht Gottes, die das Böse überwunden hat.

Wir gehen aber auch davon aus, dass die medizinische Hilfe durch Psychotherapie und Psychopharmaka, die der Psychiater dem kranken Sohn verschreibt, eine gute Gabe Gottes ist, die auf jeden Fall als Ressource genutzt werden soll. Darum wollen wir den Sohn und die Eltern motivieren, die psychiatrische Hilfe weiterhin in Anspruch zu nehmen und die verschriebenen Medikamente regelmäßig einzunehmen. Wir gehen davon aus, dass die Medikamente helfen, das Ziel, mehr zur Ruhe zu kommen, zu erreichen. Wir betrachten es als zentrale Aufgabe interkultureller Seelsorge in diesem Fall, eine Brücke zu bauen zwischen der symbolischen Welt der Klient*innen, die von fundamentalistischer Frömmigkeit und einem expressiven traditionellen Geisterglauben bestimmt ist, und der Welt der modernen Medizin und Naturwissenschaft. Dabei hat das Argument, dass die moderne Medizin eine gute Gabe Gottes des Schöpfers ist, eine Schlüsselfunktion – übrigens auch, wenn der Arzt, der sie verschreibt, selbst kein Christ ist.

Kontaktaufnahme mit den Klient*innen, Exposition des Problems, Festlegung des Ziels der Seelsorgearbeit mit den Klient*innen, Erarbeiten von Lösungsvorschlägen, Aktivierung von Ressourcen und Begleitung bei den Schritten zur Lösung sind die Grundelemente dieser Vorgehensweise systemischer interkultureller Seelsorge.

Helmut Weiß und Abdelmalek Hibaoui

Interreligiöse Seelsorge

Vorbemerkung

Dieser Aufsatz hat zwei Autoren, die interreligiöse Seelsorge beleuchten: Helmut Weiß ist Christ, Abdelmalek Hibaoui Muslim. Schon durch diese Autorenschaft wird die Begrenzung unserer Ausführungen deutlich. Dennoch: Wie kommen unterschiedliche Glaubenstraditionen zusammen? Wie können unterschiedliche Seelsorgeperspektiven miteinander ins Gespräch kommen? Unsere Intention ist nicht, die Unterschiede zu negieren, sondern zunächst die Gemeinsamkeiten wahrzunehmen und zu formulieren. Wir wollen deutlich machen, dass es im Kontext von multireligiösen Gesellschaften nützlich ist, Seelsorge im Gespräch mit Seelsorgerinnen und Seelsorgern aus unterschiedlichen Religionen zu reflektieren und zu beschreiben.

1. Ausgangspunkt: Säkularisation – Religion – Religionen – Spiritualität als Problemfelder interreligiöser Seelsorge

Interreligiöse Seelsorge reagiert einerseits auf die Diskussion um Religion und die Bedeutung von Religion für Einzelne und für die Gesellschaft und andererseits auf die zunehmende Multireligiösität in unseren europäischen Gesellschaften (durch jahrzehntelange Migrationsbewegungen).

Unsere Ausgangsfragen sind: Wie kann in zunehmenden „säkularen" Gesellschaften im seelsorglichen Kontakt mit Menschen Religion eine Rolle spielen? Wie kann Religion als „Deutung des Lebens"[1] und als Lebenshilfe zu einer Ressource in der Seelsorge werden? Wie kann

---

1 Vgl. den Titel von *Wilhelm Gräb*: Religion als Deutung des Lebens, Perspektiven einer Praktischen Theologie gelebter Religion, Gütersloh 2006.

zwischenmenschliche Begegnung fruchtbar werden, wenn Menschen
aus unterschiedlichen Religionen beteiligt sind? Welche Kennzeichen
hat Seelsorge dann?

Noch 2004 beginnt Michael Klessmann sein Buch „Pastoralpsychologie" mit dem Satz: „These: Pastoralpsychologie als Grunddimension der
Praktischen Theologie untersucht Kommunikationsprozesse im Bereich
von Religion und Kirche".[2] Beim Stichwort Religion ist der Autor sofort
bei Kirche, also einer christlichen Ausprägung von Religion. Andere
Religionen sind laut Begriffsregister nicht im Blick. Inzwischen aber
gibt es in der Praktischen Theologie intensive Versuche, die Bedeutung
von Religion für Gesellschaft und Individuum neu zu reflektieren und
für Seelsorge fruchtbar zu machen. Interreligiöse Seelsorge schaltet sich
in diesen Diskurs ein und stellt Seelsorge als „religiöse Kommunikation" aus unterschiedlichen religiösen Traditionen dar. Interreligiöse
Seelsorge will nicht eine einheitliche Seelsorge der verschiedenen Religionen schaffen, sondern sich ihres interreligiösen Kontextes bewusst
werden und dadurch neue Dimensionen kennenlernen.

Unser gesellschaftlicher Kontext ist gekennzeichnet von Religions-
vielfalt und subjektivierter Spiritualität. Die sprunghafte Entwicklung
von interreligiösen und interkulturellen Diskursen sowie interreligiösen und interkulturellen Projekten und Bildungsangeboten zeigen den
Bedarf und Wunsch nach mehr Kenntnis über andere sowie einen Wandel im Umgang mit der gesellschaftlichen Realität.[3] Es braucht Räume
und Gelegenheiten, wo sich Menschen unterschiedlicher religiöser
Zugehörigkeit begegnen und wo sie das Gespräch miteinander suchen,
um für Menschen mit ihren Bedürfnissen und Nöten hilfreich zu sein.

Ein weiterer Hintergrund für die Notwendigkeit, sich mit interreligiöser Seelsorge auseinanderzusetzen, ergibt sich aus der aktuellen
Thematik um Spiritualität und „spiritual care".[4] Werden durch eine

---

2 *Michael Klessmann*: Pastoralpsychologie. Ein Lehrbuch, Neukirchen-Vluyn 2004,
   17.
3 Vgl. *Hamideh Mohagheghi*:Überlegungen zur interreligiösen Seelsorge aus muslimischer Sicht, in: *Helmut Weiß/Karl Federschmidt/Klaus Temme* (Hg.): Handbuch
   Interreligiöse Seelsorge, Neukirchen-Vluyn 2010, 129-135, 129.
4 Vgl. den Beitrag von Traugott Roser in diesem Band.

Konzentration auf Spiritualität und Sinnsuche und mit der Praxis der „spiritual care" traditionelle religiöse Prägungen überholt – und damit auch eine religiös motivierte Seelsorge?

2. Theoretische Hintergründe: Seelsorge als religiöse Kommunikation

In einer deutlichen Abgrenzung zu einem „missionarischen Auftrag" einer bestimmten Religionsgemeinschaft, in dem der Mensch zur Annahme eines anderen Glaubens eingeladen wird, verstehen wir in diesem Aufsatz unter Seelsorge „ein religiös intendiertes und motiviertes, psycho-sozial-professionelles und ethisch-reflektiertes Angebot an Menschen in einer Notlage zur Wiederherstellung sozialer Handlungsfähigkeit"[5].

Judentum, Christentum und Islam leben aus dem Grundsatz, dass die Zuwendung zu Menschen in Not und im Leiden Grundlage religiösen Handelns ist. Auch der Buddhismus kennt „compassion" mit den Leidenden[6] und benützt vor allem Meditation, um für Menschen hilfreich zu sein.[7] Die Sorge um den Menschen kann als universale anthropologische und religiöse Größe betrachtet werden und es wäre ein Verlust, wenn die religiösen Ressourcen des Helfens brach liegen blieben. „Eine Ethik des Helfens aus dem Geist der Religionen [macht es] erforderlich, dass Menschen, die für die Seele sorgen, ihre spirituelle Weisheit weltweit teilen und voneinander lernen."[8]

---

5 *Abdelmalek Hibaoui*: Islamische Seelsorge und Beratung im Kontext pluraler Gesellschaft, in: *Isabel Noth/Georg Wenz/Emmanuel Schweizer* (Hg.): Seelsorge und Spiritual Care in interkultureller Perspektive, Göttingen 2017, 101-114, 101.

6 Vgl. *Friedhelm Hardy*: The religious culture of India, Power, Love and Wisdom, Cambridge 1996, 360f.: „[...] 'compassion' is found in many forms of Buddhism as an active, driving force, stimulating a positive commitment to society and history".

7 Vgl. *Ronald C. Maddox*: Seelsorgerliche buddhistische Präsenz im Gesundheitswesen, in: *Helmut Weiß/Karl Federschmidt/Klaus Temme* (Hg.): Ethik und Praxis des Helfens in verschiedenen Religionen, Neukirchen-Vluyn 2005, 205-216, 205ff.

8 *Kathleen Greider*: Impulse für eine Ethik des Helfens in meinem christlichen Kontext. Eine Auseinandersetzung mit den buddhistischen Beiträgen, in: Weiß/Federschmidt/Temme 2005, 228-232, 232.

Aus unterschiedlichen Quellen lässt sich also der Ansatz der interreligiösen Seelsorge begründen. Die Lebenspraxis etwa Jesu und des Propheten Mohammed (arab. Sunna) lassen sich als Orientierungsmuster für den Umgang mit Krisensituationen deuten. Beide beschreiben die Gemeinschaftspflicht für alle Menschen, Kranken und Schwachen beizustehen, wie es sowohl das Matthäusevangelium in Kap. 25,40 „Was ihr getan habt einem von diesen meinen geringsten Brüder, das habt ihr mir getan" als auch ein Hadith ausdrücken: *„Allah der Mächtige und Erhabene spricht am Jüngsten Tag: [...] „Hast du nicht bemerkt, dass einer meiner Diener krank war, und du hast ihn nicht besucht? Hast du nicht gewusst, dass – wenn du ihn besucht hättest – du mich bei ihm gefunden hättest [...]".*[9]

Der Dienst am Menschen bildet einen zentralen Baustein des christlichen, jüdischen und islamischen Ethos[10] – und auch anderer Religionen. Aus diesem anthropologischen Indiz wird eine Norm für ein menschliches Miteinander in Würde formuliert. Mit Gott leben bedeutet vor diesem Hintergrund, mit den Menschen leben. Für Gott leben heißt, für die Menschen leben, ihr Menschsein in allen Höhen und Tiefen mitempfinden und so die eigene Verantwortung gegenüber den Mitmenschen wahrnehmen.

Religiös motivierte Seelsorge kann in säkularen Kontexten durchaus eine wichtige Rolle spielen. In der Fülle der Angebote zur Lebenshilfe hat sie die Aufgabe, immer wieder nach religiösen Kraftquellen zu suchen und sie zur Sprache zu bringen. Dabei hat für sie die „Sakralität der Person"[11] grundlegende Bedeutung über die religiösen Traditionen hinweg. „Seelsorge ist religiöse Kommunikation. [...] Es bedeutet

---

9   *Imām Abū Zakariyā Yahyā ibn Scharaf an-Nawawī*: Gärten der Tugendhaften „Riyād us-Sālihīn"(Band II), München ¹2002, 333.

10 In der prophetischen Tradition heißt es: *„Der Beste unter euch ist derjenige, der den Menschen am besten dient."* Abul-Qāsim sulaymān b. Ahmad Tabarānī, al-Mu'jam al-awsat, Kairo, 1415, 6/58, Hadith Nummer: 5787.

11 *Hans Joas*: Die Sakralität der Person. Eine Genealogie der Menschenrechte, Berlin 2015, 224: „Der Begriff der Seele hatte eine metaphysische Garantie für das enthalten, was ich Sakralität der Person nenne, das heißt, die Annahme eines heiligen, nicht durch eigene Leistungen erworbenen, aber auch nicht verlierbaren und zerstörbaren Kerns jedes menschlichen Wesens."

[...], dass Seelsorge als Teil des Religionssystems in besonderer Weise die Kontingenzerfahrung von Menschen zu adressieren vermag"[12] und Sinnzusammenhänge auch in den widersprüchlichen Erfahrungen der Wirklichkeit glaubt. Seelsorge wird zur gelebten Religion, indem sie „hoch irritierende und letztlich nicht still zu stellene Fragen"[13] im zwischenmenschlichen Kontakt aufnimmt und bearbeitet.

Aber was heißt „Religion"? Für Seelsorge, aber auch für den religiösen und gesellschaftlichen Diskurs ist es angebracht, uns über „Religion" zu verständigen. Hier ist eine Definition von Gerd Theißen hilfreich: „Religion ist ein kulturelles Zeichensystem, das Lebensgewinn durch Entsprechung zu einer letzten Wirklichkeit verheißt."[14] Gerade für Seelsorge in ihrer Auseinandersetzung mit den menschlichen Kontingenzen weist Religion auf eine „letzte Wirklichkeit", also auf Transzendenz, hin. Sie beschäftigt sich einerseits mit dem kulturellen, biographischen und psychologischen Zeichensystem der jeweiligen Person, andererseits aber auch mit der Frage, was letzgültigen Sinn macht. Bei vielen Menschen in Bedrängnis, Zweifel und Angst bricht diese Frage ohne Weiteres auf. Aber auch jede einzelne Seelsorgerin und jeder Seelsorger ist genötigt, im Lichte der jeweiligen seelsorglichen Begegnung zu klären, was „letzte Wirklichkeit" für sie und ihn in dieser konkreten Situation bedeutet. Seelsorge schärft unweigerlich den Sinn für existentielle Fragen und hört darauf, ob Ratsuchende in ihren gefährdenden Erfahrungen Spuren des Glaubens und der Hoffnung finden und in welchen Zeichensystemen sie sich ausdrücken.

Um „letzte Wirklichkeit" zu verstehen und sich ihr zu nähern, braucht es immer wieder den Dialog mit den Quellen der religiösen Traditionen, mit der Bibel, mit dem Koran, mit den Hadithen und den

---

12 *Isolde Karle*: Gefängnisseelsorge, in: *Wilfried Engemann* (Hg.): Handbuch der Seelsorge, Grundlagen und Profile, Leipzig ³2016, 658-675, 669. Vgl. auch *Helmut Weiß*: Seelsorge. Supervision. Pastoralpsychologie, Neukirchen-Vluyn 2011, 29ff.: Kontingenzerfahrungen und christliche Seelsorge.

13 *Armin Nassehi*: „Den Unterschied deutlich machen". Ein Gespräch mit dem Münchner Soziologen Armin Nassehi, geführt von Alexander Foitzik, in: HerKorr 63 (2209/6), 447-451, 448, zitiert nach Karle 2016, 669.

14 *Gerd Theißen*: Die Religion der ersten Christen. Eine Theorie des Urchristentums, Gütersloh 2000, 19f.

Glaubenserfahrungen der Mütter und Väter, der Schwestern und Büder. Es ist wichtig, die „heiligen Schriften" zu lesen und durch sie zu erfahren, welche Begegnungen die Menschen seit ursprünglichen Zeiten mit dem Heiligen gemacht haben – und wie wir bis heute daraus Kraft und Sinn für Leben und Sterben gewinnen können.

Für Seelsorge allgemein und für interreligiöse Seelsorge besonders ist es unausweichlich, sich mit Spiritualität auseinanderzusetzen. Spiritualität weist hin auf die Suche nach „Einheit, nach Verbundenheit mit dem Leben als Ganzes, mit anderen Menschen, mit der Natur, ‚mit einem den Menschen übersteigenden, umgreifenden Letztgültigen, Geistigen, Heiligen'"[15]. Man kann Spiritualität auch als „Aktualisierung des religiösen Bewusstseins"[16] verstehen, die die Subjektivität des Menschen ernst nimmt und ihm zugesteht, das Subjekt seines individuellen Glaubens zu sein. Die individuelle Person legt sich selbst im Bezug ihrer Sinnwirklichkeit aus.

3.   Konzept: Interreligiöse Seelsorge – zwischenmenschliche Annäherung in religiöser Differenz

3.1 Interreligiöse Kompetenz
In interreligiöser Seelsorge stehen nicht religiöse Inhalte im Vordergrund, sondern hilfreiche Beziehungen und ein breites Verständnis zwischenmenschlichen religiösen Helfens.[17] Seelsorge als interpersonale Beziehungsarbeit und „lebensbegleitende menschliche Begleitung"[18] lebt von Empathie, dem Einfühlen in die Emotionen der beteiligten Gesprächspartner, und von „Interpathie" als dem Prozess, in die Welt der Annahmen, Überzeugungen, Werte und Glaubenswelten des Ande-

---

15 *Michael Klessmann*: Seelsorge. Begleitung, Begegnung, Lebensdeutung im Horizont des christlichen Glaubens. Ein Lehrbuch, Neukirchen 2008, 192.
16 Gräb 2006, 41.
17 Vgl. *Helmut Weiß*: Grundlagen interreligiöser Seelsorge, in: Weiß/Federschmidt/ Temme 2010, 73-96, 93.
18 *Christiane Burbach*: Zum Proprium der Seelsorge in: Wilfried Engemann (Hg.): Handbuch der Seelsorge, Grundlagen und Profile, Leipzig 2016, 23-39,27.

ren einzutreten.[19] Dazu ist in interreligiöser Seelsorge interreligiöses Lernen grundlegend. Es geht darum, religiöse Identität zu entwickeln, andere Religionen inhaltlich kennen zu lernen und Verständigung mit anderen Menschen zu suchen. Dazu hat sich im Bereich Schule und Erwachsenbildung in den letzten Jahrzehnten eine ausdifferenzierte interreligiöse Didaktik entwickelt, die sich mit Inhalten, Praktiken und dem Verhältnis der Religionen untereinander beschäftigt und vielfältige Lernformen anbietet.[20] Interreligiöse Seelsorge profitiert von interreligiösem Lernen. Sie bietet einen geeigneten Raum für Austauschprozesse, in denen in gelebter Praxis Seelsorger*innen voneinander lernen. Die persönliche Begegnung bzw. das gemeinsame Gespräch sind gleichsam der „Königsweg" interreligiösen Lernens.[21] Es ist wichtig klarzustellen, dass interreligiöse Seelsorge nicht eine gemeinsame Seelsorge von unterschiedlichen Religionen bedeutet, sondern eine Seelsorge, die sich ihres interreligiösen Kontextes bewusst ist. Und dennoch: Durch gegenseitigen Austausch kann gegenseitiges religiöses Lernen und Verstehen wachsen und der eigene Glauben neue Nuancen bekommen.

Interreligiöse Seelsorge als religiöse Kommunikation setzt interreligiöse Kompetenz voraus.[22] Daher benötigen Seelsorger*innen, die in ihrem Alltag mit Menschen unterschiedlicher religiöser Beheimatung und kultureller Herkunft zusammenkommen, entsprechende Kompetenzen. Diese beinhalten nicht nur kognitives Wissen und kognitive Fähigkeiten über verschiedene Religionen und ihre Einbettung in Kulturen, sondern auch die Bewältigung komplexer zwischenmenschlicher und

---

19 Vgl. *David Augsburger*: Pastoral Counseling across Cultures, Philadelphia 1986, 14. Augsburger, *der* Pionier interkultureller und interreligiöser Seelsorge, hat den Ausdruck *interpathy* geprägt. „The intercultural counselor develops a special skill that we will call 'interpathy'. Interpathy enables one to enter a second culture cognitively and affectively."

20 Vgl. dazu ausführlich *Stephan Leimgruber*: Interreligiöses Lernen, München 2007, 113; Weiß 2010, 82-83.

21 A.a.O., 101.

22 Vgl. *Werner Höbsch*: Interreligiosität und Interkulturalität als Herausforderung für Seelsorge, in: *Josef Freise/Mouhanad Khorchide* (Hg.): Interreligiosität und Interkulturalität. Herausforderungen für Bildung, Seelsorge und Soziale Arbeit im christlich-muslimischen Kontext, Münster/New York/ München/ Berlin 2011, 165-172, 166-171.

emotionaler Anforderungen in konkreten Situationen, die mit Differenzen und Fremdheit zu tun haben. Ziel interreligiöser Kompetenz ist,
die konkrete Situation in ihrer Multikulturalität und Multireligiosität
wahrzunehmen und zu analysieren mit dem Ziel, das Wissen um Hintergründe und Zusammenhänge in die Gestaltung der seelsorglichen
Arbeit einfließen lassen zu können.[23] Aber gerade auch emotionale
Kompetenzen sind erforderlich: trotz Missverständnissen und Irritationen in Beziehung zu anderen zu bleiben und auch einen emotionalen
Ausgleich zu suchen.

Die Vermittlung interreligiöser Kompetenz hat des Weiteren das
Ziel, die Einzelnen zu befähigen, ihre Identität im multireligiösen Kontext zu bilden und in religiös heterogenen Gruppen verständig und
wertschätzend miteinander umzugehen und gemeinsam Verantwortung
zu tragen. Diese Kompetenz wird die eigene Religiosität stärken und die
der Anderen respektieren und versuchen, sie zu verstehen.[24]

Nach *Werner Höbsch* lässt sich interreligiöse Seelsorge auf drei
Schlüsselkompetenzen aufbauen:

(1) *Wissenskompetenz*: Die religiöse Vielfalt zeigt sich in konkreten Kontexten, deren Kenntnis unerlässlich für interreligiöse Seelsorge ist.
Zur Wissenskompetenz gehören Grundkenntnissen über Religionen.
Wer Menschen in ihren religiösen Bezügen verstehen möchte, wird
sich mit dem, was ihnen heilig ist, befassen müssen. Was ist die
Glaubensmitte der jeweiligen Religion? Welche zentralen Feste werden in den jeweiligen Religionen gefeiert? Welche Riten, Rituale,
Gebote, Verbote prägen den Alltag? Nicht nur die religiöse Landschaft zeigt sich als plural, sondern auch die einzelnen religiösen
Gemeinschaften müssen in ihrer Vielfältigkeit wahrgenommen werden. Die Vermittlung von Basiswissen über die Religionen gehört
zum Handwerkszeug interreligiöser Seelsorge.

(2) *Handlungskompetenz*: Hierunter wird die Fähigkeit verstanden, interreligiöses und interkulturelles Wissen auf konkrete Situationen und

---

23 A.a.O., 166.
24 Ebd.

in konkreten Handlungsfeldern der Seelsorge wie zum Beispiel in Gemeinden, Krankenhäusern, Gefängnissen, Altenheimen, Flüchtlingsunterkünften, Schulen etc. anzuwenden.

(3) *Haltungskompetenz*: In interreligiöser Seelsorge entscheidet die innere Einstellung und die eigene Haltung gegenüber anderen über Sichtweise und Umgang mit ihnen. Die Reflexion eigener Erfahrungen, Prägungen und Werte sowie der eigenen Glaubensbasis und der eigenen Motivation sind unerlässlich für die Entwicklung interreligiöser Kompetenz in der Seelsorge. Wie verorten sich die Einzelnen religiös? Welche Bedeutung hat für sie spirituelles Leben? Zu dieser und anderen Fragen gehört eine Auseinandersetzung mit dem eigenen Bild vom anderen Menschen, mit Vorurteilen und Ängsten, aber ebenso mit den eigenen Idealen und Wünschen. Haltungen sind nicht starr und unveränderlich, neue Erfahrungen und Begegnungen in interreligiöser Seelsorge können zu Änderungen von Haltungen führen.[25]

Interreligiöse Seelsorge erkennt *Andersartigkeit und Verschiedenheit als Ressourcen* an. Im Bereich der zwischenmenschlichen Begegnung wird die Erfahrung der grundsätzlichen Andersartigkeit und Fremdheit des Gegenübers entscheidend. Die Erfahrung religiöser Andersartigkeit ist ein unumgängliches Faktum. Menschen unterschiedlicher religiöser Prägung begegnen sich immer in der Erfahrung einer gewissen Fremdheit. Interreligiöse Kompetenz zeigt sich vor allem auch in gegenseitiger emotionaler Beziehungsarbeit: Wir nähern uns emotional einander an und nehmen gleichzeitig die reale und vorhandene Distanz wahr.[26]

---

25 A.a.O., 166-168.
26 Vgl. *Helmut Weiß*: Einander wahrnehmen und stärken. Voraussetzung und Kompetenzen für christliche-islamisches Lernen in der Seelsorge, in: *Georg Wenz/Talat Kamran* (Hg.): Seelsorge und Islam in Deutschland. Herausforderungen, Entwicklungen und Chancen, Speyer 2012, 106-126, 120.

3.2 Zur Hermeneutik der Beziehung in Differenz

„Interreligiöse Seelsorge erinnert daran, dass Seelsorge religiöse Aufgabe, religiöses Handeln und religiöse Deutung ist."[27] Sie nimmt also Seelsorge als „religiöse Kommunikation" ernst, bezieht eine Vielzahl von Religionen und Weltanschauungen ein und bleibt nicht nur bei dem „kulturellen Zeichensystem des Christentums", sondern setzt sich den Zeichensystemen des Judentums, des Islam und anderer Religionen aus, aber auch den Auffassungen etwa des Humanismus. Interreligiöse Seelsorge ist ihrem Wesen nach „Seelsorge im Plural" und in Vielfalt. „Interreligiöse Seelsorge ist offen für die Seelsorge in anderen Religionen. Religiöser Pluralismus fordert heraus, auch eine pluralistische Seelsorge zu entwickeln und unsere Seelsorge an andere Lebenshilfen anschlussfähig zu machen."[28] Dies aber bedeutet auch, dass sich nicht von vornherein bestimmen lässt, wann und wo Seelsorge geschieht. Seelsorge ist ein Geschehen, in dem gegenseitiges Vertrauen zwischen Fremden und Verschiedenen wächst, eine personale und empathische Beziehung hergestellt wird und die Suche stattfindet, was hilfreich werden kann. Ob dieses Geschehen dann von Ratsuchenden oder Seelsorgerinnen und Seelsorgern „Seelsorge" genannt wird, bleibt offen.

Interreligiöse Seelsorge als Gespräch zwischen unterschiedlichen Seelsorgekonzeptionen aus unterschiedlichen religiösen Traditionen schärft eigene Identitäten etwa von christlicher, islamischer, jüdischer und humanistischer Seelsorge. Es wird hier immer wieder auch um Abgrenzungen gehen, aber auch um neue Entdeckungen von Gemeinsamkeiten. Im Konzert der interreligiösen Dialoge hat Seelsorge den großen Vorteil, dass die Bezugspunkte für sie nicht Lehrsätze sind, sondern immer konkrete Personen mit ihren Bedürfnissen, existentiellen Fragen und Leiden, die danach suchen, für sich Sinn zu finden. Mit ihnen ist jeweils zu reflektieren, welche Ressourcen in der konkreten Lebenssituation Religion hat. Interreligiöse Seelsorge fördert die Kreativität des Umgangs mit der individuellen Situation von konkreten Menschen.

---

27 Weiß 2010, 93.
28 A.a.O., 91.

Interreligiöse Seelsorge bezeichnet die direkten *Begegnungen unterschied-licher Menschen* mit ihren Lebens- und Glaubensgeschichten, also mit ihrem Glauben und ihren kulturellen und religiösen Merkmalen. Diese Begegnungen entwickeln immer eine Dynamik, die voll von Fremdheit, Spannungen, Überraschungen, Schmerz und glückseligem Miteinander sein kann. Begegnungen in emotionaler Vielfalt (das Erzählen und Hören von Lebensgeschichten ist immer emotional), in Offenheit und Respekt sind oft mit Ungewissheit verbunden und in manchen Fällen sogar mit unbewussten Verletzungen. Es ist daher notwendig, immer wieder die Begegnungsprozesse zu reflektieren. Sie erfordern ein Verständnis *interreligiöser Hermeneutik.*

Die Kommunikation zwischen Menschen hängt von kulturellen Zeichen ab. Zeichen, die von einer Person zur anderen gesendet und empfangen werden, sind kulturell kodiert und müssen von den Partner*innen entschlüsselt werden. Dies gilt vor allem auch für religiöse Sprachsysteme und religiöse Kommunikation. Wie kann „Verstehen" geschehen, wenn verschiedene Sprachsysteme aufeinandertreffen? Hier kann ein Einblick in Friederich Schleiermachers „Leitsätze zur Hermeneutik" hilfreich sein: „Die laxere Praxis [...] geht davon aus, dass sich das Verstehen von selbst ergibt und drückt das Ziel negativ aus: Missverstand soll vermieden werden. [...] Die strengere Praxis geht davon aus, dass sich das Missverständnis von selbst ergibt und dass Verstehen auf jedem Punkt muss gewollt und gesucht werden."[29]

In interreligiösen Kontexten ist Kommunikation Missverständnissen, noch-nicht-Verstehen und ungenügendem Verstehen aufgrund unterschiedlicher Zeichensysteme ausgesetzt. Die Gesprächspartner*innen müssen an der Kommunikation „arbeiten" (Meta-Kommunikation), um sich einander anzunähern. Es ist jedoch wichtig, dass sie Kommunikation wollen und suchen, indem sie aufmerksam zuhören und die Botschaften im wörtlichen und symbolischen Sinn zu sich hin „übersetzen". Die Arbeit, einander näher zu kommen, erfordert kommunikative Sorgfalt, Sensitivität und Geduld, denn alle Beteiligten brauchen die

---

29 *Friedrich D. E. Schleiermacher*: Hermeneutik und Kritik (hg. von *Manfred Frank*), Frankfurt a.M. 1977, 92.

Gewissheit, dass sie von den anderen nicht „überfahren" werden. Die Verschiedenheit darf bleiben. In der Regel ist interreligiöse Kommunikation eine *Beziehung in Differenz* und versteht sich nie von selbst.

Interreligiöse Seelsorge hat *gesellschaftliche und politische Bedeutung*. Sie weist darauf hin, dass sie die multireligiöse Gesellschaft wahrnimmt und in der Zusammenarbeit zwischen unterschiedlichen Religionen und vor allem mit Menschen, die auf Lebenshilfe angewiesen sind, einen Beitrag zum gesellschaftlichen Ausgleich beiträgt.

Interreligiöse Seelsorge geht *kritisch mit Religion und ihren Ambivalenzen* um. Ihr ist bewusst, dass Religion heilsame Ressourcen hat, aber auch Menschen gefährden kann, indem diese Normen und Lebensweisen absolut setzt.[30] Die Instrumentalisierung liefe auf einen Missbrauch Gottes hinaus, würde man ihn für das Allheilmittel halten, mit dem jegliches Problem gelöst werden kann. Statt den Menschen mit der Liebe und der Barmherzigkeit Gottes anzupredigen, gilt es, zuallererst so gut wie möglich erfahrbar werden zu lassen, was Liebe und Barmherzigkeit bedeutet und wie befreiend und wohltuend es ist, davon etwas im eigenen Leben zu spüren zu bekommen. Ganz fatal wird es, wenn man meint, mit dem Vollzug eines religiösen Rituals wie z.B. der Spendung eines Sakramentes wie – im katholischen Raum – Beichte oder Krankensalbung sei genug für den betroffenen Mensch getan.[31] Das Gleiche gilt auch für die Verwendung von Koranrezitation oder dem Lesen von Bibelversen, die nicht dem Kontext der betroffenen Personen entsprechen. Wenn Religion zur nicht hinterfragbaren Instanz gemacht wird und sich fundamentalistisch oder ritualistisch gebärdet, bleibt interreligiöse Seelsorge bei ihrer Hermeneutik der Offenheit und des Fragens: Was entspricht „hier und jetzt" den Menschen in ihrer Situation und ist hilfreich für sie? Seelsorge widersetzt sich allen Bemühungen der Mani-

---

30 In einem Workshop des Internationalen Seminars der Gesellschaft für Interkulturelle Seelsorge und Beratung (SIPCC) in Wien 2018 nannte *Prof. Daniel Schipani* aus den USA religiösen Fundamentalismus „ungesunde oder gar toxische Spiritualität".

31 Vgl. *Norbert Mette*: Seelsorge in christlichen Verständnis, in: *Bülent Ucar/Martina Blasberg-Kuhnke* (Hg.): Islamische Seelsorge zwischen Herkunft und Zukunft, Frankfurt a.M. u.a. 2013, 61-70, 67.

pulation und der willenlosen Unterwerfung und bleibt auf der Seite einer Ethik der Würde, der Selbstbestimmung und der Sakralität der Person.

Kurz gesagt: Interreligiöse Seelsorge ist Seelsorge angesichts der Vielfalt der Religionen. Sie reflektiert in Praxis und Theorie, wie seelsorgliche Begegnungen und Beziehungen zwischen Menschen mit unterschiedlichen religiösen Traditionen und spirituellen und weltanschaulichen Auffassungen so hilfreich werden können, dass für sie daraus „Lebensgewinn" entsteht.

4. Praxisrelevanz: Interreligiöse Seelsorge in verschiedenen Arbeitsfeldern

Seelsorge in einem multireligiösen Kontext wird zur interreligiösen Seelsorge. In vielen Bereichen arbeiten Seelsorger*innen verschiedener Glaubensgemeinschaften zusammen, tauschen sich aus und lernen voneinander und miteinander. In manchen Ländern ist diese Zusammenarbeit wesentlich weiter entwickelt als in Deutschland, aber auch hier setzt sich immer mehr die Erkenntnis durch, wie sinnvoll gemeinsame Bemühungen sind, den Menschen religiös geprägte Lebenshilfe anzubieten. In einer Anzahl von Arbeitsbereichen wird bereits interreligiöse Seelsorge in Zusammenarbeit praktiziert: Christliche, jüdische und muslimische Seelsorger*innen wenden sich Ratsuchenden zu und gehen mit deren religiösen und weltanschaulichen Einstellungen sensibel um. In Krankenhäusern, Gefängnissen, in der Telefonseelsorge, Notfallseelsorge und Seelsorge mit Flüchtlingen gibt es bereits unzählige und fruchtbare Beispiele interreligiöser Seelsorge.[32] Ausbildung und

---

32 Hier ist z.B. im Bereich der Lehre das interreligiöse Seminar zu erwähnen, das seit 2016 jedes Jahr das Zentrum für Islamische Theologie zusammen mit der evangelischen Fakultät der Universität Tübingen Studierenden der Praktische Theologie der beiden Einrichtungen anbietet und auf großes Interesse stößt. In der Fortbildung bildet das Mannheimer Institut für Integration und Interreligiösen Dialog e.V seit 2014 muslimische Krankenhaus- und Gefängniseelsorger*innen in Zusammenarbeit mit muslimischen und christlichen Refererent*innen aus.

Forschung zur Seelsorge findet in vielen Bereichen statt – manchmal
interreligiös. Ganz deutlich ist: Muslimische Seelsorger*innen möchten gemeinsam mit den Kirchen aus deren – positiven wie negativen
– Seelsorgeerfahrungen lernen. So wird bereits jetzt in der konzeptionellen Entwicklung islamischer Krankenhausseelsorge, Notfallseelsorge, Gefängnisseelsorge etc. über Modelle von Standardisierung und
Qualitätssicherung nachgedacht. Muslimische Seelsorger*innen sollen
gemeinsam mit ihren christlichen Kolleg*innen ihr Ohr und ihre Hand
am Puls der Zeit haben und nach kreativen, ethisch reflektierten und
kommunikativ optimierten Antworten auf die immer neu entstehenden
Problemfelder und konfliktgeladenen Herausforderungen im säkularen
Feld z.B. der Klinik suchen. So können sich christliche, jüdische und
muslimische Seelsorger*innen als Schwestern und Brüder Seite an Seite
einer gemeinsamen Aufgabe stellen, nämlich *die Gegenwart des barmher-
zigen und liebenden Gottes* in den Begegnungen mit Menschen erlebbar
zu machen. Gottes Barmherzigkeit will die Bedürfnisse der Bedürftigen
erfüllen und schließt alle Menschen ohne Unterschied ein: Interreligiöse
Seelsorge wird zu einem Zeichen der universalen Würde jedes Menschen.

5.   Ein Praxisbeispiel: Noch einmal Beziehung in Differenz

Eine evangelische Krankenhausseelsorgerin reflektiert ihren Kontakt
mit einer muslimischen Patientin:

„Ein sehr intensives seelsorgliches Gespräch mit einer muslimischen Frau endet ganz anders, als ich es mir vorgestellt habe. Beim
Abschied sage ich ihr:»Ich werde für Sie zu Gott beten, dass er Ihnen
hilft. Und Sie werden zu Allah beten, dass er Ihnen hilft.« Die Frau
lächelt mich an und sagt:»Es ist der gleiche Gott.« Ich zögere, merke,
dass ich eigentlich nicht in das Thema einsteigen möchte, da für mich
an erster Stelle der Respekt vor anderen religiösen Überzeugungen
steht, und es mir wichtig ist, Religionen nicht einfach zu verschmelzen.

Die Frau merkt mein Unwohlsein. Sie lächelt, greift meine Hand und sagt: »Gott sagt: Er allein ist Gott. Und Allah sagt, es gibt nur ihn. Dann müssen sie wohl der gleiche sein.« Ich bin jetzt völlig verunsichert, schwanke zwischen Toleranz und Bekenntnis: »Das weiß ich nicht. Für mich ist es komplizierter.« Ich wünsche ihr noch alles Gute und verabschiede mich.“[33]

In diesem Beispiel aus dem Krankenhaus wird deutlich, dass der interreligiöse Kontakt Beziehung schafft und zugleich irritieren kann. Es bleibt eine Beziehung in Differenz. Für diese Seelsorgerin versteht sich das „Gottesbild“ der Patientin und ihr eigenes „Gottesbild“ nicht von selbst – für andere christliche Seelsorgerinnen und Seelsorger mag dies anders sein, so dass sie den Sätzen der Patientin durchaus zustimmen können. Nach der oben geschilderten Hermeneutik muss also über die Irritationen hinaus eine Annäherung zwischen den „Gottes-Symbolen“ (hier auch im wörtlichen Sinne von ‚symbolon‘ als Glaubensbekenntnis gemeint!) gesucht werden. Darüber müssten also Patientin und Seelsorgerin weiter kommunizieren, um zu einer Beziehung zu kommen, in der beide ohne gegenseitige Irritation sie selbst bleiben können. Solche Gespräche zu führen, gehört zur interreligiösen Kompetenz.

Gleichzeitig aber bleibt bei gelingenden oder auch irritierenden interreligiösen Begegnungen deutlich: Die Barmherzigkeit und Liebe Gottes ist größer als unsere menschliche Sicht und unser Glauben.

---

33 *Ulrike Mummenhoff:* Interreligiöse Seelsorge im Arbeitsfeld Krankenhaus, in: Weiß/Federschmidt/Temme 2010, 245-254, 247.

Mahmoud Abdallah

Seelsorge aus islamischer Perspektive

Sie [die Seele] vermag Stürme und Erdbeben hervorzurufen,
sündige Menschen hinwegzufegen und Städte zu vernichten.[1]

1. Ausgangspunkt: Wenn das Unerwartete eintrifft

Im 2010 erschienenen Roman *Vorliebe* von Ulrike Draesner spielt die
Autorin und Astrophysikerin Harriet Saramandipur die Hauptrolle,
deren bewegte Lebens- und Liebesgeschichte den Handlungsrahmen
vorgibt. Als Tochter einer Deutschen und eines Inders geboren, verschwand ihr Vater während ihrer frühen Kindheit. Zusammen mit
ihrem Partner, dem englischen Luftfahrtingenieur Ash, hat sie sich ein
in geordneten Bahnen verlaufendes Leben eingerichtet, das durch einen
Unfall urplötzlich aus den Fugen gerät. Als nämlich Ash die Radfahrerin
Maria übersieht, mit dem Auto anfährt und leicht verletzt, entpuppt
sich seine kurzzeitige Unaufmerksamkeit als Katalysator weitreichender
und für eine Figur des Romans gar tödlicher Entwicklungen.

Harriet Saramandipurs Geschichte zeigt auf dramatische Art und
Weise, dass das Leben nicht linear verläuft, sondern dass es von Sprün-
gen und Brüchen durchzogen wird. Wenn einem im Leben etwas Uner-
wartetes und Unerwünschtes widerfährt, ist man entsetzt, orientie-
rungs- und fassungslos. Im Bemühen, das eigene Leben wieder in den
Griff zu bekommen, stellt man sich dann die Frage „Warum?". Bei diesem „Warum?" schwingt jedoch mehr mit als der Versuch zu verstehen,
vielleicht geht es sogar überhaupt nicht darum. Denn Schicksalsschläge,
wie der unerwartete Verlust des eigenen Vaters in der Kindheit, wie es
der Hauptfigur in *Vorliebe* passierte, das plötzliche Auftreten von schwe-

---

1 ʿAḍud ad-Dīn al-Igi: al-Mawaqif, ed. ʿAbdulraḥmān ʿImīra Bd. 3, Beirut 1997, 330.

ren Krankheiten wie Krebs oder alltäglich kurzzeitige Unachtsamkeit
können das Leben eines Menschen komplett ändern – kann man das
„verstehen"? Das „Warum?" signalisiert viel mehr einen Hilferuf, eine
Bitte um Beistand, einen „zukunftsorientierten" Ruf. Die gebetsmüh-
lenartig wiederholte Frage zeigt, dass die Menschen einander brauchen
und sich gegenseitig Trost spenden können. Das „Warum?" ist eine Aufforderung an jeden Menschen, dem*der Hilfesuchenden beizustehen,
sodass er*sie die Krisensituation bewältigen kann. „Warum?" ist ein
Appell an ein religiös orientiertes seelsorgliches Handeln; ein expressi-
onistisches Wort, mit dem die großen Themen Barmherzigkeit, Gnade,
Liebe, Geduld und folgerichtig die Seele angerissen werden. Entsprechend schreibt der Theologe Mutschler im Vorwort seines Buches *Physik
und Religion*: „Tod, Schmerz, Leiden oder die Sehnsucht nach Gerechtigkeit sind auch heute noch die bedrängendsten [sic] existentiellen Fragen, auf die die Religion eine Antwort gibt."[2] Im eingangs erwähnten
Roman *Vorliebe* bleibt für Harriet auch am Ende des Romans die Frage
ungeklärt, was mit der Seele ihres Geliebten nach dem Tod passiert. Mit
ihrer Unwissenheit und Unsicherheit hadernd, beklagt die Protagonistin eine fehlende Spiritualität an der Trauerrede: „Gesprochen allein
für die Trauernden am Grab. Niemand versuchte auch nur, der Seele
den Weg in den Himmel zu bereiten."[3] Seelsorge kann Antworten auf
Fragen geben, auf welche die Wissenschaft – ungeachtet aller wissen-
schaftlicher Errungenschaften etwa in der modernen Medizin, welche
es vermag, Krankheiten zu heilen, Krankheitsverläufe zu verlangsamen
und Menschen künstlich am Leben zu erhalten – keine abschließenden
Antworten liefern kann, wie etwa die Frage nach dem „Warum?". Wie
Seelsorge dies aus Islamischer Sicht tun kann, versuche ich auf den folgenden Seiten skizzenhaft zu erörtern.

---

2 *Hans-Dieter Mutschler*: Physik und Religion. Perspektiven und Grenzen eines Dialogs, Darmstadt 2005, 15.
3 *Ulrike Draesner*: Vorliebe, München 2010, 247.

2. Theoretische Hintergründe: Islamische Seelsorge oder Sorge um muslimische Seele?

Die islamische Theologie in Europa arbeitet momentan darauf hin, sich – ungeachtet etwaiger regionaler Unterschiede und Konzepte – einen neuen Begriff zu erschließen: Seelsorge. Die Forschung auf diesem Gebiet ist noch vergleichsweise jung, wenngleich das Handlungsfeld als solches im Islam schon seit Jahrhunderten existiert: „Auf religiöser Basis Halt zu geben, Trost zu spenden und Lebenskrisen konstruktiv zu begleiten, ist so alt wie der Islam selbst."[4] Oder in ähnlichen Worten: „Zwar gibt es im Koran für den Ausdruck ‚Seelsorge' keine direkte Entsprechung, aber sie wird als eine obligatorische Aufgabe, die die Seele von allen weltlichen und geistigen Risiken fernhält, verstanden und gelebt."[5]

Der Versuch, die Seele zu definieren, würde den Rahmen dieser Arbeit sprengen und wäre darüber hinaus nicht zielführend.[6] Allerdings soll hier zumindest angedeutet werden, dass der Einfluss der Seele auf den Menschen bereits seit der Frühzeit des Islam ein vieldiskutiertes Thema ist, vor allem wurde ihre Kraft frühzeitig anerkannt.

Dass Menschen bei Krankheiten Nahrungsaufnahme und Verdauung schwerer fallen und sie infolgedessen zur Unterlassung der Nahrungsaufnahme neigen, führte man früher darauf zurück, dass die Seele es versäume, den Körper zur Nahrungsaufnahme zu veranlassen, weil sie ganz damit beschäftigt sei, der Krankheit zu widerstehen und sie durch Auflösung und Zerstörung der schlechten Stoffe zu überwinden. Manche muslimische Philosophen sahen in der Seele sogar den Hauptgrund für die Prophetie und erklärten die prophetischen Wunder mit

---

4   *Mahmoud Abdallah*: Multiperspektivische Seelsorge? Muslimische Seelsorge zwischen Gesellschaft und Glaubensgemeinschaft, These 1, http://www.bpb.de/veranstaltungen/dokumentation/213730/workshop-6 (09.01.2018).

5   *Ali Seyyar*: Seelsorge in islamischer Tradition, in: *Georg Wenz/Talat Kamran* (Hg.): Seelsorge und Islam in Deutschland. Herausforderungen, Entwicklungen und Chancen, Speyer 2012, 35-44, 35.

6   Vgl. *Talat Kamran*: Psyche und Seele – eine mystische Betrachtung, in: *Mahmoud Abdallah* u.a. (Hg.): Grundlagen muslimischer Seelsorge – Sorgen der Seele muslimisch „begreifen" und „versorgen", Berlin 2019, im Druck.

den natürlichen Kräften der Seele. Sie, die Seele des Propheten, kann sogar auf seinen Wunsch Städte vernichten und Erdbeben hervorrufen, so al-Igi oben. So würden insbesondere reine Seelen unheimlich große Macht über den Körper ausüben. Wenn die Seele etwas als begehrenswert ansehe, würden sich die Glieder und die Kräfte des Körpers sofort ihren Wünschen fügen.

Was versteht man unter Islamischer Seelsorge? Kann man sagen, dass das Ziel der Seelsorge ihre Definition veranschaulicht? „Wer Ergebnisse erzielt, egal in welchem Bereich, ist gezwungen, sie zu benennen. Wer Ergebnisse erzielt, etwa bei der Beobachtung von Fischschwärmen oder der Bildung von Proteinen, muss beschreiben. Muss Namen erfinden, ein Stück Sprache."[7] Wie beschreibt man denn Islamische Seelsorge? Geht es darum, Menschen in all ihren Lebens- und Glaubensfragen zu helfen oder geht es um einen spirituellen Beistand, welcher in der Folge auf ein gottgemäßes Leben zielt? Letzteres ist zumindest die heutzutage von vielen Muslim*innen weltweit vertretene Auffassung von Seelsorge: „Islamische Seelsorge ist als eine aus dem rechten Glauben an Gott folgende Bemühung zu verstehen, die eine rechtgläubige ganzheitliche Beziehung zu Gott zu eröffnen und aufrecht zu erhalten vermag."[8]

Ähnlich versteht Islam.de die Aufgaben Islamischer Seelsorge: „Bei der islamischen Seelsorge wird nicht der ‚Seele' allein geholfen. Es besteht ein ganzheitliches Verständnis, dass dem ganzen Menschen dadurch geholfen wird, dass er die helfenden (Lebens-)Regeln des Koran umsetzt und dadurch seine Probleme reduziert."[9]

Die Hinführung zu Gott und zu einem islamischen Leben wird ebenso als das oberste Ziel der Islamischen Seelsorge in Malaysia gese-

---

7 *Ulrike Draesner:* Reichtum, in: *Erwin Krottenthaler/Claudia von See* (Hg.): Von Science zu Fiction. Wissenschaft mit anderen Worten, Stuttgart 2006, 24-27, 26.

8 Vgl. *Mustafa Cimsit:* Islamische Seelsorge. Eine theologische Begriffsbestimmung, in: *Bülent Ucar /Martina Blasberg-Kuhnke* (Hg.): Islamische Seelsorge zwischen Herkunft und Zukunft, Frankfurt a.M. u.a. 2013, 13-26, 21.

9 http://islam.de/files/pdf/u/Islam-Seelsorge-Artikel.pdf, 2 (19.03.19). Vgl. ebenso https://www.islam-akademie.de/index.php/bibliographie/89-islamische-seelsorge-eine-systematische-bibliographie (20.03.2019).

hen.[10] Auch Imame der muslimischen Gemeinden in Deutschland vertraten Ende des letzten Jahrhunderts auf einer Tagung in Berlin die Ansicht, dass die Hauptaufgabe eines Seelsorgers und einer Seelsorgerin darin besteht, Menschen zu ihrem Glauben zurückzubringen.[11] Aus diesem Seelsorgeverständnis wird ersichtlich, dass es keinen erkennbaren Unterschied zwischen einem Imam und einem*r Seelsorgenden gemacht wird, was auch in der Definition der Association of Muslim Chaplains (AMC) zum Ausdruck kommt: „Thus, a Muslim chaplain is not necessarily an ‚Imam' [sic] although an Imam may work as a chaplain [...] advising institutions on religious and cultural accommodations, providing ethics guidance, representing Islam at the institutional level, and providing instruction in Islamic sciences."[12]

Die seelsorgerische Begleitung als religiöse Beratung mit Fokus auf Anleitung (iršād), Weiterverkündigung (tablīġ), Erziehung (tarbiya) sowie Unterweisung (taʿlīm) stellt die Frage nach der Unterscheidung der Aufgaben von Imamen von denen der Seelsorger*innen sowie nach der Praxis.

3. Konzept: Worauf es ankommt

Das unten diskutierte Praxisbeispiel aus der Krankenhausseelsorge zeigt, dass Seelsorgeverständnis im Islam diskussionsbedürftig ist. Gegenüber der angeführten Ansicht sollte vielmehr bei der Grundsteinlegung einer Islamischen Seelsorge die begleitete Person mit ihren individuellen Anliegen in den Mittelpunkt gestellt werden. Die Vereinbarkeit der koranischen Verkündigung mit der im Alltag erfahrbaren Welt soll

---

10 Zur Seelsorge in Malaysia vgl. *Ahmad Ramly*: Malaysia: Die Kraft des Religiösen bei Krisenbewältigungen, in: *Esnaf Begic et al.* (Hg.): Barmherzigkeit. Zur sozialen Verantwortung islamischer Seelsorge, Neukirchen-Vluyun 2014, 69-78.

11 Ausführlich dazu vgl. *Mahmoud Abdallah*: Bei den Menschen sein: Islamische Seelsorge und soziale Arbeit – Neudenken des Menschenbildes im Islam, in: *Mouhanad Khorchide/Milad Karimi* (Hg.): Was ist der Mensch? (JIThR 5), Freiburg i.Br. 2016, 147-176, 147f.

12 https://associationofmuslimchaplains.org/what-is-islamic-chaplaincy/ (18.3.2019).

dabei im Vordergrund stehen: „Gerade im von Tabus und Berührungs-
ängsten geprägten religiösen Bereich sind Offenheit und Sensibilität
unabdinglich, um der Zielperson das Gefühl zu vermitteln, sie ist als
ganzer Mensch willkommen [...]."[13]

Seelsorge im Islam sollte die Vorstellung von Begleitung, Betreuung,
Beratung, Unterstützung, Hilfe und Trost evozieren, wobei eine binäre
Vision sowie der Eigennutz der Seelsorger*innen nicht vordergründig sein
dürfen, genauer gesagt, sie sollten gänzlich wegbleiben. Die Situation der
Hilfesuchenden in den Vordergrund zu stellen, kann für mehr Verständnis und Akzeptanz sorgen als das bloße Herunterbeten von Koranzitaten.
Für das Gelingen von Seelsorge ist maßgeblich, dass die hilfesuchende
Person eigenständig – mithilfe des Gesprächs – für sich selbst nach Lösungen sucht. Dazu muss sie aktiv am Gespräch partizipieren, denn ansons-
ten würde sie schnell vom Subjekt zum Objekt. Die unterschiedlichen
Handlungen und die verschiedenen Zugänge dienen der inneren Ruhe
und Zufriedenheit des*der Betroffenen – trotz einer vermeintlichen Ent-
fernung von der islamisch orientierten Vorgehensweise.[14]

Man kann wohl einwenden, dass es sich im Praxisbeispiel nicht um
eine seelsorgerische Betreuung im eigentlichen Sinne handle, sondern
lediglich um ein persönliches Gespräch, welches jede vertraute Person
mit dem/der Betroffenen führen kann. Würde eine derartige Zielvor-
stellung denn nicht die gerade im Entstehen begriffene professionelle
Ausbildung obsolet machen? Dieser Einwand erscheint auf den ersten
Blick nachvollziehbar und wird auch von vielen Muslim*innen tatsächlich erhoben. Einer genaueren Betrachtung kann dieser Einwand
jedoch nicht standhalten, denn im Mittelpunkt dieses seelsorgerischen
Gesprächs steht klar das muslimische Gottes- und Menschenbild. Unterschieden werden muss an dieser Stelle zwischen einer theologischen
Sicht auf die Islamische Seelsorge und ihrer methodischen Umsetzung
als eine konkrete Begleitung. Es kann nicht der Weisheit letzter Schluss

---

13 Abdallah, Multiperspektivische Seelsorge? These 4,2 (9.1.2019).
14 Vgl. meinen Beitrag: Concept of *birr* as a Theological Basis of Pastoral Care – A
New Approach to Establishing Islamic Pastoral Care and Social Work, in: *Ali Ayten
et al.* (Hg.): Religious-spiritual Counselling and Care in Healthcare Services and
Prison, Istanbul, [im Erscheinen].

sein, die theologischen Grundlagen der Seelsorge, nämlich Koranverse, Hadithe und Literatur, welche Trost spenden, eindimensional und kommentarlos zu servieren. Stattdessen sollte die Eigenständigkeit der Menschen im Gespräch betont werden. Die Hilfebedürftigen sind – mit Cooper-White – als wandelbar, fließend, mehrdimensional und ständig in Bewegung zu verstehen. Diese Eigenschaften sind jedoch, so Cooper-White weiter, keine Bedingungen, die wir festlegen können/sollen, sondern Teil unseres Wesens als Menschsein und Quellen unserer Kreativität und unseres Geheimnisses als lebende Seelen.[15]

Anhand dieser doppelten Schwerpunktsetzung unterscheidet sich die Islamische Seelsorge einerseits durch die Partizipation der betroffenen Person von einer religiösen Predigt, andererseits durch den theologischen Unterbau in Form von Koranversen und Hadithen von einer herkömmlichen Beratung oder Therapie. Daraus speist sich das spezielle, an den Bedürfnissen des Menschen orientierte Profil der Islamischen Seelsorge. Aus einem in diesem Zusammenhang häufig zitierten Hadith geht deutlich hervor, dass in der Ausrichtung auf den Menschen die Ausrichtung auf Gott liegt. So ist es nicht verwunderlich, dass im Islam die zwischenmenschliche Handlung als „Visitenkarte" für den Glauben fungiert.[16]

Im Bewusstsein der auf der „islamischen Wertschätzung des Menschen als Geschöpf Gottes"[17] basierenden generellen Verantwortung für „Individuen und Gruppen unterschiedlicher Weltanschauung"[18] kann die Islamische Seelsorge zudem einen beachtlichen Beitrag zum gesellschaftlichen Zusammenleben leisten. Denn auch wenn der Seelsorgebegriff aufgrund seiner christlichen Verankerung bei einigen Muslim*innen auf Irritationen, Zögern, wenn nicht gar Ablehnung stieß bzw. stößt, hat er sich schnell etabliert und einer entsprechenden Professionalisierung mit gebührendem Anspruch, Praxisbezug und institutioneller Akzeptanz den Weg bereitet.

---

15 Mehr dazu vgl. *Pamela Cooper-White*: Many Voices: Pastoral Psychotherapy in Relational and Theological Perspective, Minneapolis 2007.
16 Vgl. Ṣaḥīḥ al-Buḫārī Nr. 43; Ausführlich dazu: Abdallah 2016, 147-176.
17 Vgl. *Abdallah*, Multiperspektivische Seelsorge?, These 1,2 (11.1.2019).
18 Ebd.

4. Praxisrelevanz: Muslimische Seelsorger*innen – Ein wissenschaftliches Projekt?

In *Vorliebe* besteht Harriets berufliche Tätigkeit darin, sich Farben auszudenken, von denen sie glaubt, dass sie das Universum richtig darstellen bzw. darstellen können. Sie wählt die Farben nach ihrem Gefühl aus und entscheidet angesichts fehlender Empirie nach eigenem Ermessen über ihre Farbwahl, nicht wissend, ob diese letztendlich tatsächlich der Realität entspricht. Sie muss sich bei ihrer Arbeit also auf ihr Gefühl verlassen. Ähnlich geht es den muslimischen Seelsorger*innen. Fehlende Empirie und Konzepte in der Islamischen Seelsorge stellen das junge Fach vor Herausforderungen in Theorie und Praxis. Die kommunikative Kompetenz verlangt Sensibilität, gepaart mit der Bereitschaft, einen Perspektivenwechsel zu wagen. Zudem zeichnen sich die theologischen Texte durch Komplexität und Mehrdeutigkeit ebenso aus wie durch einen hohen Grad an metaphorischer Verdichtung und eine ausgeprägte assoziative Bildlichkeit. Muslimische Seelsorge erfordert einen kreativen Umgang mit Sprache und Literatur, was in der Ausbildung berücksichtigt werden muss. In ihrem Roman bringt Draesner die drei Bereiche Literatur, Wissenschaft und Religion miteinander in Einklang. Auch die Protagonistin Harriet verbindet in sich vermeintliche Gegensätze zu einem funktionierenden Miteinander. Und genau dies sollte auch ein Wesensmerkmal in der Ausbildung muslimischer Seelsorger*innen sein. Zudem sollen ebenso Erkenntnisse aus der Familiensystemtheorie, der Psychologie, der Wachstumsberatung und über kognitive Verhaltensweisen und existentialistische Perspektiven zum Bestandteil der seelsorgerischen Ausbildung werden. Gerade die Familiensystemtheorie ist für die Islamische Seelsorge besonders wichtig, weil im Seelsorgeprozess nicht nur die hilfesuchende Person selbst berücksichtigt wird, sondern auch ihre Familienkonstellation.

In *Vorliebe* erlebt Harriet unkontrollierte Körperreaktionen. So fällt sie in dem Moment, in dem sie Peter nach 21 Jahren im Krankenhaus plötzlich gegenübersteht, in Ohnmacht[19] und als sie später den Leichnam ihres geliebten Peter vor sich sieht, überfällt sie ein unkontrollierter „Lachinfarkt"[20], der erst durch eine brutale Zwangsfütterung durch Peters Frau und dessen Sohn unterbunden werden kann.[21] Dadurch verdeutlicht die Autorin, dass die Emotionalität eines Menschen immer auch das Ergebnis seiner Erfahrungen ist. Daher hat ein*e Seelsorger*in auch zu lernen, die eigenen Gefühle zu beherrschen und zu unterdrücken, um zu „funktionieren".

5. Ein Praxisbeispiel: Islamische Seelsorge – eine Identitätsfrage?

Das folgende Beispiel stammt aus der Seelsorgeausbildung der Universität Ankara in der Türkei. Dort müssen Studierende im Rahmen der Ausbildung ein Praktikum absolvieren.

Eine Person, die von Diyanet als Krankenhausseelsorgerin beauftragt ist, begleitet gemeinsam mit dem Dozenten die Studierenden in ihrem Praktikum. Die Studentin betritt ein Krankenzimmer, stellt sich vor und fragt die Patientin, ob sie (die Studentin) der betroffenen Person helfen kann. Die Dame erwidert negativ. Dann bietet die Praktikantin an, etwas (z.B. Sure 36) aus dem Koran zu rezitieren. Die Patientin erwidert: „Wenn du möchtest!". Die Studentin tut es und diese Begebenheit wiederholt sich an mehreren darauffolgenden Tagen. Eines Tages macht die Studentin ein weiteres Angebot, nämlich, für die Patientin ein *Ilāhī*-Lied (ein „islamisches" Lied) zu singen. Nach ein paar Tagen fragt nun ihrerseits die Patientin, ob sie mitsingen könne. Auch bietet die Studentin an, im Krankenhaus eine *ṣuḥba* (Lesekreis) ins Leben zu rufen, woran sich nur zwei Patienten beteiligten. Aufgrund dieser geringen Beteiligung verschiebt die Studentin diese *ṣuḥba* auf einen späteren Zeitpunkt. Am Rande des vorgesehenen *suhba* entwickeln sich

---

19 Draesner 2010, 20.27-28.
20 A.a.O., 234.
21 Vgl. a.a.O., 226-239.

Einzelgespräche. Später fragt die Patientin die Studentin, ob sie nicht gemeinsam Volkslieder singen könnten. Die Studentin begrüßt die Idee. In der Folge entwickelt sich zwischen den beiden ein Gespräch, in dessen Rahmen die Dame sich u.a. über ihren Sohn beklagt, weil er sie nicht regelmäßig besuchen kommt. In der anschließenden Reflexion über das Praktikum sind sowohl die Studentin als auch der hospitierende Dozent der Meinung, dass die Seelsorge erst damit angefangen hat, dass die Dame sich aktiv beteiligt und den Höhepunkt erreicht, als sie sich über ihren Sohn beklagte. Diese Aussage ist interessant, da sie offensichtlich von dem allgemein vorherrschenden Seelsorgeverständnis im Islam abweicht.[22]

In diesem Beispiel wird ersichtlich, dass die Dame zwei Welten in sich vereint. Einerseits nimmt sie das Seelsorgeangebot an, anderseits will sie auf das klassische Modell, von ihrem Sohn besucht zu werden, nicht verzichten, da dies eine Aufgabe der Familie sei.

Die Islamische Seelsorge hat zunächst für sich zu klären, wie die Gesellschaft heute zu verstehen ist. Inwiefern sind Gesellschaftsstrukturen eigentlich anders als frühere Gesellschaftsformen? Und was bedeuten die neuen Gesellschaftsstrukturen für die Lebensbedingungen und Selbstverständnis des Individuums? In *Vorliebe* vereint Harriet durch ihre Herkunft zwei Welten in sich. Als Tochter eines Inders und einer Deutschen vermischen sich in ihrer äußeren Erscheinung „blonde Haare, geschwungene Wimpern, assam-teefarbene Haut"[23]. Mit dem Vater, einem „Computerpionier"[24], teilt Harriet zudem die Leidenschaft für Zahlen. Die träumerische Seite des Vaters, der eine Vorliebe für Geschichten über die hinduistische Gottheit Hanuman besitzt,[25] scheint Harriet hingegen nicht übernommen zu haben. „In der funktional differenzierten Gesellschaft können Menschen nicht mehr ‚mit Haut und Haaren' in ein gesellschaftliches Teilsystem inkludiert werden."[26] Im Falle von Harriet geht es darüber hinaus um die Identitätsfrage, die bereits bei

---

22 Für weitere Beispiele und ihre Reflexion vgl. Abdallah 2016, 147-176.
23 Draesner 2010, 54.
24 Ebd.
25 A.a.O., 55.
26 *Isolde Karle*: Seelsorge als religiöse Kommunikation, in: *Kristin Merle/Birgit Weyel*

ihrem Namen beginnt. In der Kindheit aufgrund ihrer blonden Haare mit dem Spitznamen „Heu" versehen,[27] erhält sie von ihrem Lebenspartner den Spitznamen „Jet". Lediglich Peter, so scheint es, nennt sie bei ihrem tatsächlichen Namen. In einem Mit-, Durch- und Füreinander könnte es der*dem Seelsorger*in gelingen, die (vermeintlichen) Unterschiede/Gegensätze, die bei der Dame bestehen, zu verstehen, sodass diese „Gegensätze" sich gegenseitig tragen anstatt sich auszuheben.

In dem Beispiel ist noch ein wichtiger Aspekt zu erkennen, welcher für Seelsorge im Islam sehr entscheidend ist. In Islamischer Seelsorge wird Gott – anders als in christlicher Seelsorge - nicht angeklagt (werden dürfen). Das bedeutet, „dass in und trotz allem Negativen das Vertrauen in Gottes Führung und Fügung nicht zerbricht"[28]. Eine dem Propheten zugeschriebene Überlieferung bringt diese Vorstellung auf den Punkt: „Die Lage des Gläubigen ist, zu bewundern. Seine Lage ist ganz und gar Gutes und dies gilt nur vom Gläubigen. Wenn ihm ein Glück zuteilwird, dankt er, und dies bringt ihm Glück. Und wenn ihn ein Unglück trifft, zeigt er sich geduldig, und dies bringt ihm Gutes."[29]

Besteht überhaupt die Möglichkeit, nicht geduldig zu sein? Im Islam differenziert man diesbezüglich zwischen zwei Arten von Geduld.[30] Zum einen gibt es die „wahllose" Geduld, also eine Geduld gezwungenermaßen, z.B. beim Verlust einer geliebten Person. In dieser Art von Geduld sind Menschen und Tiere gleich. Eine Kuh, welche ihr Kalb verliert, muss damit leben – ebenso ein Mensch, der sein Kind verliert. Denn weder die Kuh noch der Mensch können diesen Verlust rückgängig machen. Die zweite Art der Geduld ist eine, bei der man die Wahl hat.[31] Für das traditionelle Verständnis Islamischer Seelsorge ist die erstgenannte von großer Bedeutung, für das von mir vertretene stärker die zweite Variante.

(Hg.): Seelsorge – Quellen von Schleiermacher bis zur Gegenwart, Tübingen 2009, 261-269, 261.

27 Draesner 2010, 23.
28 *Karl-Josef Kuschel*: Die Bibel im Koran, Stuttgart 2017, 500.
29 *Ṣaḥīḥ Muslim*, Nr. 5323.
30 Ausführlich dazu vgl. *Abū Ḥamid al-Ġazālī*, Iḥyā' 'ulūm ad-dīn, Beirut 1982, 60ff.
31 Vgl. Koran, Sure 20/132.

Geduld im Angesicht von Schicksalsschlägen gilt im Islam als eine große Tugend. Hierfür möchte ich die Geschichte des Propheten Josef kurz heranziehen. In seiner Reaktion auf den vermeintlich endgültigen Verlust von Josef spricht Jakob nicht nur von Geduld, sondern von „schöner/klagloser" Geduld: „(Ich übe mich) in klagloser Geduld, Und Gott ist Derjenige, Den ich um Beistand bitte wegen dem, was ihr schildert" (12/18).[32] Wie der Vers unmissverständlich angibt, sind die schöne Geduld und die Zuflucht zu Gott der Schlüssel zu einem guten Umgang mit Schicksalsschlägen. In derselben Sure enthüllt der Koran in Vers 83 die Reaktion von Jakob, als seine Kinder ihm den Verlust seines – nach Josef – meistgeliebten Sohnes berichten. In diesem Fall geht es um ein Ereignis, welches die Ehre der Familie in Zweifel zieht. Denn der Sohn war wegen des Verdachts auf Diebstahl verhaftet worden.[33] Durch „schöne Geduld" und Vertrauen auf Gott wird die Hoffnung auf Erleichterung zum Ausdruck gebracht. Dort heißt es: „Doch schön geduldig sein. Vielleicht wird Gott sie mir alle wiederbringen; denn Er ist der Allwissende, der Allweise" (12/83). „Entscheidend ist [...] die Erkenntnis, dass Gott das Geschehen durch alle Verbrechen und alle Schuld des Menschen hindurch ins Gelingen wenden kann. Gott wirkt in allem Geschehen, und alles fügt sich im Nachhinein zum Guten."[34] Daher findet die Maxime der „schönen Geduld"[35] nicht grundlos zweimal in derselben Geschichte Erwähnung. Wie die islamische Seelsorge die Frage „Warum" und die „schöne und klaglose Geduld" miteinander in Harmonie bringen kann, stellt eine – in Theorie und Praxis – wichtige Aufgabe des jungen Faches in den nächsten Jahren dar.

---

32 Zitiert wurde hier aus der Koranübersetzung von Zaidan. Rudi Paret übersetzt die Stelle mit „schön geduldig sein".

33 Diese Geschichte ist auch für die Islamische Gefängnisseelsorge von großer Relevanz, weil wir im Islam von einer Scham-Kultur sprechen können. Aber auch der Prophet Josef muss eine derartige Episode durchleben, als ihm zu Unrecht vorgeworfen wird, versucht zu haben, die Frau des Statthalters Ägyptens gegen ihren Willen zu verführen.

34 Kuschel 2017, 500.

35 Vgl. dazu auch Sure 103. Dort werden wörtlich Glaube, gute Werke und Geduld als Voraussetzung für die Glückseligkeit genannt.

Verzeichnis der Autor*innen

Mahmoud Abdallah, Jg. 1976, ist Senior Scientist am Institut für Islamische Theologie und Religionspädagogik der Universität Innsbruck, Österreich. Mit Seelsorge in islamischer Perspektive befasst er sich intensiv im Rahmen seiner Forschungstätigkeit.

Prof. Dr. Sabine Bobert, Jg. 1964, ist Professorin für Praktische Theologie an der Universität Kiel. Den Ansatz der Achtsamkeitsbasierten Seelsorge hat sie im Rahmen ihrer Forschungstätigkeit entwickelt.

Dr. Katja Dubiski, Jg. 1980, Pfarrerin, Dipl. Psych., ist wissenschaftliche Mitarbeiterin am Lehrstuhl für Praktische Theologie der Universität Bochum. Den Ansatz einer Seelsorge im Horizont kognitiver Verhaltenstherapie hat sie im Rahmen ihrer Dissertation entwickelt.

Prof. Dr. Wilfried Engemann, Jg. 1959, ist Professor für Praktische Theologie an der Universität Wien. Den Schwerpunkt der Lebenskunst für die Seelsorge hat er im Rahmen seiner seelsorgetheoretischen Forschungen entwickelt.

Prof. Dr. Eberhard Hauschildt, Jg. 1958, ist Professor für Praktische Theologie an der Universität Bonn. Den Ansatz der Alltagsseelsorge hat er im Rahmen seiner Habilitationsschrift entwickelt.

Prof. Dr. Michael Herbst, Jg. 1955, ist Professor für Praktische Theologie an der Universität Greifswald. Den Ansatz einer Seelsorge im Horizont der „missio Dei" hat er im Horizont seiner Forschungstätigkeit entwickelt.

Prof. Dr. Abdelmalek Hibaoui, Jg. 1967, ist Juniorprofessor für Islamische Praktische Theologie. Mit interreligiöser Seelsorge aus islamischer Perspektive ist er intensiv im Rahmen seiner Forschungstätigkeit befasst.

Ursula Josuttis, Jg. 1958, ist Klinikpfarrerin im Klinikum Kassel. Gemeinsam mit ihrem Mann Prof. Dr. Manfred Josuttis (1936-2018) hat sie den Ansatz der Energetischen Seelsorge in Fortbildungen entwickelt.

PD Dr. Claudia Kohli Reichenbach, Jg. 1975, ist Privatdozentin in der Abteilung Seelsorge, Religionspsychologie und Religionspädagogik an der Universität Bern. Sie hat sich in ihrer Dissertation intensiv mit dem Ansatz der geistlichen Begleitung befasst.

Dr. Lydia Kossatz, Jg. 1979, ist Gemeindepfarrerin in Förrenbach und Bildungsreferentin im Dekanat Hersbruck. Den Ansatz der ästhetischen Seelsorge hat sie im Rahmen ihrer Dissertation entwickelt.

Prof. Dr. Michael Meyer-Blanck, Jg. 1954, Professor für Praktische Theologie/Religionspädagogik an der Universität Bonn. Mit Seelsorge im Horizont der Bibel hat er sich im Rahmen seiner Forschungstätigkeit intensiv beschäftigt.

Prof. em. Dr. Christoph Morgenthaler, Jg. 1946, ist emeritierter Professor für Seelsorge und Pastoralpsychologie an der Universität Bern. Den Ansatz der systemischen Seelsorge hat er im Rahmen seiner seelsorgetheoretischen Forschungen entwickelt.

Prof. Dr. Elisabeth Naurath, Jg. 1965, ist Professorin für Religionspädagogik an der Universität Augsburg. Den Ansatz der leiborientierten Seelsorge hat sie im Rahmen ihrer Dissertation entwickelt.

Prof. Dr. Uta Pohl-Patalong, Jg. 1965, ist Professorin für Religionspädagogik und Praktische Theologie an der Universität Kiel. Den Ansatz der gesellschaftssensiblen Seelsorge hat sie im Rahmen ihrer Dissertation entwickelt.

PD Dr. Wolfgang Reuter, Jg. 1955, ist Psychoanalytiker in eigener Praxis und Leiter der Klinikseelsorge am LVR-Klinikum, Kliniken der Heinrich-Heine-Universität, Düsseldorf. Bis 2018 war er Professor für Pastoralpsychologie an der Philosophisch-Theologischen Hochschule Vallendar.

Den Ansatz der relationalen Seelsorge hat er im Rahmen seiner Habilitationsschrift entwickelt.

Prof. em. Dr. Ursula Riedel-Pfäfflin, Jg. 1943, ist emeritierte Professorin an der Evangelischen Hochschule Dresden. Mit genderorientierter Seelsorge hat sie sich seit ihrer Dissertation durchgehend befasst.

Prof. Dr. Traugott Roser, Jg. 1964, ist Professor für Praktische Theologie an der Universität Münster. Spiritual Care bildet einen seiner wesentlichen Forschungsschwerpunkte.

Dr. Gina Schibler, Jg. 1956, ist Gemeindepfarrerin in Volketswil/Schweiz und war von 1985-2000 Studienleiterin im Tagungs- und Studienzentrum Boldern, Männedorf. Den Ansatz der kreativ-emanzipierenden Seelsorge hat sie im Rahmen ihrer Dissertation entwickelt und in Praxisbeispielen in Boldern erprobt.

Sebastian Schirmer, Jg. 1984, ist Gemeindepfarrer in Hainichen/Sachsen. Den Ansatz der transversalen Seelsorge entwickelt er im Rahmen seiner Dissertation.

PD Dr. Christoph Schneider-Harpprecht, Jg. 1955, ist Leiter des Referates Erziehung und Bildung in Schule und Gemeinde der ev. Landeskirche in Baden. Mit interkultureller Seelsorge hat er sich im Rahmen seiner Forschungstätigkeit intensiv befasst.

Helmut Weiß, Jg. 1942, ist Vorsitzender der Gesellschaft für Interkulturelle Seelsorge und Beratung. Den Ansatz einer interreligiösen Seelsorge hat er maßgeblich mit entwickelt.

Prof. Dr. em. Jürgen Ziemer, Jg. 1937, emeritierter Professor für Praktische Theologie an der Universität Leipzig. Mit der ethischen Dimension von Seelsorge hat er sich im Rahmen seiner Forschungstätigkeit intensiv befasst.

Weitere Titel aus dem Verlagsprogramm:

In Auswahl

Hans Martin Gutmann
Martin Luthers „christliche Freiheit" in zentralen Lebenskonflikten heute
Intimität gestalten. Verantwortlich leben.
Freiheit realisieren
256 S., kart., ISBN 978-3-86893-143-3

Hans Martin Gutmann
Evangelisch leben zwischen
Religion, Politik und populärer Kultur
296 S., kart., ISBN 978-3-86893-207-2

Hans Martin Gutmann
Da liegt was in der Luft
Predigten und Gebete
183 S., geb., ISBN 978-3-86893-171-6

Hans Martin Gutmann
Mit den Toten leben
eine evangelische Perspektive
271 S., kart., ISBN 978-3-86893-086-3

Hans-Martin Gutmann, Alexander Höner,
Swantje Luthe (Hrsg.)
Poesie, Prophetie, Power.
Dorothee Sölle – die bleibende
Provokation
Predigten und Gebete
324 S., kart., ISBN 978-3-86893-117-4

Steffen Merle
Mitglieder gewinnen
Eine semiotische Rekonstruktion von
religiösen Orientierungs- und
Bindungsprozessen im Kontext der
Evangelischen Kirche
404 S., geb., ISBN 978-3-86893-162-4

Hans Günter Heimbrock, Silke Leonhard,
Peter Meyer und Achim Plagentz (Hg.)
Religiöse Berufe – kirchlicher Wandel
Empirisch-theologische Fallstudien
356 S., kart., ISBN 978-3-86893-108-2

Hans-Günter Heimbrock und
Christopher Scholtz (Hg.)
Kirche: Interkulturalität und Konflikt
In Gemeinschaft mit Achim Plagentz
und Dietmar Burkhardt
303 S., kart., ISBN 978-3-86893-221-8

Holger Böckel
Inszenierung als Leitmotiv in Praktischer
Theologie und Religionspädagogik
Theatrale Aspekte in Kultur, Kirche und
Bildung
335 S., kart., ISBN 978-3-86893-237-9

Holger Böckel
Führen und Leiten - Dimensionen eines
evangelischen Führungsverständnisses
791 S., geb., ISBN 978-3-86893-157-0

Holger Böckel
Einführung in die Wirtschafts- und
Unternehmensethik
Begründung aus ihren kulturellen,
religiösen und ökonomischen Wurzeln
Ein Lehrbuch
209 S., kart., ISBN 978-3-86893-205-8

Ulrich Dehn
Annäherungen an Religion
Religionswissenschaftliche Erwägungen
und interreligiöser Dialog
189 S., kart., ISBN 978-3-86893-172-3

Ulrich Dehn
Weltweites Christentum und
ökumenische Bewegung
221 S., kart., ISBN 978-3-86893-135-8

Ulrich Dehn
Geschichte des interreligiösen Dialogs
238 S., kart., ISBN 978-3-86893-322-2

Steffen Merle (Hg.)
zusammen in Vielfalt glauben
Festschrift „200 Jahre Hanauer Union"
438 S., geb., ISBN 978-3-86893-285-0

Ralf Kötter
Das Land ist hell und weit
Leidenschaftliche Kirche in der Mitte
der Gesellschaft
254 S., kart., ISBN 978-3-86893-147-1

Karl Friedrich Ulrichs (Hg.)
**Predigten zu Händels Oratorium
Messiah**
214 S., kart., ISBN 978-3-86893-274-4

Nils Petersen
Poetry Slam und Predigten
Texte aus dem U-Bahnschacht
288 S., geb., ISBN 978-3-86893-272-0

Nils Petersen
Luther und die Wechselbälge
Ein Beitrag zur Rezeption zweier
Tischreden Luthers
159 S., geb., ISBN 978-3-86893-169-3

Nils Petersen, Mehrdad Zaeri
erzählte bilder
Durchgängig illustriert mit farbigen
Bildern von Mehrdad Zaeri und Texten
von Nils Petersen
120 S., geb., ISBN 978-3-86893-169-3
*Begleitend zum Buch ist eine CD
erhältlich.*

Barbara Gerasch, Alexander Höner
**„Ich will euch tragen, bis ihr grau
werdet"**
100 Alte als Altarbild
Farbiger Bildkatalog
160 S., kart., A-4, ISBN 978-3-86893-181-5

Marita Schiewe
**Viola Schmid: Texte zum Konziliaren
Prozess – von Vancouver bis Seoul**
Viola Schmid: Texte zum Konziliaren
Prozess – von Vancouver bis Seoul
Von der kirchlichen Öffentlichkeitsarbeit
zur öffentlichen Theologie
343 S., kart., ISBN 978-3-86893-298-0

Werner Haußmann, Manfred L. Pirner (Hg.)
Lieder als Lebensbegleiter
Geistliche Impulse aus Vergangenheit
und Gegenwart
Johannes Lähnemann zum
75. Geburtstag
294 S., geb., ISBN 978-3-86893-277-5

Hans-Jürgen Benedict
Was Gott den Dichtern verdankt
Literarische Streifzüge und
Begegnungen
276 S., kart., ISBN 978-3-86893-023-8

Hans-Jürgen Benedict
Erzählte Klänge
Musikbeschreibung in der deutschen
Literatur
271 S., kart., ISBN 978-3-86893-282-9

Gottfried Orth
Eva, Kain & Co
Was es heißt, ein Mensch zu sein und
wie dabei von Gott erzählt wird.
Eine theologische Auslegung der
Urgeschichten
169 S., kart., ISBN 978-3-86893-305-5

Gottfried Orth
Mitten im Krieg vom Frieden singen
Traditionen der Gewaltfreiheit
Mohanda Karamchand Gandhi, Albert
Schweitzer, Dietrich Bonhoeffer, Martin
Luther King, Dorothee Sölle
250 S., kart., ISBN 978-3-86893-236-2

EBVERLAG DR. BRANDT   **WWW.EBVERLAG.DE**

Rainer Kuhl   Tel.: 030 | 68977233
Jägerstraße 47   Fax: 030 | 91607774
13595 Berlin   E-Mail: post@ebverlag.de